Neidel · Fußballheimat Thüringen

„Ich bin bis heute trotz aller späteren Nachteile noch stolz darauf, dass mein sportlicher Weg bis in die Nationalmannschaft nicht von einer Parteizugehörigkeit bestimmt war."

Manfred Kaiser, 1. DDR-Fußballer des Jahres 1963

Danny Neidel

Fußballheimat Thüringen

100 Orte der Erinnerung

Arete Verlag Hildesheim

Der Autor

Danny Neidel (Jahrgang 1974), aufgewachsen in der damaligen Bezirkshauptstadt Gera zu einer Zeit, als Friedensfahrer Olaf Ludwig legendäre Duelle gegen Dschamolidin Abduschaparow gewann; groß geworden im formschönen Plattenbau neben Boxer Ulli Kaden, der neunfacher DDR-Meister und zweifacher Europameister wurde. Doch weder das Fahrrad noch die Boxhandschuhe, sondern der Fußball sorgte für Begeisterung. Als aber der Versuch, die Abwehr der Junioren der BSG Modedruck Gera zu stabilisieren, kläglich scheiterte, fand der Autor 1982 auf der Tribüne des Stadions der Freundschaft unter dem Schild mit der Aufschrift „Vollbringt hohe sportliche Leistungen zur Stärkung unserer sozialistischen DDR!" seinen Platz. Die Sehnsucht nach einem Aufstieg mit seiner BSG in die 1. Liga des Ostfußballs ließ kein Interesse an anderen Vereinen in der Oberliga oder gar im kapitalistischen Ausland aufkommen. Aus höherklassigem Fußball wurde aber nichts, vielmehr prägten die Wende und das Verschwinden von Spielern, Freunden und Arbeitsplätzen fürs ganze Leben. Das Abitur und das Studium sorgten für Ablenkung und gleichzeitig für bisher geheim gehaltene Ausflüge ins Ernst-Abbe-Sportfeld zum Zweitligafußball. Das war es dann aber auch mit Profifußball. Der Premiere-Decoder fand nie Eingang ins Haus Neidel, vielmehr wurden die Sportplätze in Thüringen besucht. Seit vielen Jahren begleitet der Autor den Thüringer Fußball als Fotograf und ist seit 2018 mit dem Fußball-Podcast „BRENNPUNKT-ORANGE.DE" auf Sendung.

FSC
www.fsc.org
MIX
Papier aus verantwortungsvollen Quellen
FSC® C110508

Bibliografische Information der Deutschen Nationalbibliothek
Die Deutsche Bibliothek verzeichnet diese Publikation in der Deutschen Nationalbibliografie; detaillierte bibliografische Daten sind im Internet über http://dnb.ddb.de abrufbar.

www.arete-verlag.de

Layout, Satz und Umschlaggestaltung: Composizione Katrin Rampp, Kempten
Alle Fotos: Danny Neidel
Titelfoto: 9. 10. 2010, Stadion der Freundschaft Gera, Achtelfinale des Thüringen-Pokals, BSG Wismut Gera – FC Carl Zeiss Jena 3:4 n. E., im Bild: Torhüter Mark Reiter
Grafiken: Matthias Hunger
Druck und Verarbeitung: Westermann Druck Zwickau GmbH
ISBN:978-3-96423-062-1

Inhaltsverzeichnis

Vorwort

Unbestritten sind die Erfolge des Thüringer Fußballs. So krönte der FC Carl Zeiss Jena am 13. Mai 1981 eine historische Europapokalsaison mit der Finalteilnahme in Düsseldorf. Auch in der „Ewigen Tabelle der DDR-Oberliga" belegen die Fußballer vom Ernst-Abbe-Sportfeld den 1. Platz. Der Verein mit den zweithäufigsten Spielzeiten in der 1. Liga der DDR ist der FC Rot-Weiß Erfurt bzw. dessen Vorgängervereine. Auch eine Ebene tiefer sind mit Gera, Weimar und Nordhausen drei Betriebsportgemeinschaften in der TOP 10 vertreten.

Doch nicht alle Leistungen in den ehemaligen Bezirken Erfurt, Gera und Suhl fanden Eingang in die gesamtdeutsche Fußballwelt. So ermittelte „Die neue Fußball-Woche" noch 1989 die 40 besten Fußballer der DDR. Unter den TOP 10 befand sich auch Manfred Kaiser, der erste Fußballer des Jahres der DDR. Doch als Manni am 15. Februar 2017 verstarb, fehlte im gesamtdeutschen Sportmagazin „Kicker" der Nachruf. Umso wichtiger ist es, die Verdienste von Spielern, Fans und Vereinsoffiziellen stärker in den Fokus zu rücken. Denn ohne das Engagement solcher im besten Sinne „Fußballverrückten" wie Hartmut Gerlach wäre der Thüringer Fußball heute undenkbar. Der Pressesprecher des Thüringer Fußballverbandes führte einst als Trainer die BSG Einheit Rudolstadt in die Bezirksliga und informiert heute als Stadionsprecher über Aufstellungen und Spielstände.

Doch eine reine Lobhudelei ist das vorliegende Buch nicht. So sind die traurigen Reste der Manfred-von-Brauchitsch-Kampfbahn in Rudisleben ein Beleg für mangelnde Traditionspflege. Auch zählen die Schicksale des Juden Martin Roßkamm bei Schwarz-Gelb Schwarza sowie die Eingriffe der Staatssicherheit in die Lebensplanung von Roland Jahn und dessen Vater zu den bedrückenden Kapiteln des Thüringer Fußballs. Bei aller Begeisterung für den Sport und das Land ist es wichtig, neben den Leistungen auch die Verfehlungen sichtbar zu machen. Die „Fußballheimat Thüringen" soll dazu einen kleinen Beitrag leisten.

Altenburg 001

Skatbank-Arena

Uli Hoeneß im Leninstadion

Das mit einem Fassungsvermögen von 25.000 Zuschauern größte Stadion Thüringens ist die Skatbank-Arena im Altenburger Stadtwald. Der Komplex enthält neben einem Kunstrasenplatz auch noch das „Alte Stadion". Dies wurde am 11. Juli 1924 als städtische Kampfbahn eingeweiht und war Heimstätte des Thüringer Vizemeisters von 1949.

Die Altenburger Fußballer waren Gründungsmitglied der DDR-Oberliga und konnten drei Spielzeiten im 1950 umbenannten Leninstadion erstklassigen Fußball bieten. Parallel begann der Bau des neuen Stadions, der mit der Einweihung im Rahmen des 3. Kreis-, Sport- und Kulturfestes am 16. Juni 1957 erfolgreich abgeschlossen wurde. Zu dieser Zeit spielte die BSG Motor in der DDR-Liga, zum Kader gehörte u. a. der spätere Oberliga-Torschützenkönig Arthur Bialas.

Mit 25.000 Zuschauern ausverkauft war das Stadion 1963 beim FDGB-Pokalfinale zwischen BSG Motor Zwickau und BSG Chemie Zeitz (3:0) sowie 1969 als die BRD beim XXII. UEFA-Juniorenturnier mit 2:1 gegen Spanien gewann. Paul Breitner und Kapitän Uli Hoeneß waren Teil der DFB-Nachwuchsmannschaft, die von Udo Lattek betreut wurde.

In der Nachfolgezeit spielte Motor in der DDR-Liga, Bezirksliga und 1985/86 einmal in der Bezirksklasse. Der 18-Jährige Perry Bräutigam hütete in der Saison 1981/82 das Motor-Tor in allen 22 Liga-Spielen und wechselte danach aus dem Bezirk Leipzig nach Jena, was ihm zunächst eine Sperre und später eine erfolgreiche Laufbahn bescherte.

Nach 1990 erfolgte die Umbenennung in „Waldstadion", das am 29. Januar 2009 die Bezeichnung „Skatbank-Arena" erhielt. Darin fand am 7. August 2009 das mit 1.300 Zuschauern meistbesuchte Eröffnungsspiel der Thüringenliga zwischen Altenburg und dem SV Schmölln statt. Schon im zweiten Verbandsligajahr nach dem Aufstieg zählte Motor zu den Spitzenteams. Nur 2 Punkte fehlten 2011 zur Vizemeisterschaft und dem Oberliga-Aufstieg. Im Sommer 2019 folgte der große Umbruch. Motor zog sich aus der Landesklasse zurück und startete in der 1. Kreisklasse neu.

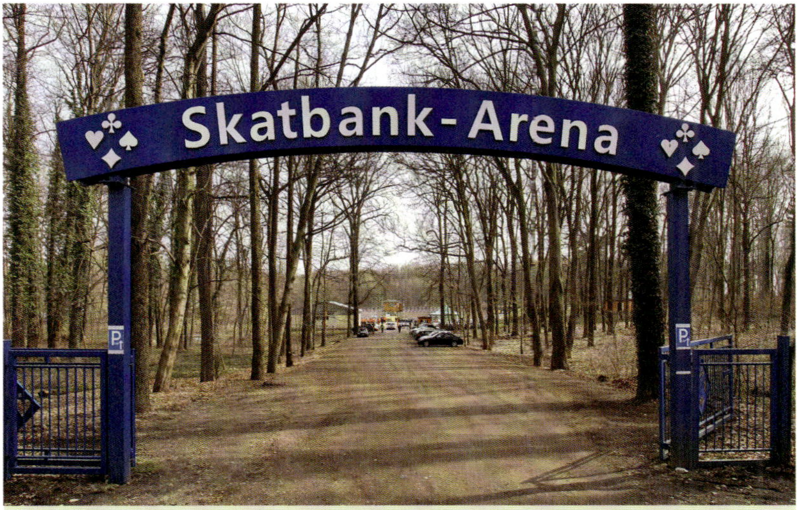

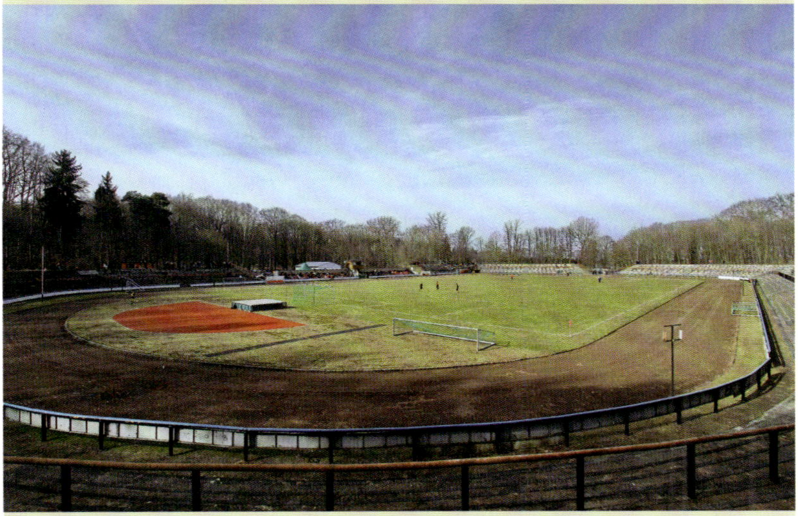

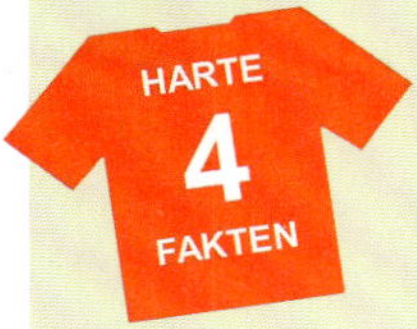

1949: ZSG Altenburg
1951: BSG Stahl
1952: BSG Motor Altenburg
1990: SV 1990 Altenburg

SV 09 Arnstadt

Neustart im „Feuchten Elfmeter"

Auf dem Arnstädter Marktplatz lümmelt ein junger Bursche in der Form einer Bronzestatue herum. Es ist Johann Sebastian Bach. Der Ausnahmemusiker verbrachte in Arnstadt seine rebellische Jugend. Doch obwohl die Stadt mit aktuell 28.000 Einwohnern in der Geschichte der Musikerfamilie Bach eine besondere Bedeutung spielt, ist sie weniger bekannt als andere Bachstädte wie z. B. Eisenach und Leipzig.

Auch der Arnstädter Fußball spielte lange Zeit eine untergeordnete Rolle. Dies lag in erster Linie an der Unterstützung des Trägerbetriebes VEB Chemische Maschinenbauwerke für die zugehörige Betriebssportgemeinschaft im benachbarten Dorf Rudisleben. Dabei hatten sich zum Anfang des 20. Jahrhunderts mit dem 1905 gegründeten bürgerlichen Sportverein und dem Arbeiterverein Ballspielclub von 1907 zwei Vereine etabliert. Doch beide wurden 1945 im Rahmen des Verbots für Sportvereine aufgelöst.

Danach wurde am 17. September 1950 die BSG Einheit Arnstadt gegründet, die zwischen 1952 und 1955 die Vormachtstellung im Arnstädter Fußball hatte und in der Abschlusstabelle der Bezirksliga Erfurt vor der BSG Motor Rudisleben-Ichtershausen platziert war. Zum Ende der Saison 1962/63 folgte für Einheit der Abstieg aus der Landesklasse und somit waren die Arnstädter Machtverhältnisse im Fußball für lange Zeit geklärt.

Erst im April 1993 wurde der Verein BC 07 Arnstadt wieder ins Leben gerufen. Acht Jahre später konstituierte sich eine Jugendspielgemeinschaft Arnstadt. Aufgrund der positiven Ergebnisse bildeten die beiden Vereine SV Arnstadt-Rudisleben und BC 07 Arnstadt im Sommer 2005 eine Spielgemeinschaft im Männerbereich, mit dem Erfolg, dass diese 2008 in die Thüringenliga zurückkehrte. Am 19. Mai unter der Haupttribüne in der Gaststätte „Feuchter Elfmeter" dann der Aufbruch in eine gemeinsame Zukunft: Die beiden Vereine schlossen sich zum SV 09 Arnstadt zusammen. Dem neuen Verein steht das 4.000 Zuschauer fassende Jahn-Stadion und die Sportanlage am Obertunk (2.000 Zuschauer) zur Verfügung.

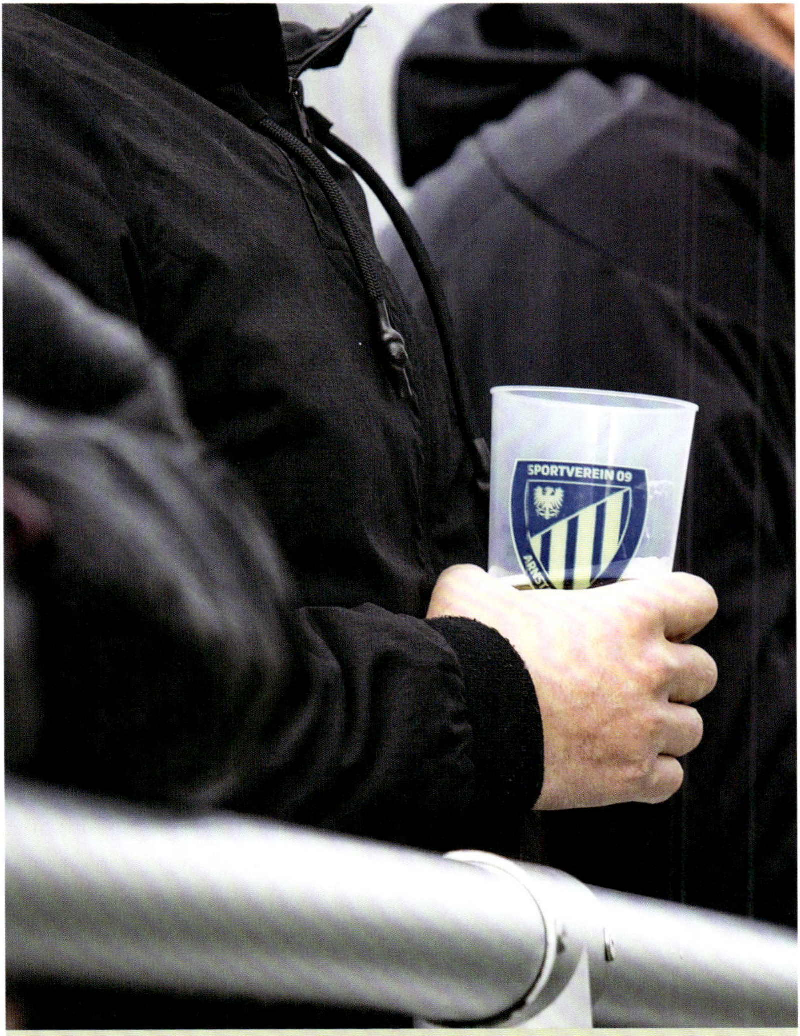

HARTE 4 FAKTEN

1. Vorsitzender: Jörg Giszas

1. Ehrenvorsitzender: Georg Bräutigam

1. Trainer: Jürgen Heun

1. Trikotsponsor: frischBack GmbH

Arnstadt-Rudisleben 003

Manfred-von-Brauchitsch-Kampfbahn

Silberpfeil-Pilot als Namensgeber

Unmittelbar nachdem 1954 der BSG Motor Rudisleben-Ichtershausen der Aufstieg in die Bezirksliga Erfurt gelang, wurde die Manfred-von-Brauchitsch-Kampfbahn samt neuer Holztribüne eingeweiht. 3.000 Fans sahen im August eine 1:3-Niederlage gegen den Erstligisten Motor Zwickau.

Der Namensgeber war einer der erfolgreichsten Silberpfeil-Fahrer der Vorkriegszeit. Dem Hitler-Regime diente er zunächst als Sturmführer im NS-Kraftfahrer-Korps, um 1944 ins Rüstungsministerium zu wechseln. Nach dem Weltkrieg folgte eine politische Kehrtwende: Er unterzeichnet einen SED-Aufruf „gegen eine Remilitarisierung Deutschlands". Walter Ulbricht hofierte ihn und Brauchitsch wurde daraufhin vom Westen überwacht. Im Mai 1953 wurde er wegen Verdachts auf Hochverrat verhaftet und flüchtete im September 1954 in die DDR. Dort lebte er als „Propagandaträger erster Güte" und war von 1960 bis 1990 Vorsitzender der Gesellschaft zur Förderung des Olympischen Gedankens.

In der Kampfbahn fanden denkwürdige Fußballspiele statt. Am 26. Juni 1964 gewann die BSG Motor in der Aufstiegsrunde zur DDR-Liga vor über 6.000 Zuschauern gegen die BSG Empor Ilmenau mit 3:0. Stadionsprecher Friedrich entschuldigte sich in der Zeitung: „Ich bitte meine Vorder- und Nebenleute um Verzeihung, wenn ich bei den drei Toren zu laut gesprochen und mit den Füßen ausgeschlagen haben sollte." Die Rekordkulisse von 9.000 Zuschauern gab es in der DDR-Liga Süd am 4. Oktober 1964 beim 2:2-Remis gegen den SC Turbine Erfurt. „Bis heute ist unklar, wie so viele Zuschauer überhaupt ins Stadion passen konnten. Viele beschwerten sich, weil sie einfach nichts sahen", so der damalige Spieler Klaus Bangert. Am 15. Juni 1968 pilgerten 4.700 Zuschauer – darunter 2.500 aus Tiefenort – zur Kampfbahn. Kali Werra gewann das Aufstiegsspiel zur Liga mit 1:0.

Seit 2005 wird der Platz nicht mehr gepflegt. Die letzten Fußballer sowie die Gaststätte „Feuchter Elfmeter" mussten das Areal verlassen. Der Abriss der Holztribüne ist wohl nur noch eine Frage der Zeit.

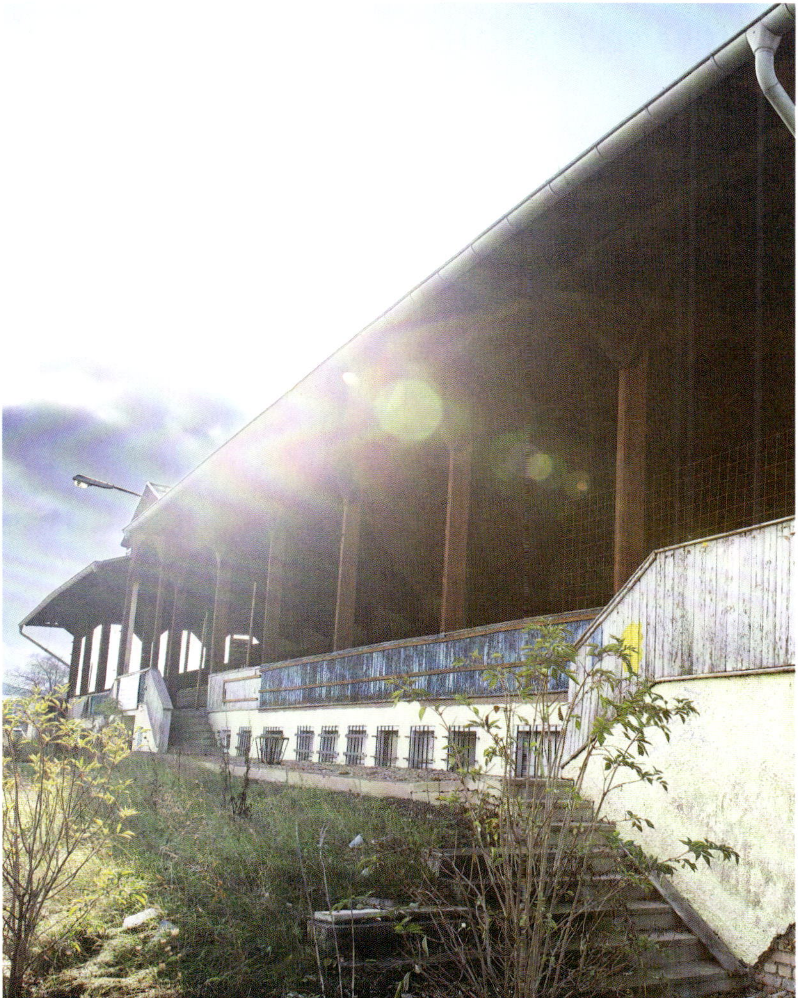

Geboren am: 15. August 1905 in Hamburg

Werksfahrer bei Mercedes-Benz: 1934–1939

Orden: DDR-Verdienstorden & Olymp. Orden d. IOC

Verstorben: 5. Februar 2003 in Gräfenwarth

Landessportschule Bad Blankenburg

Geburtsstätte des Verbandes

Am 1. März 1990 schafften die Vorsitzenden der Bezirks-Fachausschüsse (BFA) Gera, Erfurt und Suhl sowie die Geschäftsführer der Fußballbezirke in der Zentralschule des Deutschen Turn- und Sportbundes (DTSB) in Bad Blankenburg eine doppelte Premiere. Zum ersten Mal in der Geschichte des Fußballs in Thüringen gab es einen einheitlichen Fußball-Verband und der TFV war zugleich der erste neugegründete Verband nach dem politischen Umbruch.

Die sportlichen Voraussetzungen waren alles andere als schlecht. In Thüringen wurden historische Europapokalnächte gefeiert, namhafte Nationalspieler kamen bzw. kommen aus dem Freistaat. Auch die ewigen Tabellen der DDR-Oberliga und der DDR-Liga werden mit dem FC Carl Zeiss Jena und der BSG Wismut Gera jeweils von Thüringer Vereinen angeführt. Mit dem FC Rot-Weiß Erfurt und dem FC Carl Zeiss Jena gehörten zwei Thüringer Vereine zu den sechs Oberligisten, die sich 1991 für den Start in der 2. Bundesliga qualifiziert hatten.

Zum damaligen Zeitpunkt hätte es wohl niemand für möglich gehalten, dass heute 30 Jahre alte Thüringer zwar auf einige Spielzeiten in der 2. Bundesliga zurückblicken können, aber erstklassigen Herrenfußball gab es im Freistaat nach dem politischen Umbruch nicht mehr.

Da hilft der Verweis auf den Frauenfußball nur begrenzt. Zwar gehörte der FF USV Jena in der Saison 1991/92 und von 2008/09 bis 2017/18 der Frauen-Bundesliga an, doch auf Landesebene verschwand aufgrund der rückläufigen Anzahl von Mannschaften im Sommer 2020 mit der Landesklasse eine vollständige Ligaebene. Auch die Mitgliederstatistik des DFB zeigt wenig Erfreuliches. Von ca. 15.600 A- und B-Junioren, die zur Jahrtausendwende in Thüringen gekickt haben, ist die Zahl im Jahr 2020 auf etwa die Hälfte gesunken.

Deutlich erfolgreicher ist die seit 1926 andauernde Geschichte der Sportschule Bad Blankenburg. Seit der 2020 abgeschlossenen Sanierung ist Bad Blankenburg eine feste Adresse als Trainings-, Aus- und Fortbildungsstandort für den Thüringer Sport.

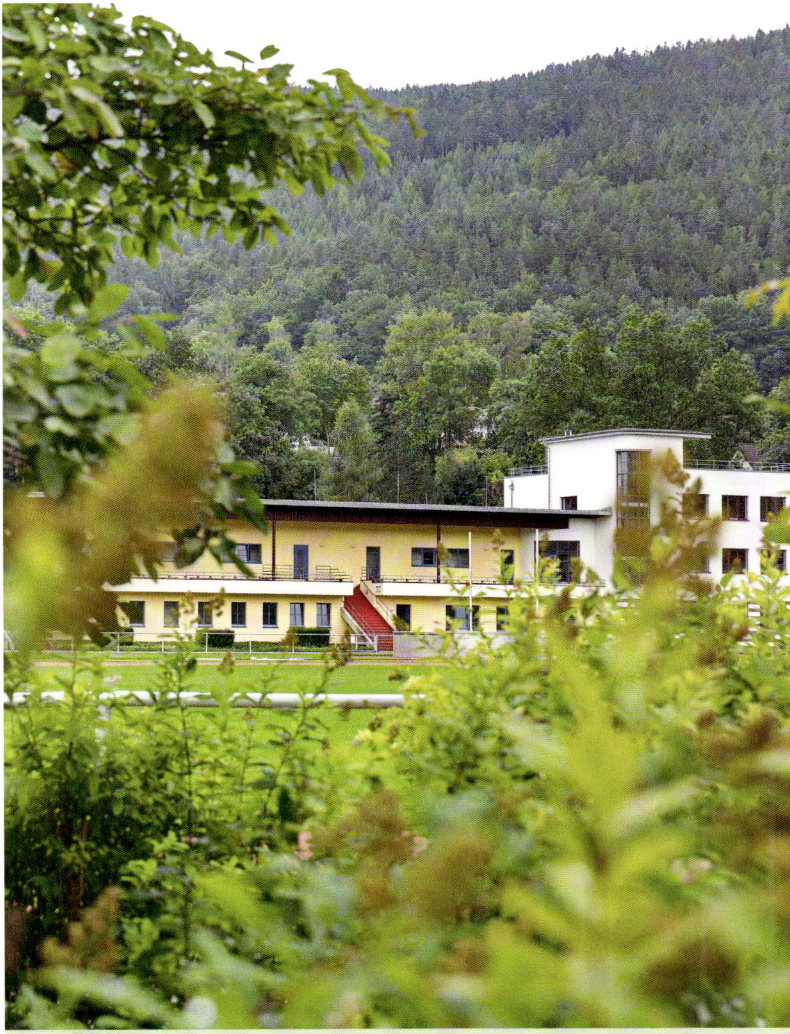

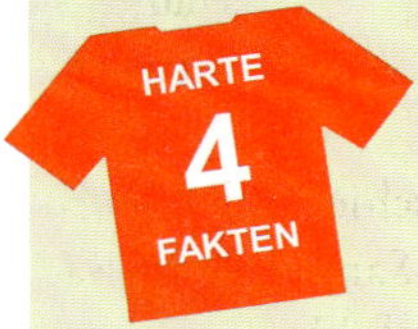

1. Präsident: Werner Triebel

1. Meister: FV Zeulenroda

1. Pokalsieger: SV 1910 Kahla

1. Hallenmeister: SC Leinefelde 1912

Bad Köstritz 005

Sportplatz „Am Drehling“

Das Thüringer Ostseestadion

Bereits um das Jahr 1920 war der Arbeitersportverein Bad Köstritz gegründet worden. Gespielt wurde im „Ostseestadion“ an der Elster und im „Baumgarten-Stadion“. Seit 1948/49 trainieren die Fußballer „Am Drehling“. Aus Eigeninitiative war ein Fußballplatz errichtet worden, wo in grauer Vorzeit noch Reitturniere ausgetragen wurden. Ende der 1940er-Jahre entstand eine eingeschossige Baracke mit Vereinslokal und Umkleideräumen. Als 2012 der Spatenstich für das neue Vereinsheim erfolgte, war die Freude groß. Doch wie bereits 1951 wurde der gesamte Sportplatz im Juni 2013 vom Hochwasser geflutet. Aber schon drei Monate später wurde der Neubau an die Mitglieder übergeben.

Sportlich hatte der Köstritzer Fußball unter dem Aderlass in der Zeit von 1949 bis 1952 zu leiden. Fast eine gesamte Mannschaft wechselte nach Silbitz, weil dort besser bezahlte Arbeitsstellen, Trainingsmöglichkeiten und andere Vorteile vorhanden waren. Große Fußballmomente gab es trotzdem: Obwohl die Holztribüne nur für 400 Personen ausgelegt war, sahen 4.000 Zuschauern Anfang der 1950er-Jahre ein Freundschaftsspiel gegen die BSG Rotation Babelsberg, für ähnlich große Resonanz sorgte der Test gegen den DSC München 06 im Jahr 1959.

Der größte Erfolg zu DDR-Zeiten gelang der BSG Chemie Bad Köstritz mit dem Aufstieg in die Bezirksliga im Juni 1971. Dort kam es in der Saison 1972/73 zum Derby gegen den Favoriten aus Silbitz. Der Andrang war so groß, dass das Spiel erst eine Viertelstunde später angepfiffen werden konnte. 750 Zuschauer sahen ein 4:4-Remis. Für die Bad Köstritzer reichte es nicht zum Klassenerhalt.

Nach der Wende gelang als SV Elstertal Bad Köstritz 1999 der Aufstieg in die Bezirksliga und nach zweijähriger Ligazugehörigkeit stieg der SVE 2001 sogar in die Landesklasse-Ost auf. Doch im Sommer 2007 fand sich der Verein in der Kreisklasse wieder. In dieser Krise gelang mit einem neuen Vorstand und der Konzentration auf den Nachwuchs der Wandel. Aktuell spielt der SVE wieder in der Kreisoberliga.

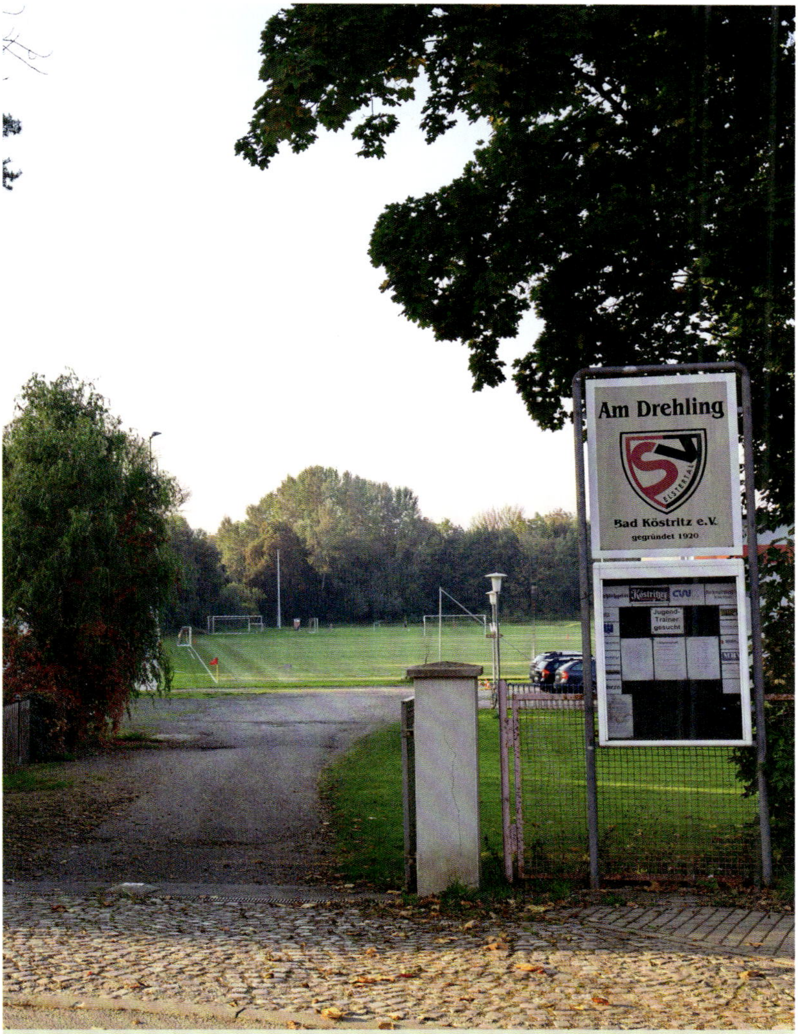

HARTE 4 FAKTEN

Anzahl Siege in der Bezirksliga 1972/73: 3
Spielerlegende: Raimund Schmidt
Trainerlegende: Wilfried Bergikt
Edeltransfer: Manfred Kaiser

Bad Langensalza 006

Stadion der Freundschaft

Die Preußen kommen

Einige aus Preußen stammende Gründungsmitglieder wollten mit der Namensgebung ihrer Herkunft Ausdruck verleihen, als am 14. März 1901 der SV Preußen Langensalza gegründet wurde. Neben dem viermaligen Gewinn der Wartburggau-Meisterschaft ist der Einzug ins Endspiel um die Mitteldeutsche Meisterschaft 1931 ein Höhepunkt der Vereinshistorie. Die Preußen bezwangen den VfL Duderstadt (6:1) in Runde 1, den SC Stadtilm (4:0), den Magdeburger SV Fortuna (5:1) und im Halbfinale auswärts den 1. SV 03 Jena (4:2), bevor sie im Finale am 29. März 1931 im Stadion am Ostragehege vor 19.200 Zuschauern mit 0:6 gegen den Dresdner SC verloren.

Die erfolgreichste Etappe begann 1970, als nach dem Abstieg von Empor und Aufbau die Kräfte in der Stadt gebündelt und die Fusion unter Trägerschaft des Landbaukombinates beschlossen wurde. Innerhalb weniger Jahre entwickelte sich die BSG Landbau zu einem der Spitzenteams im Bezirk Erfurt. Zweimal (1977 und 1979) konnte hier der Meistertitel errungen werden, drei Jahre DDR-Liga folgten (77/78, 79/80, 80/81). Trainer war damals der einst für Lok Leipzig und Rot-Weiß Erfurt aktive 266-fache DDR-Oberligaspieler Reinhard Trölitzsch. Viermal nahm Landbau am republikweiten FDGB-Pokal teil, aber nur einmal wurde ein Gegner aus der DDR-Oberliga zugelost. Nach Siegen gegen Halberstadt, Weißenfels und Eisleben war am 11. Oktober 1980 die BSG Wismut Aue im Stadion der Freundschaft zu Gast. 1.600 Zuschauer sahen eine 1:4-Niederlage.

Nach ihrer Rückbenennung in ihren ursprünglichen Namen gingen die Kurstädter 1990 als eines der 14 Gründungsmitglieder der neuen Thüringer Landesliga ins Rennen und stellten im Auftaktspiel gegen den SV EK Veilsdorf in Eugen Michel den allerersten Torschützen der Spielklasse. Nach Abstiegen bis auf die Kreisebene kehrte der seit 1996 eigenständige Fußballverein im Sommer 2015 in die Spitze des Freistaates zurück. Größter Erfolg des von Präsident Benno Harbauer geführten Vereins war der Einzug in das Thüringenpokalfinale 2019.

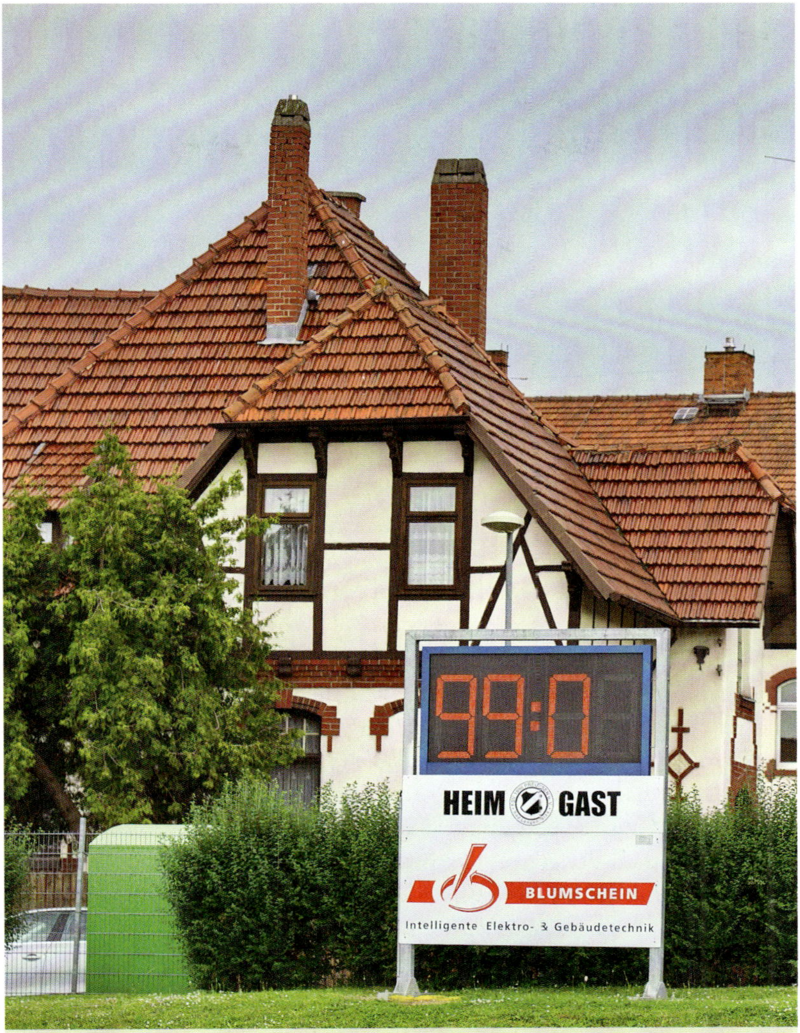

HARTE 4 FAKTEN

14.3.1901: SV Preußen Langensalza
21.7.1970: BSG Landbau Bad Langensalza
23.6.1990: SV Preußen 01 Bad Langensalza e.V.
15.6.1996: FSV 1996 Preußen Bad Langensalza e.V.

Salza-Halle

Der Hallenfußball lebt

Seitdem die Verbände den Schwerpunkt auf Futsal legen und die Winterpause der Profis aus Vermarktungsgründen verkürzt wurde, ist der Fußball aus den großen Hallen und das Hallenmasters aus dem DSF verschwunden. Doch in Bad Langensalza wird der Kult weiter gepflegt. Der Salza-Cup ist ein Herzensprojekt des Organisationsteams um Preußen-Chef Benno. Zwischen Weihnachtsgänsebraten und Silvester-Fondue gibt es in der bis unter das Dach gefüllten Salza-Halle eine gute Stimmung auf den Rängen und hitzige Derbys auf dem Parkett.

Der Startschuss fiel mit der Fertigstellung der Salza-Halle 1994, sodass im Folgejahr erstmals Budenzauber geboten wurde. Große Unruhe gab es im Vorfeld des Turniers 2013. „Schön zugeschoben" kommentierte der Eisenacher Mannschaftsleiter die Auslosung. Traditionell war diese während der Vereinsweihnachtsfeier erfolgt. Ohne Setzliste kam es, dass alle drei Verbandsligisten in die Gruppe B und die Gastgeber als Favorit in die Gruppe A gelost wurden. Die Kritik traf die Organisatoren hart. Seitdem erfolgt die Auslosung öffentlich.

Die 20. Ausgabe konnte aufgrund des Zuschaueransturms erst mit 15 Minuten Verspätung beginnen. Offensichtlich traf die Einladung ehemaliger Erstligakicker wie Tomislav Piplica den Geschmack der Gäste. Aufregung gab es während der 23. Auflage, als das Team des FC Union Mühlhausen den Halbfinalsieg vor dem Preußen-Block feierte und Keeper Sören Trappe mit ausgestrecktem Mittelfinger in Richtung Preußen-Fans provozierte. Was folgte, waren „intensive" Diskussionen auf den Rängen und dem Parkett.

Als 25 Jahre nach der Cup-Premiere die Halle renoviert wurde, musste der Cup erstmals nach Görmar umziehen. Als dann 2020 die 26. Turnierauflage in der neuen Salza-Halle ausgetragen werden sollte, sorgte COVID-19 für eine Absage. Bisher ist es noch keinem Cup-Sieger gelungen, den Titel des Vorjahres zu verteidigen. Die erfolgreichste Mannschaft stellen die Preußen, die an jedem Turnier teilnahmen und fünfmal den Pokal gewinnen konnten.

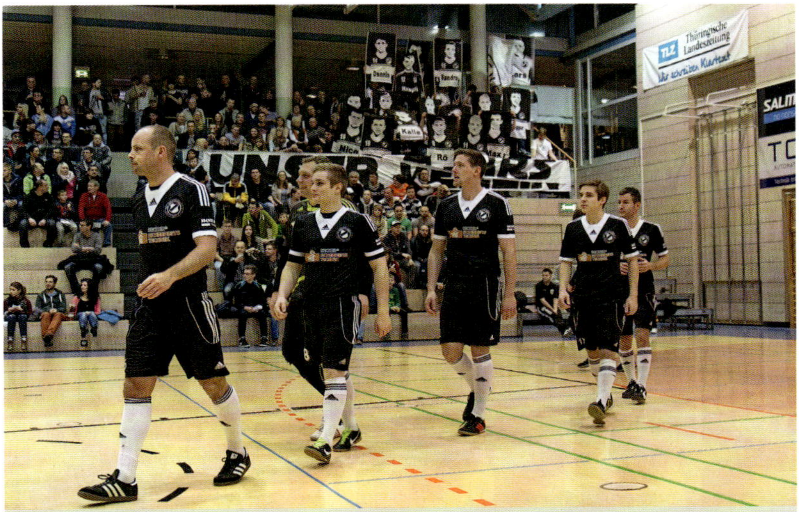

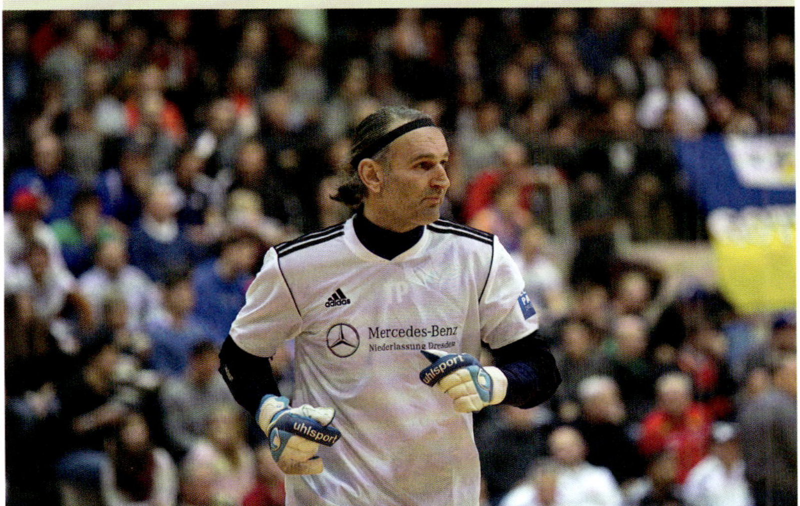

HARTE 4 FAKTEN

1. Sieger: SV Preußen Bad Langensalza (1995)

10.: SV Nägelstedt (2004)

20.: FC Rot-Weiß Erfurt II (2014)

25.: SV 09 Arnstadt (2019)

Bad Lobenstein 008

Bistro „Zum Fäßleseecher“

Als die Feingusswerks-Elf Geschichte schrieb

Rouladen, Klöße und Rotkraut oder Schwammespalken sind nur zwei von vielen Spezialitäten, die das Team um Ev Franke ihren Gästen serviert. Welche davon die Fußballer der Alt-Liga-Teams des VfR Lobenstein und des TSV Lichtenberg gewählt haben, ist nicht bekannt. Fest steht aber, dass die Fußballer das 25. Jubiläum des ersten Freundschaftsspiels zwischen einer Mannschaft aus der DDR und der BRD nach dem Fall der Mauer im Bistro am Markt 7 in Lobenstein feierten.

Angefangen hatte alles 1957, als die Fußballer aus dem fränkischen Lichtenberg und dem thüringischen Lobenstein im Rahmen eines Interzonenspiels aufeinandertrafen. Dies war zu diesem Zeitpunkt nicht ungewöhnlich. Zwischen 1955 und 1956 reisten 412 Fußballvereine „aus der Zone“ zu Freundschaftsspielen in den Westen. Im gleichen Zeitraum wurden dem DFB 1.350 Spiele westdeutscher Mannschaften im Gebiet der DDR gemeldet. Mit dem Mauerbau wurde der sportliche Austausch außerhalb des Leistungssports praktisch unmöglich

Doch bei den Betriebsfußballern im VEB Feingusswerk Lobenstein, die 1968 gegründet wurde, blieb der Wunsch auf einen innerdeutschen sportlichen Vergleich ungebrochen. Die Lichtenberger Turnhalle konnten die Lobensteiner von einer Anhöhe aus sehen, aber sie war unerreichbar. Dies änderte sich am 9. November 1989 und so fuhr der Lobensteiner Helmut Anders „in den Westen“ und traf mit seiner Idee eines Freundschaftsspiels mitten ins Fußballherz von Helmut Welte, dem Vorsitzenden des TSV Lichtenberg. Am 2. Dezember um 14 Uhr war es dann soweit. Dreieinhalb Wochen nach dem Mauerfall trat die Feingusswerks-Elf bei winterlichen Bedingungen vor 500 Zuschauern zum vermutlich ersten deutsch-deutschen Amateurfußballspiel in Lichtenberg an und spielte 2:2-Remis. Im Übrigen fand an diesem Tag – aber 1,5 h später – ein weiterer deutsch-deutscher Vergleich mit Thüringer Beteiligung statt. Die Alten Herren der BSG Landbau Borsch traten anlässlich des Begrüßungsfestes bei den Freunden des SV Steinbach 1920 an.

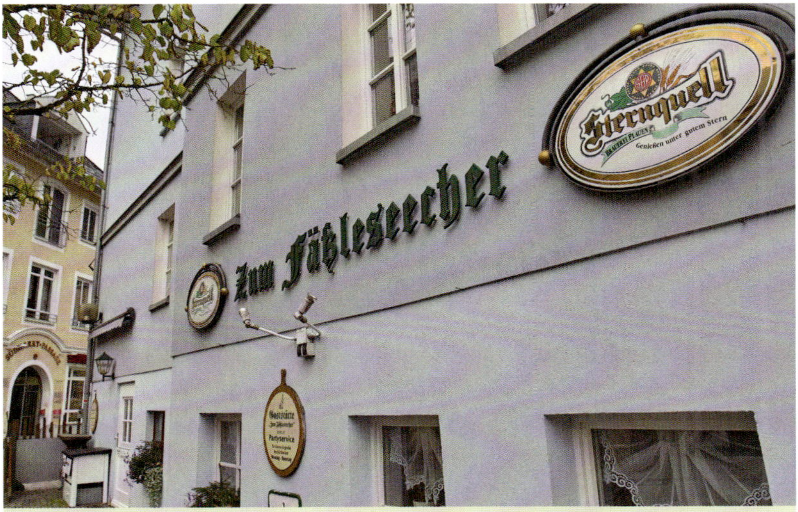

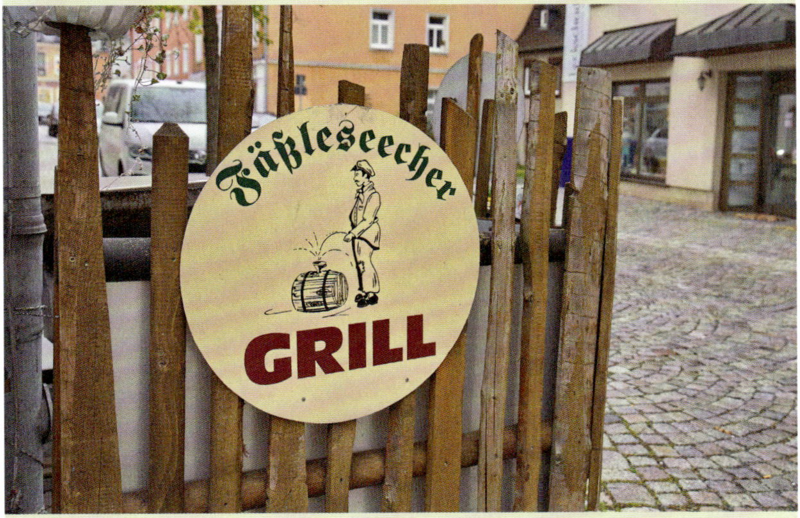

HARTE 4 FAKTEN

1968: Gründung der Betriebsfußballmannschaft

Initiator: Günter Tens

1990: Beitritt zum VfR Bad Lobenstein

4. 4. 1992: Test gegen Bayern München | 2.000 Zuschauer

Stadion Koseltal

Blau-Gelb-Weiße Freundschaft

Wer heute zum idyllisch im Wald und zwischen Stadt, Schanzenanlage sowie Freibad gelegenen Stadion im Koseltal pilgert, wird sich nur schwer vorstellen können, dass der Start des Lobensteiner Fußballs auf dem Sportplatz an der Poststraße eine staubige Angelegenheit war. Dieser ist zwar seit dem 19. September 2012 ein moderner Kunstrasenplatz. Doch die Fußballer der 1949 gegründeten BSG Empor erlebten den damaligen Sportplatz nur als staubigen Hartplatz. Noch heute erzählt man sich von einem Spiel gegen Fortschritt Pößneck, als bei 30 Grad die Lobensteiner Feuerwehr mit einem IFA W50 den Platz sprengen musste.

Der Fußball in der Kreisstadt erlebte verbunden mit dem Aufstieg in die Bezirkslasse in den 70er-Jahren und der Umbenennung zur BSG Elektronik eine Euphoriewelle. Gekrönt wurde diese im Sommer 1980 mit dem Aufstieg in die Bezirksliga Gera, in welcher Lobenstein als bester Aufsteiger auf dem 4. Platz landete. 1988 sorgte der Gewinn der Bezirksmeisterschaft und die Aufstiegsspiele zur DDR-Liga für großen Zuschauerzuspruch im 1986 eröffneten Stadion im Koseltal. Elektronik verblieb bis zur Wende in der Bezirksliga und spielte danach als VfR Lobenstein überwiegend in der 2. Liga des Freistaates.

Ein gutes Verhältnis pflegt der Verein mit den Vereinsfarben Blau, Gelb und Weiß zum FC Carl Zeiss Jena, der in den 1980er-Jahren Spiele des Intertoto-Cups in Lobenstein austrug. So sahen 2.500 Zuschauer am 18. Juli 1987 das 2:2 des FCC gegen den ungarischen Vertreter Vasas Budapest im Koseltal. Das gleiche Ergebnis gab es im Jahr darauf – am 29. Juni 1988 – als die dänische Mannschaft Aarhus GF zu Gast war.

Auch zahlreiche freundschaftliche Vergleiche prägen die Historie in Lobenstein. So wurde das Koseltal-Stadion am 23. Juli 1986 mit einem 7:1-Erfolg des Oberligisten aus Jena gegen den Bezirksligisten BSG Elektronik eröffnet. Eine wahre Sensation erlebten die 1.400 Zuschauer am 14. August 2018. Der Landesklassist bezwang in einem Testspiel den Drittligisten aus Jena mit 3:1.

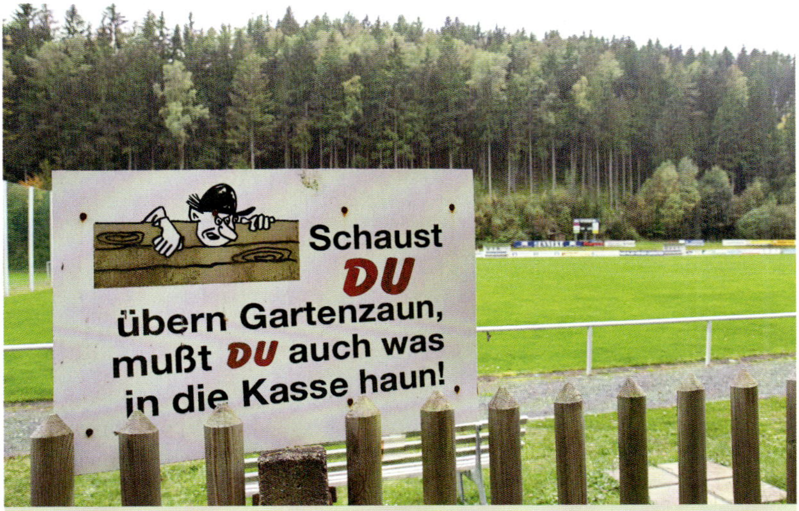

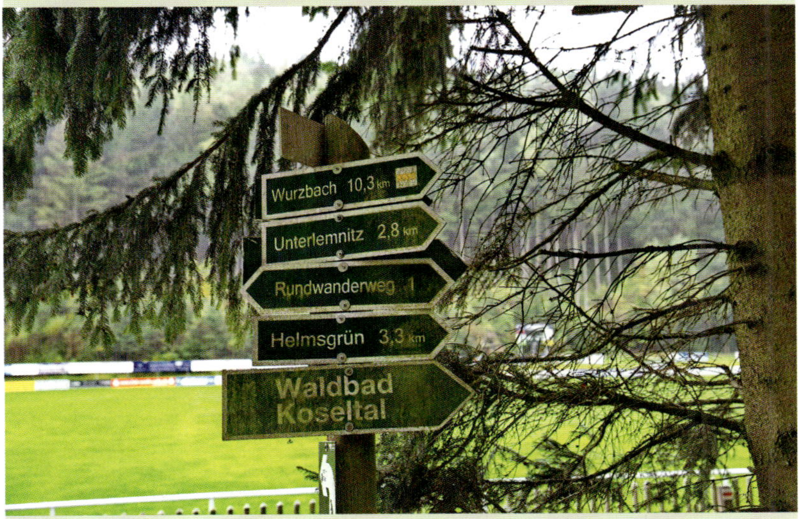

HARTE 4 FAKTEN

1978: BSG Elektronik Lobenstein

1988: Bezirksmeister Gera

1990: VfB Bad Lobenstein

2001: Ostthüringer Meister

Fußballzeitreise

Ein Ballfahrtsort im Thüringer Wald

Ein Treffen mit Ottmar Walter, dem Fußball-Weltmeister von 1954, änderte das Leben von Marcel Wedow. Ein entzündetes Knie und eine nur durch eine Notoperation verhinderte Beinamputation warfen den langjährigen Fußballer, der u. a. für die BSG Motor Gotha und die TSG Ruhla kickte, in ein tiefes Loch. Doch das Leben des Bruders von Fritz Walter, der Kriegsgefangenschaft, finanzielle Not und Lebensmüdigkeit überwand, war für den heutigen Kuramtsleiter im staatlich anerkannten Kneipp-Heilbad Bad Tabarz ein Vorbild.

Fortan reiste Marcel Wedow kreuz und quer durch die Bundesrepublik und besuchte zahlreiche Fußballhelden wie Uwe Seeler, Hans-Jürgen Dörner, Manfred Kaiser, Hansi Müller, Rüdiger Schnuphase, Jürgen Heun, Rudi Völler und Franz Beckenbauer. Jedes Treffen brachte neben besonderen Geschichten auch einmalige Raritäten nach Bad Tabarz. So entstand im Juni 2010 aus einer persönlichen Sammlung im Wohnzimmer ein wunderbares Kleinod zur Geschichte des Fußballs in Deutschland im ehemaligen Kuhstall.

Der „Deutschlandfunk“ bezeichnete es einst als „das Kontrastprogramm zur multimedialen Erlebniswelt“ des Deutschen Fußballmuseums in Dortmund und als die mit 25 Quadratmetern vielleicht „kleinste Fußballausstellung Deutschlands“. In jedem Fall sind die Ausstellungsstücke wie Originaltrikots, handsignierte Bälle, unzählige Fotos und Fußballschuhe stets mit einer unverwechselbaren Geschichte verbunden, die Marcel Wedow den Besuchern gern erzählt.

In der Zwischenzeit ist aus dem Ein-Mann-Projekt eine gemeinschaftliche Leidenschaft geworden. Der eingetragene Verein „Fussballzeitreise“ leitet nunmehr die Geschicke, organisiert Veranstaltungen mit Fußballgrößen und sammelt Spenden für gemeinnützige Organisationen. Die Gemeinschaft will dabei über die deutsche Fußballgeschichte Werte wie Zusammenhalt, Kameradschaft, Toleranz und Disziplin vermitteln. Die Ausstellung soll weiterentwickelt werden und zukünftig mehr Platz im Aussichtsturm auf dem Inselsberg erhalten.

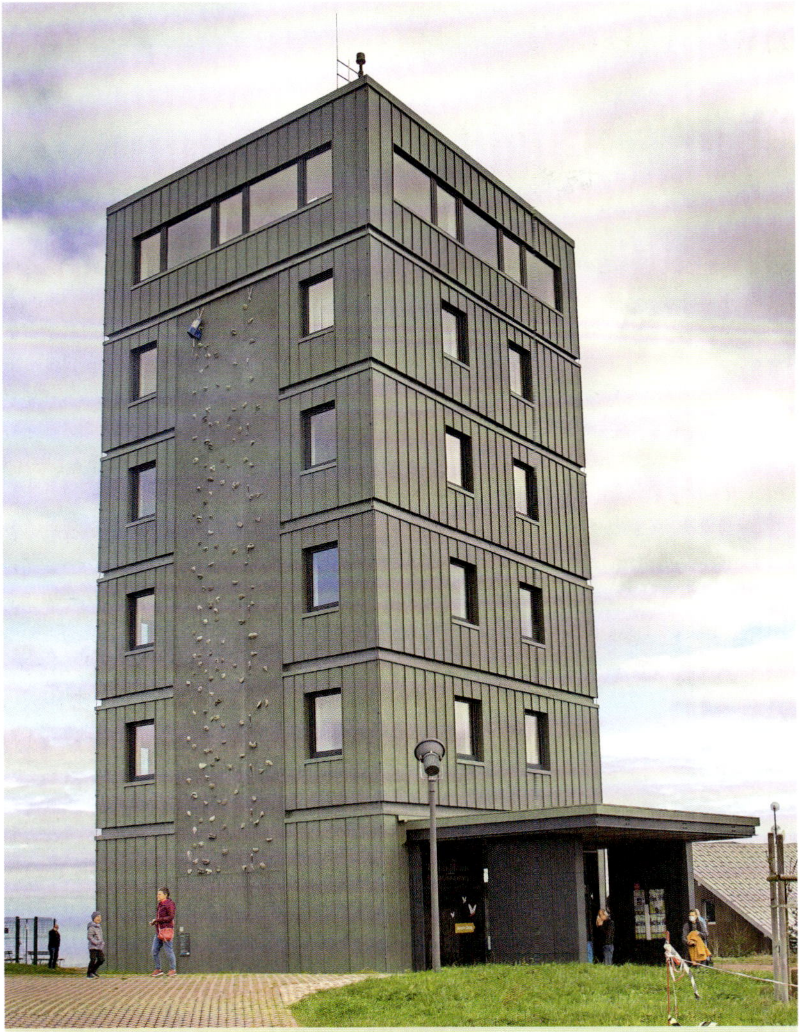

HARTE 4 FAKTEN

Schirmherr der Ausstellung: Uwe Seeler

Vereinsmitglied: Jürgen Heun

Ehrenmitglieder: Horst Eckel, Bernhard Vogel

Spendenprojekt: Mutter-Kindheim in Winterstein

SV Borsch 1925

Geisas Fußballherz schlägt in den Ulsterwiesen

Mit ca. 700 Einwohnern ist Borsch zwar „nur" ein Ortsteil, doch das Fußballherz der Stadt Geisa im Wartburgkreis schlägt im Sportpark „An der Ulster". War zu DDR-Zeiten die BSG Aktivist und später Landbau Borsch in erster Linie auf Kreisebene aktiv, sorgte der 1990 entstandene SV Borsch 1925 regelmäßig für Furore im thüringischen Fußball. So verloren die Kicker aus der Rhön am 21. Juni 2008 zwar das Relegationsspiel als Vizemeister West gegen Altenburg mit 1:2, konnten aber durch den 2:0-Erfolg aus dem Hinspiel erstmals in ihrer Geschichte in die Thüringenliga aufsteigen.

In der Zwischenzeit kann der SV Borsch auf sechs Jahre Zugehörigkeit in der höchsten Liga Thüringens zurückblicken. Der 8. Platz in der Premierensaison 2008/09 war dabei das beste Ergebnis. In der ewigen Verbandsligatabelle belegt Borsch den 41. Platz und liegt damit vor dem FSV Ulstertal Geisa (48.). Nach dem Abstieg wurde im Sommer 2017 die Landesklassen-Meisterschaft gefeiert, auf den Aufstieg jedoch verzichtet. Die Ausbildung und Förderung heimischer Talente in der SG Ulstertal genießt Vorrang vor der Verpflichtung externer Spieler und so gehört die Spielgemeinschaft mit der SV Geismar und der SV Buttlar seit mehreren Jahren zu den Spitzenteams der Landesklasse.

Die Heimspiele werden im Sportpark „An der Ulster" ausgetragen, der aufgrund seiner „begrenzten Größe" wenig beliebt bei den gegnerischen Mannschaften ist. Im Sommer 1967 spielt die BSG Aktivist bzw. Landbau auf dem Platz auf den Ulsterwiesen, der in der Woche der „Jugend und Sportler" seiner Bestimmung übergeben wurde.

Die größte Resonanz erlebte der Sportpark bei den Pokalspielen. Im Oktober 2008 sahen 1.380 Zuschauer die 0:6-Niederlage des FC Carl Zeiss Jena im Pokalachtelfinale. Knapp zehn Jahre später drangen die Rhöner nach Siegen gegen die Verbandsligisten aus Ohrdruf und Eisenach bis ins Halbfinale vor und trafen vor 2.000 Zuschauern wieder auf Jena. Die 0:5-Niederlage tat der prächtigen Volksfeststimmung keinen Abbruch.

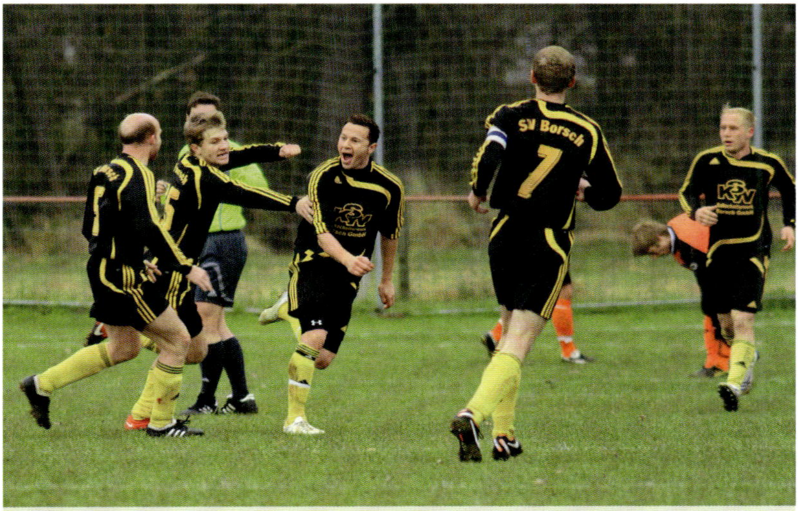

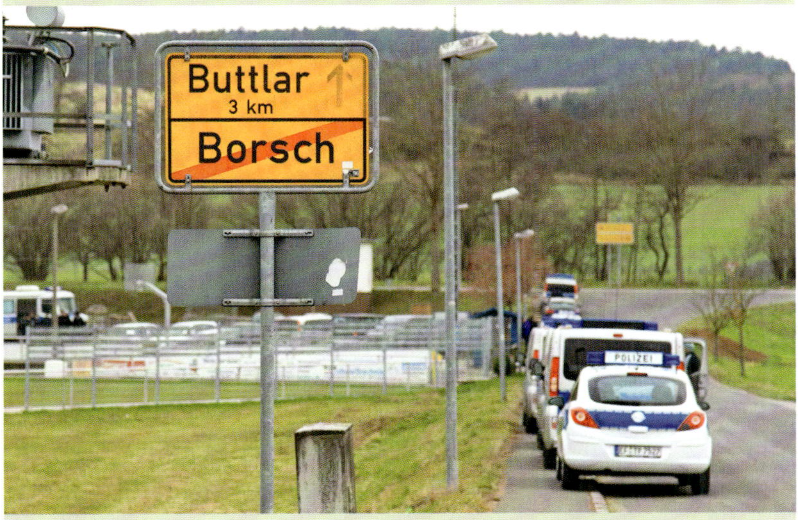

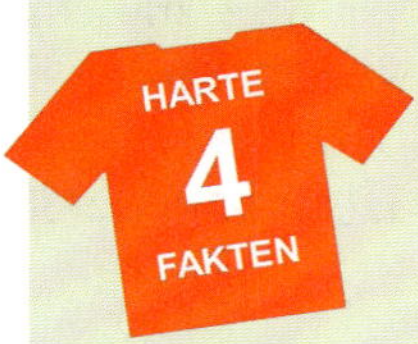

2002/2003: Kreismeister

2006/2007: Bezirksmeister

Spieler-Helden: Stefan Kirchner, René Melzer

Trainer-Helden: Holger Gimpel, Andreas Herzberg

Waldsportplatz Christes

Als die Stasi ein Fußballspiel verhinderte

Auf dem Waldsportplatz der BSG Traktor in Christes sollte es am 9. Juli 1988 zum Freundschaftsspiel zwischen den Fußballern der thüringischen BSG Aktivist Borsch und den hessischen Sportfreunden des SV Steinbach kommen. Eigentlich war das Freundschaftsspiel schon für 1987 geplant. Doch die dafür notwendige Vereinbarung auf der Ebene des DSB und des DTSB gab es nicht. Und so kam es im Oktober 1987 nur zu einem privaten Besuch. Da eine Einreise in die Sperrzone verweigert wurde, organisierten die Sportfreunde aus Borsch ein Besuchsprogramm durch Suhl und Oberhof. Im Jahr darauf sollte nun auf dem Waldsportplatz in Christes das Freundschaftsspiel angepfiffen werden.

In persönlichen Gesprächen und verklausulierten Schreiben wurde das Treffen vorbereitet. Doch am Abend vor der geplanten Fahrt erreichte die Steinbacher ein Telegramm aus Borsch mit der Absage. Die Staatssicherheit hatte das Treffen als staatsfeindlich eingestuft.

Begonnen hatte alles im Jahr 1955, als die BSG Aktivist Borsch/Rhön in einem Schreiben an die SV Steinbach den Wunsch eines Freundschaftsspiels äußerte. Im Mai 1957 trafen dann beide Mannschaften in Steinbach aufeinander, im Oktober 1957 folgte unter kritischer Beobachtung der SED-Funktionäre das Rückspiel. Die Tage wurden für die Teilnehmer auf beiden Seiten ein unvergessliches, gemeinsames Erlebnis. Mit dem Bau der Mauer wurde der Kontakt nahezu unmöglich. Vereinzelte Briefkontakte, zwei Ex-Borscher, die nach der Flucht in Steinbach ihre neue Heimat fanden, und fingierte Verwandtenbesuche sorgten für einen Nachrichtenaustausch.

Als Reinhold Wehner, der im Jahre 1957 schon das Tor der Borscher Mannschaft gehütet hatte, am 9. November 1989 in Steinbach von der Grenzöffnung hörte, war die Freude grenzenlos. Bereits am folgenden Sonntag erschienen die Borscher Fußballer zum Frühshoppen im Vereinslokal Ludwig. Im Juni 1990 folgte dann im Rahmen des Sportfests des BSG Landbau Borsch endlich das Spiel gegen den SV Steinbach.

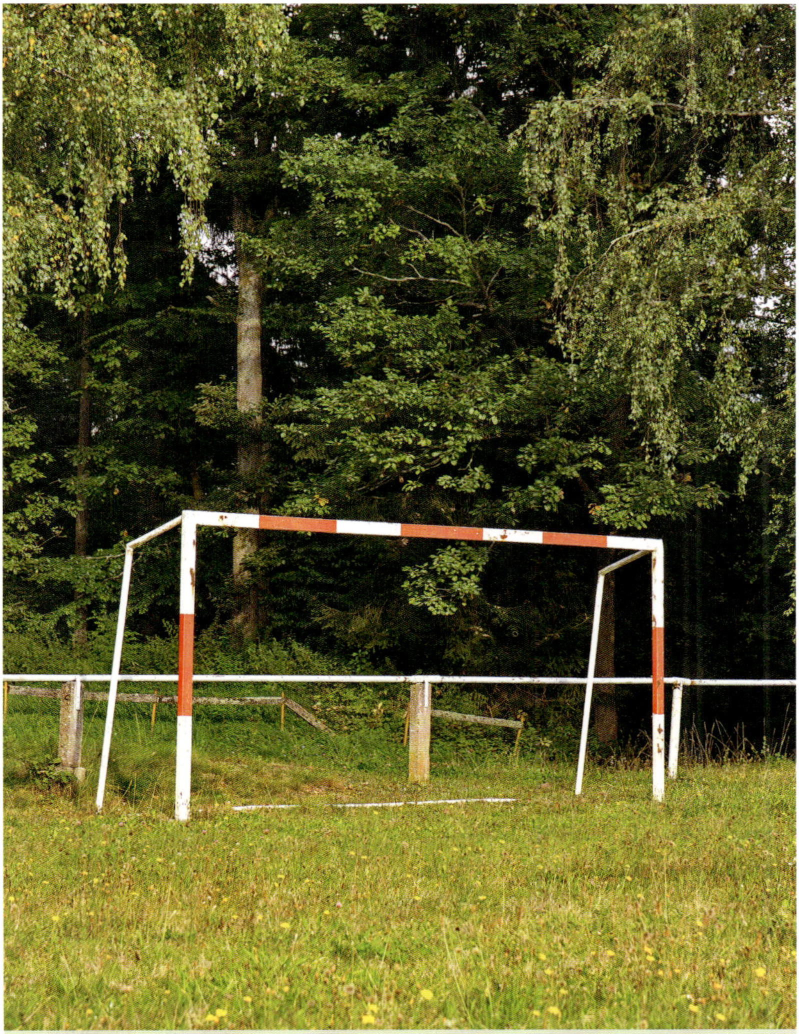

HARTE 4 FAKTEN

Landkreis: Schmalkalden-Meiningen
Wallfahrtsort: mit 600 Einwohnern
Ortsbrunnen (Christus-Born): mit Wunderkräften
BSG Traktor Christes: Kreismeister 1982/83

Dachwig (VG Fahner Höhe) 013

Alfred-Just-Stadion

Auf Augenhöhe mit Rot-Weiß

Seit 230 Jahren ist die „Fahner Höhe" – ein Höhenzug in Thüringen, der sich im Dreieck der Landeshauptstadt Erfurt sowie den Städten Gotha und Bad Langensalza erstreckt – überregional für den Obstanbau bekannt. Die klimatischen Bedingungen und die Qualität des Bodens sind ideal für den Anbau von Äpfeln und Kirschen. Der Fußball in der Region sorgte zumindest bis 1990 für wenig Interesse auf Landesebene. Zwar sammelten die SG Dynamo Gräfentonna (Kreis Bad Langensalza), BSG Traktor Großfahner und BSG DLB Dachwig (Erfurt-Land) einige Titel auf Kreisebene, die BSG Traktor Döllstädt blieb hingegen ohne Titel.

Das änderte sich nach dem politischen Umbruch. 1999 wurde der FC Blau-Weiss Dachwig-Döllstädt gegründet, aus dem durch den Zusammenschluss mit dem TSV 1862 Großfahner am 27. Mai 2003 im Gasthaus „Zum Hamster" der SV Blau Weiß Fahner Höhe 03 e.V. wurde. Zum Präsidenten des neuen Vereins wurde Alfred Just gewählt. Zwar gründete sich drei Jahr später der TSV-Großfahner neu, doch den Nulldreiern gelang es auch, sich in der Landesklasse zu etablieren. Im Sommer 2013 erfolgte der Aufstieg in die Thüringenliga und drei Jahre später wurde die SG FC Blau-Weiß Dachwig/Döllstädt Thüringenmeister, verzichtete aber aus wirtschaftlichen Gründen auf den Aufstieg.

Präsident Rolf Cramer verkündet nach dem Titelgewinn einen Neustart mit der Gründung des FC An der Fahner Höhe und der damit verbundenen Zusammenarbeit mit Fortuna Gräfentonna. Spielstätte für die 1. Herrenmannschaft ist das Alfred-Just-Stadion. Namensgeber der Sportanlage an der Dachwiger Straße ist seit dem 25. Juni 2010 der langjährige Bürgermeister und Vereinsvorsitzende. Zur Stadionweihe empfing der Landesklassist den damaligen Drittligisten FC Rot-Weiß Erfurt und verlor mit 0:5. Zehn Jahre später starten beide Vereine in der gleichen Liga. Mit der Meisterschaft in der Verbandsliga-Abbruchsaison 2019/20 war die Möglichkeit zum Aufstieg in die Oberliga gegeben. Diese nutzten die Verantwortlichen im allerletzten Moment.

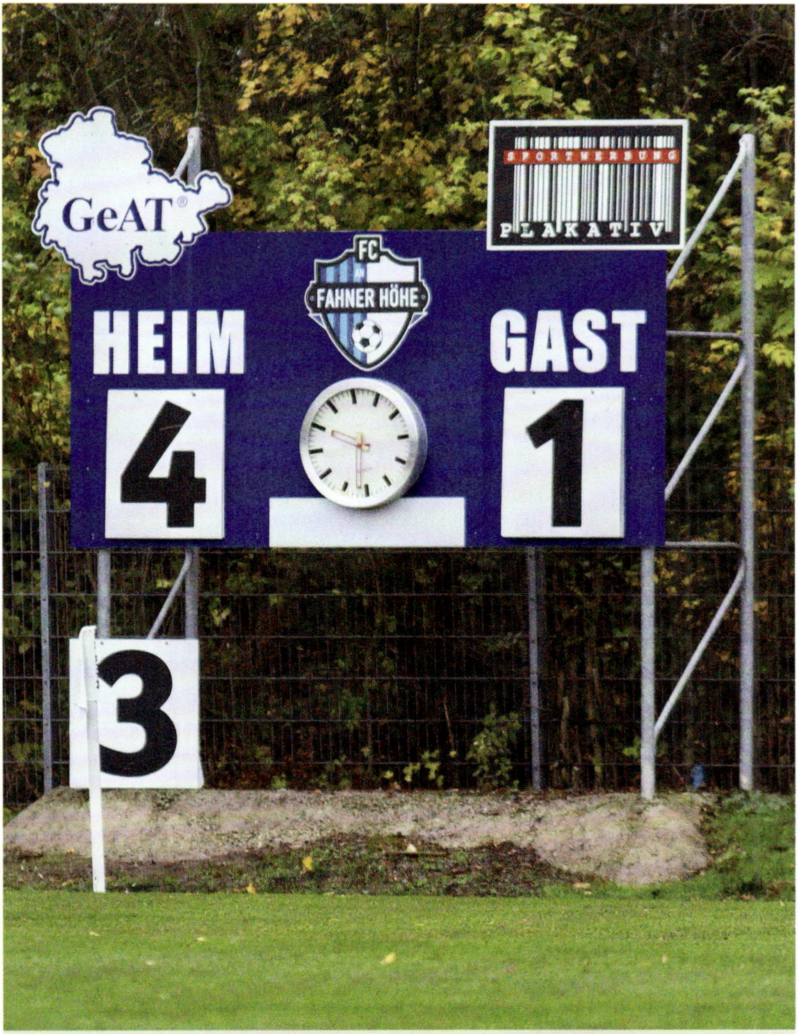

HARTE 4 FAKTEN

Gründungsdatum: 1. Juli 2016

Präsidentin: Katrin Schwarz

Bekannter Trainer: Albert Krebs

Bekannter Spieler: Ronny Hebestreit

Wartburgstadion

Sammers Kopfball vor 14.000 Zuschauern

Das Landesamt für Denkmalpflege stellte das Eisenacher Stadion im Jahr 2009 aufgrund der architektonischen Besonderheiten mit deutlichen Parallelen zu den 1930er-Jahren unter Denkmalschutz. Das Wartburgstadion mit seinen charakteristischen Bauten – dem Tribünengebäude, dem Schiedsrichterturm, den gemauerten Eingangsportalen mit den Treppenanlagen und der Weiheschale – ist ein Teil der Eisenacher Sportgeschichte. Eröffnet wurde das Stadion am 19. Juni 1955 im Rahmen des 1. Turn- und Sportfestes vor 15.000 Zuschauern. Nach der Namensweihe durch Handballlegende Werner Aßmann folgten zwei besondere Duelle. Zunächst standen sich die Handballer der BSG Motor Eisenach und des westdeutschen TuS Lintfort gegenüber. Danach folgte das Fußballspiel zwischen dem DDR-Ligisten aus Eisenach und dem Oberligisten BSG Motor Zwickau. Die Gastgeber verloren beide Spiele mit 13:17 bzw. 2:6.

1961 profitierte Eisenach von der Umstellung auf den alten Herbst-Frühjahr-Rhythmus. So gab es nicht nur ein Heim- und ein Auswärtsspiel, sondern auch eine Partie auf neutralem Platz. Daher trafen am 18. November 1961 BSG Motor Zwickau und SC Aufbau Magdeburg vor 8.000 Zuschauern in Eisenach aufeinander. Die Magdeburger Führung durch Günter Weimann konnte Peter Henschel mit seinen zwei Treffern in einen 2:1-Sieg für Motor umwandeln.

Am 26. September 1967 spielten im Wartburgstadion die Olympiamannschaften der DDR und Ungarns gegeneinander. 14.000 Zuschauern sahen in der 57. Minute die Gästeführung. Doch nach dem 1:1 durch Gerd Backhaus (64.) gelang in der Schlussminute durch einen Kopfball des nach vorn geeilten Klaus Sammer der verdiente 2:1-Erfolg. In einem inoffiziellen Test besiegte die DDR-Nationalmannschaft eine Auswahl des Irak am 2. August 1971 im selben Stadion vor 9.000 Zuschauern mit 11:0.

Am 29. November 2014 sorgte der FC Eisenach selbst für eine große Kulisse und traf am 14. Oberliga-Spieltag auf Lok Leipzig. 1.620 Besucher sahen ein zwischenzeitliches 1:1 durch Toni Juraschek, einen Platzverweis für Lok und eine 1:4-Niederlage der Eisenacher.

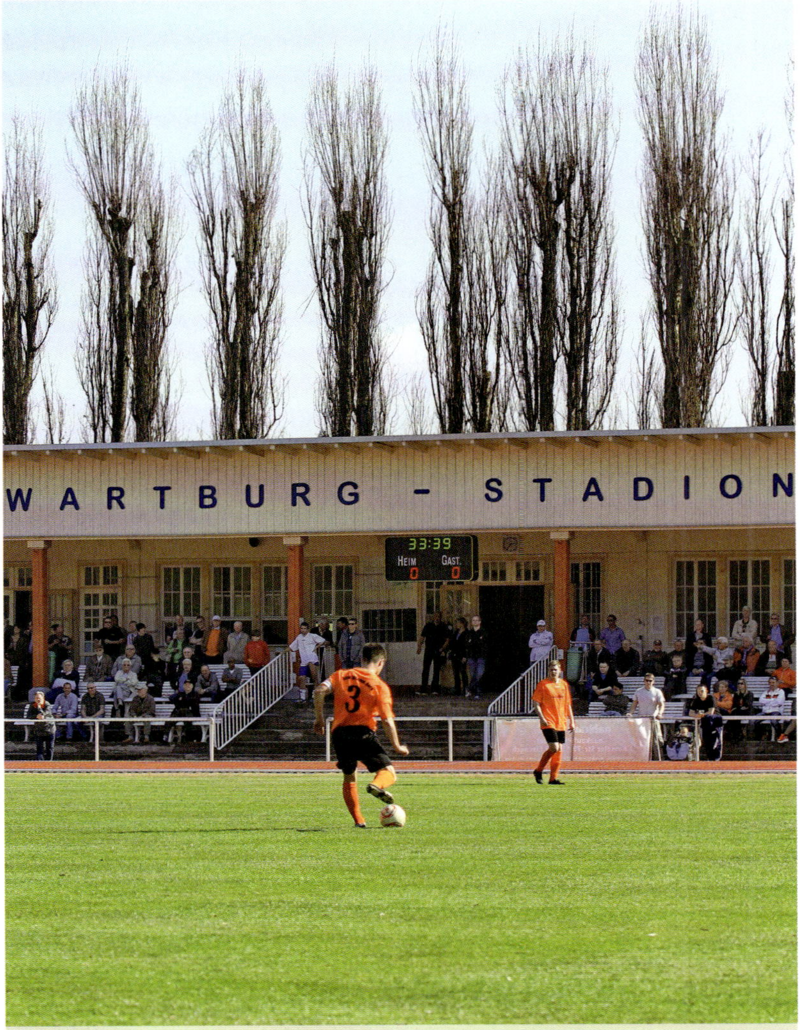

HARTE 4 FAKTEN

1983: Leichtathletik-Ländervergleich CSSR vs. DDR

1988: DDR-Meisterschaften im Bogenschießen

1990: U-16-EM: Dänemark – Nordirland 6:0

1993: Eisenach – Borussia Mönchengladbach 2:6

Aufnahmelager

Von West nach Ost und zurück

In der heutigen Jenaer Straße 49 in Eisenberg-Saasa befindet sich ein Gebäude mit einer bewegten Vergangenheit. Zuletzt war es die Landesaufnahmestelle für Flüchtlinge, zuvor ein Lazarett in beiden Weltkriegen, dann Kaserne der NVA und schließlich ein Aufnahmelager für Übersiedler aus der BRD in die DDR. In dieser Funktion lernte Gerd Möller das graue Gebäude kennen. Möller wuchs „im Westen" auf und begann in seiner Heimatstadt beim SG 1928 Herten-Langenbochum mit dem Fußballspielen. Als die Auswahl des Kreises Recklinghausen im Bezirk Halle spielte, verliebte sich Gerd in die Sportlehrerin Karin. Nichts Dramatisches möchte man meinen, doch im Jahr als es in Zeitz funkte, sorgte die „Operation Rose" mit dem Bau des „antikapitalistischen Schutzwalls" für eine 28-jährige Trennung des Landes. Zwar konnte Gerd Möller regelmäßig zu seiner Liebe pendeln, doch ein Zusammenleben im Ruhrgebiet war unmöglich, da die Genehmigung eines Ausreiseantrages für eine Lehrerin undenkbar war.

So siedelte der 25-Jährige Bergmann von West nach Ost um. Zuzügler galten ab 1961 als potenzielle Spione und kamen zur Befragung durch die Stasi zunächst in ein Aufnahmelager. Möller traf auf einen MfS-Mitarbeiter, der den Stürmer zum Oberliga-Aufsteiger nach Gera vermittelte. Seine Premiere im DDR-Fußball bestritt Möller am 6. Spieltag im Leipziger Alfred-Kunze-Sportpark vor 9.000 Zuschauern. Die Gäste aus Gera unterlagen mit 1:3.

Möller bestritt nur fünf Erstligapartien und wechselte im Sommer 1967 in die Bezirksliga nach Helmsdorf, auch weil er als Schweißer beim Trägerbetrieb eine Anstellung fand. Bei der BSG Motor wurde Möller als treffsicherer Stürmer zum Fußballheld und hatte als Torschützenkönig wesentlichen Anteil am Höhenflug der Hermsdorfer. Nach der aktiven Laufbahn wartete Möller 1989 auf die Bewilligung des Ausreiseantrages, um nach Herten zu ziehen. Der war nach dem Mauerfall nicht mehr nötig und so siedelte Gerd Möller im Dezember 1989 erneut um, diesmal ging es mit seiner Karin von Ost nach West.

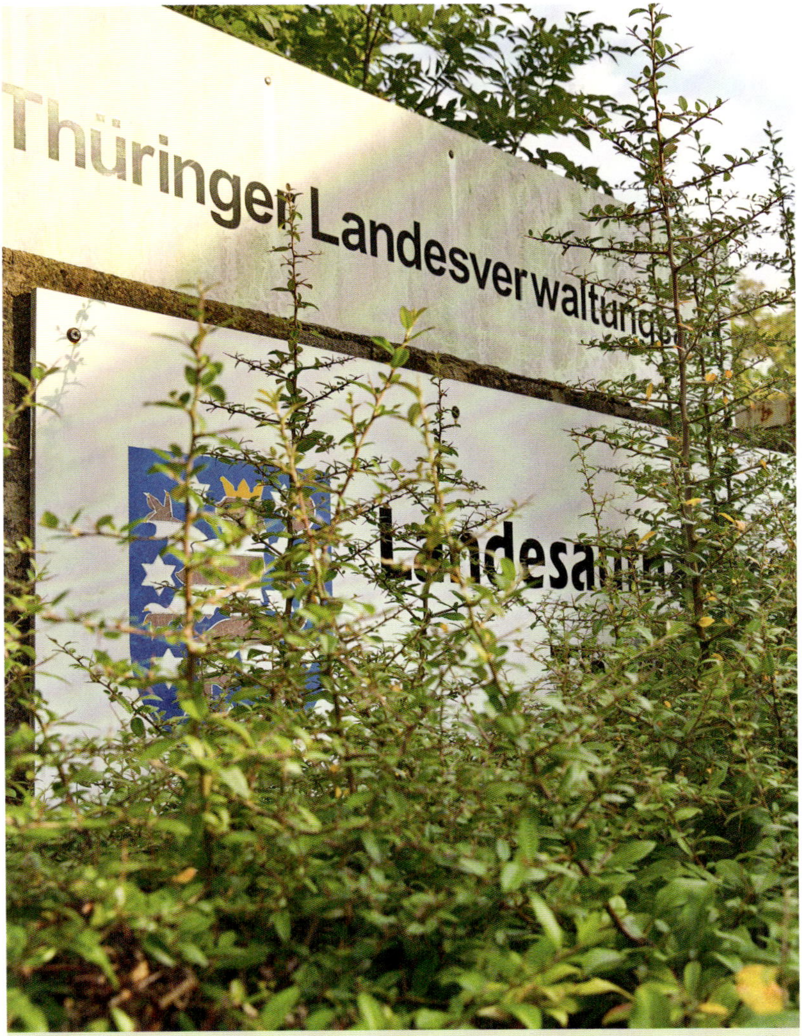

HARTE 4 FAKTEN

Geboren am: 29. Januar 1941

Oberliga-Premiere: 24. September 1966

Torschützenkönig der DDR-Liga: 1971/72

Ausreise: 9. Dezember 1989

Sportforum Johannesplatz

Der lange Weg zur Eigenständigkeit

Als sich in den 60er-Jahren an verschieden Orten in der DDR Frauenfußballteams gründeten, startete auch in Erfurt der Frauenfußball. 1973 wurde dann bei der BSG Fortschritt eine Damenmannschaft gegründet. Träger der BSG waren die VEB Thuringia Schuhfabrik und später auch der Maschinenbauhandel Erfurt. An einem organisierten Spielbetrieb bestand zunächst kein Interesse, erst 1979 startete die Bestenermittlung in der DDR. Zwölfmal – stets mit Beteiligung der Erfurter Fußballerinnen – wurde diese Meisterschaft ausgetragen. Die beste Platzierung erreichte Fortschritt mit dem 3. Platz bei der 8. Auflage. In der Vorrundengruppe holte Fortschritt den Sieg auch dank zweier Derbysiege gegen die erstmals teilnehmende HSG Uni Jena (3:1, 4:1). 1983 wurde Stürmerin Andrea Scheit Torschützenkönigin der Endrunde. Als Auszeichnung gab es ein Paar Adidas-Fußballschuhe, die noch heute im Besitz der Erfurterin sind.

Am 9. Juli 1990 wurde – vor dem Hintergrund der politischen Veränderungen – die BSG Fortschritt Erfurt in den SV Concordia Erfurt umbenannt, doch der „neue“ Verein wollte dem Frauenfußball nur 12 Monate eine Heimat bieten. Trotz sportlicher Qualifikation für die nächste Oberliga-Saison blieb 1991 eine Bewerbung seitens des Vereins aus. So endete im Sommer 1991 die Geschichte der BSG Fortschritt Erfurt. Auch in der Chronik des SV Concordia finden sich die beachtlichen Leistungen der Fußballerinnen nicht wieder.

Der Großteil der Concordia-Damen schloss sich dem SV Grün-Weiß 1990 Erfurt an und spielte seitdem im Sportforum Johannesplatz. Nach der souveränen Meisterschaft und dem Aufstieg in die Damenoberliga des NOFV spielte Grün-Weiß sechs Jahre in der damaligen 2. Liga des Frauenfußballs. Doch wieder fühlten sich die Fußballerinnen im Verein nur geduldet und so gründete eine Gruppe um Trainer Wolfgang Nagorsky am 25. Juni 1997 den 1. FFV Erfurt Grün-Weiß. Mit einer Satzungsänderung im Jahre 2003 wurde dann der Zusatz „Grün-Weiß“ aus dem Vereinsnamen gestrichen.

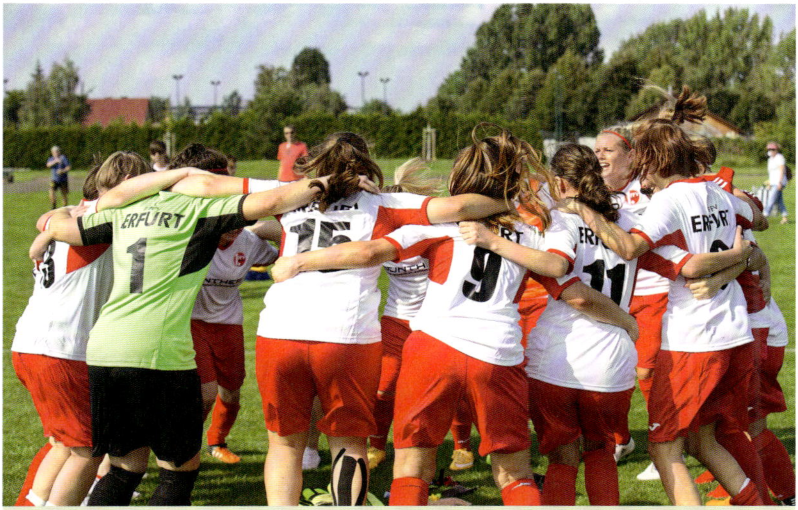

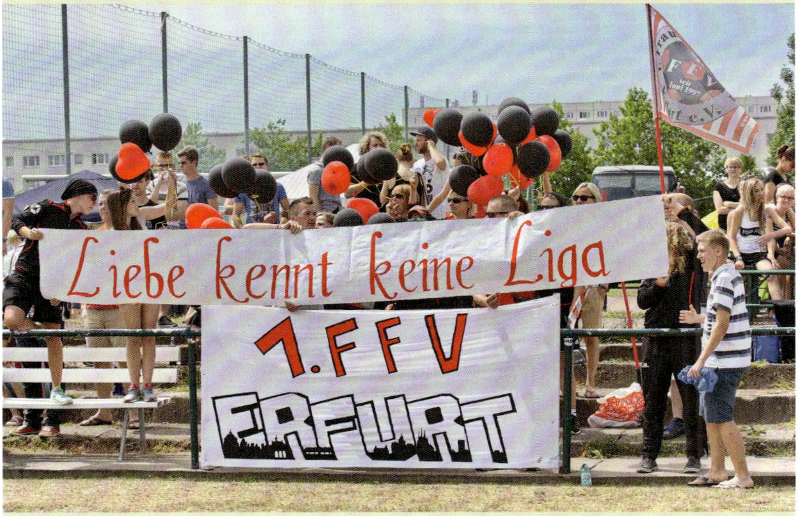

HARTE 4 FAKTEN

Aufstieg in die Regionalliga Nordost: 2006, 2015, 2019

Landesmeister: 2015, 2018, 2019

Pokalsieger: 2006, 2007, 2010–2014, 2018–2020

Hallenmeister: 2005, 2006, 2012, 2013, 2015, 2018, 2020

Erinnerungsort Topf & Söhne

Solidarität bei Schwarz-Gelb Schwarza

Es waren auch jüdische Spieler, Trainer, Journalisten, Sportfunktionäre und Mäzene, die den Fußball in Deutschland populär machten. Während die Geschichten von Kicker-Gründer Walther Bensemann und Nationalspieler Julius Hirsch gut dokumentiert sind, blieben die Geschichten der Juden im Thüringer Sport lange Zeit unerforscht. Das änderte sich 2015, als Dr. Annegret Schüle, Leiterin im Erinnerungsort Topf & Söhne Erfurt, durch eine Wanderausstellung auf die Idee kam, diese Lücke zu schließen. Gemeinsam mit der Historikerin Susanne Zielinski wurden die Rolle der Juden im Thüringer Fußball zu Beginn des 20. Jahrhunderts erforscht und die Ergebnisse im ehemaligen Verwaltungsgebäude des Erfurter Unternehmens Topf und Söhne – dem heutigen Gedenkort – vorgestellt.

Neben zahlreichen Geschichten von Ausschluss, Verfolgung und Vertreibung fanden die Historikerinnen auch ein Zeugnis nicht-jüdischer Solidarität in der Gemeinde Schwarza bei Suhl. Martin Rosskamm kam aus einer wohlhabenden und in Schwarza geachteten jüdischen Familie. Er spielte im Fußball-Club Schwarz-Gelb Schwarza und organisierte dank privater Kontakte im Sommer 1935 ein Freundschaftsspiel zwischen Schwarz-Gelb und dem 1. FC Schweinfurt 05.

Die Vorfreude auf die Gäste, in deren Reihen die Schweinfurter Nationalspieler Andreas Kupfer und Albin Kitzinger aufliefen, war riesig. Doch die Organisation des Spiels durch einen Juden verärgerte die NSDAP, sodass Kreisleiter Recknagel vor Spielbeginn forderte, Martin Roßkamm vom Spiel auszuschließen. Doch sowohl die Spieler beider Mannschaften als auch die Zuschauer protestierten lautstark, sodass Recknagel den Platz verlassen musste und das Spiel zwar mit Verspätung aber der ursprünglich geplanten Aufstellung angepfiffen wurde und 9:4 für die Schweinfurter endete. Es war das letzte Spiel für Schwarz-Gelb. Der Jude Martin Roßkamm wurde aus dem „deutschen“ Verein ausgeschlossen und seine Schwarzaer Mannschaftskameraden traten als Reaktion ebenfalls aus dem Verein aus.

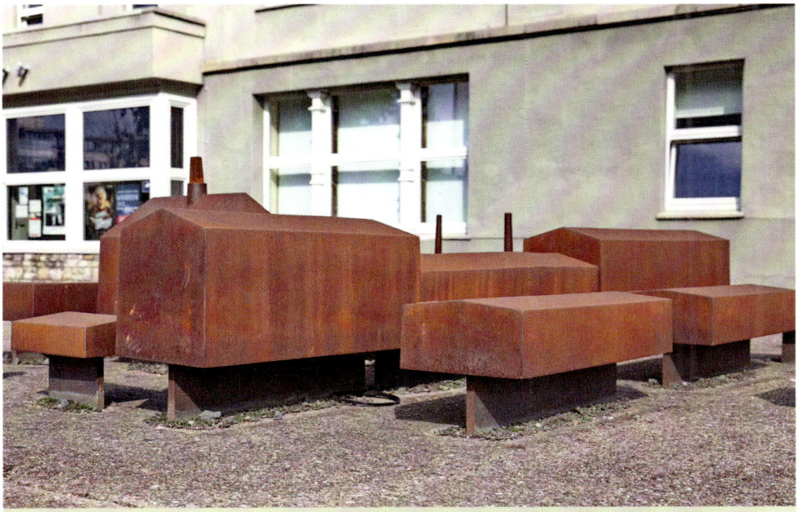

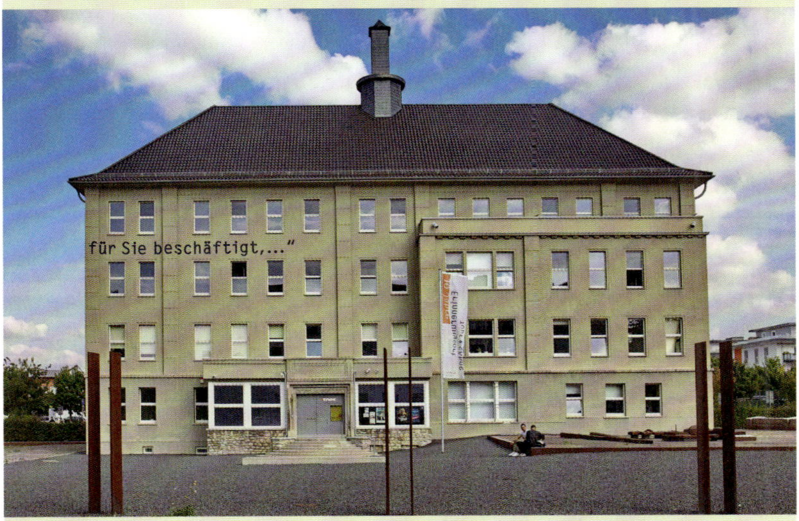

HARTE **4** FAKTEN

1878: Gründung des Unternehmens Topf & Söhne
1939: Lieferung von KZ-Leichenverbrennungsöfen
2001: Autonomes Kulturzentrum im besetzten Haus
2011: Eröffnung des Erinnerungsorts

Erfurt 018

Wilfried Mohren

Mohrens Einwurf

Am 9. Februar 2010 sorgte der damalige Tabellenfünfte der 3. Liga mit der Verpflichtung von Wilfried Mohren als freiberuflichen Pressesprecher für bundesweite Aufmerksamkeit. In seiner Zeit als Sportreporter hatte sich Mohren mit der Kommentierung des „Wunders von der Grotenburg", den Berichten von WM- und EM-Turnieren sowie der Sportschau-Moderation einen Namen gemacht. Doch 2005 wurde er als MDR-Sportchef nach einem Schmiergeldskandal entlassen und vier Jahre später zu einer Haftstrafe auf Bewährung verurteilt.

Nun bekam Mohren eine zweite Chance. „Erfurt hat Potential und ich will versuchen, dem Verein neuen Input zu geben", so Mohren zum Auftakt. Während der Rheinländer mit seinem Busführerschein sowohl die Medien als auch die Mitfahrer in den roten Doppelstock-Panoramabussen auf Leipzigs Straßen begeistern konnte, sorgten seine auf der Vereinswebseite veröffentlichten Kolumnen unter dem Titel „Mohrens Einwurf" und die damit verbundene Kritik am vereinseigenen Personal für Kopfschütteln im Umfeld. „Nach einer Niederlage habe ich mich schon schlecht gefühlt. Aber dann kam der Einwurf, was danach war, möchte ich lieber nicht erzählen", so der Ex-Erfurter Sebastian Tyrala.

Nach dem Start der vorerst letzten Drittligasaison der Erfurter verließ Mohren den FC Rot-Weiß. Der Pressesprecher hatte sich mit dem Medienteam, welches für Ticker und Liveberichte verantwortlich zeichnete, überworfen. Äußerungen wie „Krebsgeschwür" und „Filz" soll Mohren in einem internen Gespräch gesagt haben und zusätzlich die Team-Mitarbeiter als „Feinde des Vereins" bezeichnet haben. Somit war für „RWE-TV" eine Zusammenarbeit unvorstellbar geworden. Mohren bezeichnete die Vorwürfe als „kalkulierten Brandbeschleuniger gegen ihn" und sah daher die Zeit gekommen zu gehen. Während Präsident Rombach die herausragende Arbeit lobte, bewertete Blogger Fedor Freytag die Arbeit nüchterner: „Es ging nie wirklich um Fußball oder den Verein, sondern um Wilfried Mohren. Und seine Großartigkeit."

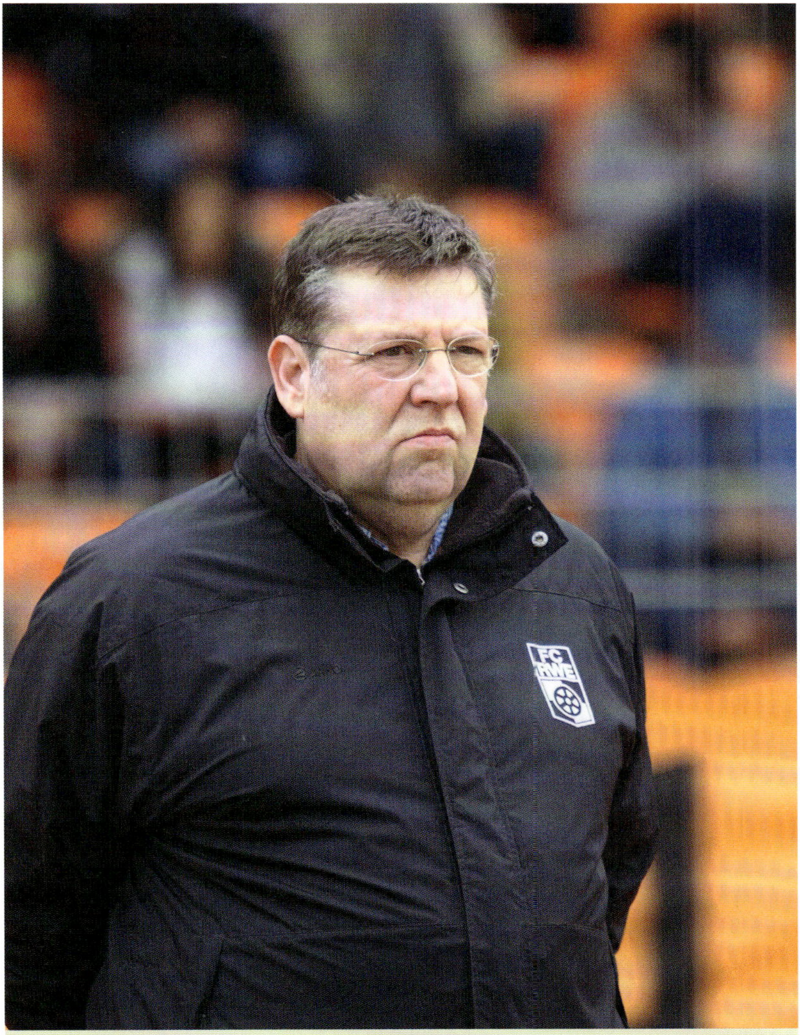

HARTE 4 FAKTEN

Karrierestart: WDR-Hörfunk und RTL-Anpfiff
Start beim FC RWE: 9. Februar 2010
Ende beim FC RWE: 1. September 2017
(Vorerst) letzte Fußballmoderation: Fußballradio 90elf

Steigerwaldstadion

Thüringens größter Dreiseitenhof

Die „Mitteldeutsche Kampfbahn" war am 17. Mai 1931 mit einem Fassungsvermögen von 35.000 Zuschauern eingeweiht worden. Markanter Teil des Stadions war das Marathontor. Unmittelbar nach dem Krieg diente der Platz zunächst als Kartoffelacker. Am 6. November 1948 wurde das Stadion wiedereröffnet und erhielt am 23. April 1950 vor dem Spiel der Landesauswahl Thüringen gegen Brandenburg den Namen Georgi Dimitroff-Stadion. Die Thüringer – in blauen Hosen und gelben Jerseys – gewannen vor 12.000 Zuschauern mit 3:2.

Nach der Wende stimmten die Erfurter 1991 für eine Umbenennung in „Steigerwaldstadion". Das 30 Jahre alte Flutlicht wurde 1999 erneuert. Doch wenige Tage vor der Premiere knickte ein Mast unterhalb der Strahler ab, erst im März 2003 wurde die Flutlichteinweihung nachgeholt. Schon zu dieser Zeit wurde über die Sanierung der Stadien in Erfurt und Jena diskutiert, kurze Zeit war sogar ein Neubau in Weimar im Gespräch. Im Mai 2011 verkündete dann Minister Machnig die Modernisierung der Stadien. Schon 2013 sollte der Traum des Erfurter Präsidenten Rolf Rombach in Erfüllung gehen.

Doch der Stadionumbau verlief nicht reibungslos, so musste die Ausschreibung wiederholt werden. Am 8. Oktober 2014 galt es dann beim Spiel der Erfurter gegen den einstigen UEFA-Cup-Gegner FC Groningen Abschied vom alten Stadion und dem Marathontor zu nehmen. Die Neueröffnung war für den 14. August 2016 mit einem Freundschaftsspiel gegen den FSV Mainz 05 geplant. Doch Bauverzögerungen sorgten für eine Absage. Auch der nächste Versuch am 22. Januar 2017 misslang. 19.000 Karten waren für das Spiel gegen Borussia Dortmund verkauft worden. Doch dichter Nebel verhinderte eine Landung der Profis.

Am 6. August 2018 war es dann endlich so weit. Die Mannschaft von Stefan Krämer verlor zwar mit 2:5 gegen den BVB, verkaufte sich aber vor 14.600 Zuschauern gut. Die Tatsache, dass beim Neubau auf die Modernisierung der Westtribüne verzichtet wurde, sorgt im Freistaat für Häme und die Spitznamen „Thüringens größter Dreiseitenhof".

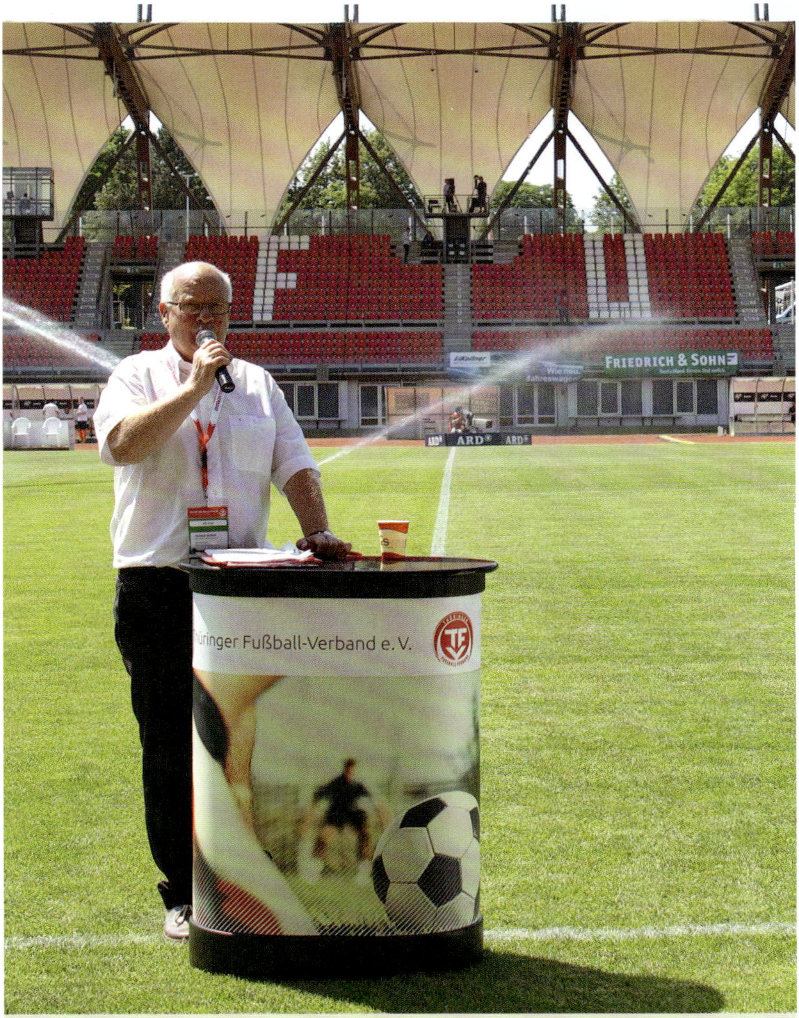

HARTE 4 FAKTEN

1. 4. 1951: 47.390 Zu. | Turbine – Chemie Leipzig 1:2

7. 10. 1978: 34.000 | FCRWE – FC Carl Zeiss Jena 1:2

29. 5. 2004: 20.000 | FCRWE – 1.FC Saarbrücken 2:1

10. 8. 2008: 22.500 | FCRWE – Bayern München 3:4

Gebesee 020

Stadion an der Gera

Die wilde Gera

Die Zahme und die Wilde Gera entspringen als Quellbäche im Thüringer Wald und fließen im weiteren Verlauf gemeinsam als Gera u. a. durch Erfurts Innenstadt. Entlang des Flusses schlängelt sich der Gera-Radweg, der unmittelbar am Stadion in Gebesee endet. Schon der Name der 2.140 Einwohner großen Landstadt – es „gebe einen See" – verrät, dass an der Stelle, wo die Gera in die Unstrut mündet, häufig Überschwemmungen auftreten. Und diese hatten maßgeblichen Einfluss auf die Geschichte des Sportplatzes an der Gera, auf dem seit 1926 gekickt wird. Zuvor hatte der 1921 gegründete Sport-Verein Gebesee Sonntag für Sonntag auf verschiedenen Wiesen die Holztore auf- und nach dem Spiel wieder abbauen müssen.

Nach dem Krieg wurde im Rahmen des nationalen Aufbauwerkes der Sportplatz mit mehr als 33.000 freiwilligen Arbeitsstunden in ein Stadion umgebaut, welches 1954 im Rahmen des 1. Kreis-Turn- und Sportfest des Stadt- und Landkreises Erfurt feierlich als „Kampfbahn des Friedens" eröffnet wurde.

Vierzig Jahre später war auf dem Rasen kein Fußballspiel, dafür aber eine Bootsfahrt möglich. Das Wasser stand in den Stadiongebäuden 60 cm hoch, sodass zahlreiche Modernisierungsarbeiten notwendig wurden, in dessen Rahmen neue Umkleiden, ein neuer Vorplatz und im Jahr 2000 auch ein Kunstrasenplatz auf dem Gelände der SV Blau-Weiß Gebesee entstand. Doch mit dem neuen winterfesten Platz waren eine Verschuldung sowie eine steuerliche Rückforderung des Finanzamtes verbunden. Mitten in diese Zeit fällt auch der größte sportliche Erfolg: Im Sommer 2001 gelang der Aufstieg in die Landesklasse, der zweithöchsten Spielklasse Thüringens. Maßgeblichen Anteil am Höhenflug hatte Spielertrainer Uwe Backhaus. Der 3. Platz in der Saison 2011/12 ist das beste Ergebnis der Blau-Weißen in der 100-jährigen Geschichte des FC Gebesee 1921. Mittlerweile spielen die Fußballer nach dem freiwilligen Rückzug 2016 wieder im Kreis und setzen auf die wilden und jungen Kerle an der Gera.

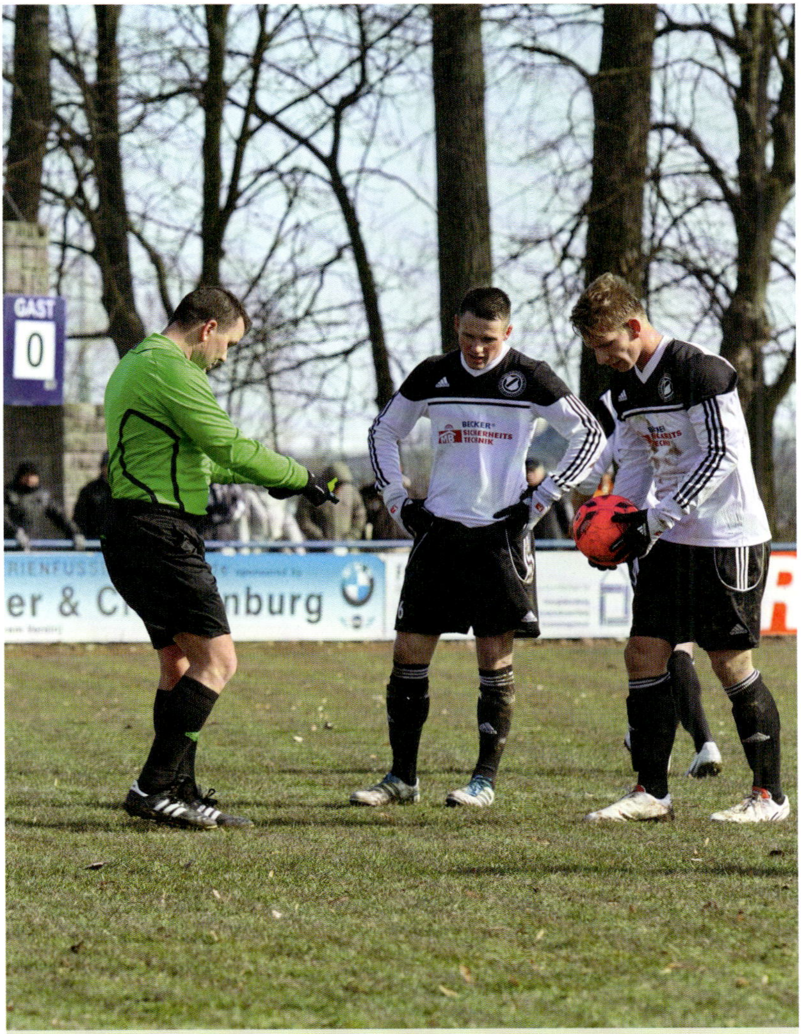

HARTE 4 FAKTEN

1950: SG Einheit Gebesee

1953: BSG Aufbau Gebesee

1965: BSG Tiefbau Gebesee

1990: SV Blau-Weiß Gebesee

Geisa 021

Stadion an der Ulster

Kein Happy End im Ulstertal

Während Geisa heute in der Mitte des wiedervereinigten Deutschlands liegt, war es vor der Wende die am weitesten westlich gelegenen Stadt des Ostblocks. Die Gedenkstätte Point Alpha erinnert an den Kalten Krieg, als sich in der Rhön die NATO und der Warschauer Pakt über vier Jahrzehnte Auge in Auge gegenüberstanden. Zu dieser Zeit lag Geisa mitten im Sperrgebiet und somit war eine überregionale Präsenz der Fußballer kaum möglich. Die einst aus dem 1866 gegründeten Turnverein hervorgegangenen Geisaer Kicker spielten zu DDR-Zeiten überwiegend als BSG Aktivist auf Kreisebene. Der zweijährige Versuch einer gemeinsamen BSG mit Borsch scheiterte 1963. Als BSG Traktor Geisa gelang 1976 und 1986 der Gewinn der Kreismeisterschaft und somit der Aufstieg in die Bezirksklasse.

Mit der Öffnung der Grenzen erlebte der Geisaer Fußball einen Aufschwung, der im Sommer 2006 vom Aufstieg in die Verbandsliga gekrönt wurde. Zweimal nacheinander landeten die Fußballer des FSV Ulstertal Geisa 1866 furios auf dem 6. Platz, doch am 30. August 2008 sorgte der FSV mit dem spektakulären Rückzug unmittelbar vor dem 3. Spieltag für einen großen Knall. Eine wahre Abschiedsorgie mit 14 Abgängen, die auch in der Trainerentlassung von Andreas Herzberg begründet waren, ließ den Verantwortlichen keine Wahl. Der damalige Vorsitzende Bernhard Schuchert, der bis dahin Spieler nach Geisa holte, musste nun mit ansehen, wie die räumliche Nähe zu hessischen Vereinen, die mit besseren Konditionen und Trainingsbedingungen punkten konnten, den Traum von höherklassigem Fußball abrupt enden ließ.

Mit einem neuen Vorstand und neuem Konzept sollte alles besser werden. Die neue Erste wurde aus der 2. Mannschaft gebildet und schaffte es von der 1. Kreisklasse mit drei Aufstiegen in Folge bis in die Landesklasse Süd 2011/12. Nach dem Abstieg und dem Rückzug in die Kreisliga startete Ulstertal im Sommer 2017 in der Kreisoberliga. Doch im April 2019 war nach drei Nichtantritten Schluss und Ulstertal wurde vom Spielbetrieb ausgeschlossen.

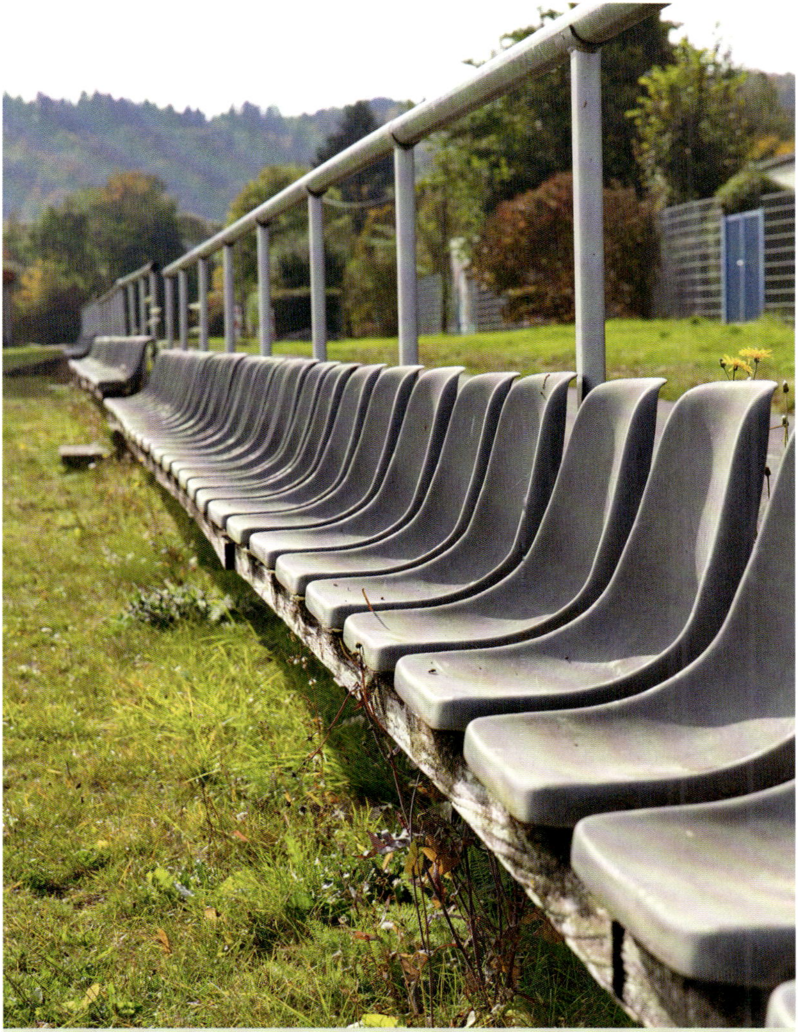

HARTE 4 FAKTEN

1. Platz Kreisliga: 1995/1996; 2009/10; 2016/17

1. Platz Landesklasse: 2003/04; 2005/06

Bekannter Spieler: Tobias Ernst

1. Verbandsligaspiel: Geisa vs. Wacker Gotha 1:0

Altenburger Straße 38

Fußball jenseits des DFB

Fast scheint es so, als würde die 40-jährige Geschichte des Deutschen Arbeitersports bzw. -fußballs in Vergessenheit geraten. Dabei begann alles mit der Gründung des Arbeiter-Turnerbundes (ATB) am 21./22. Mai 1893 in Gera. Zuvor betraf die Ausgrenzung der Arbeiterschaft durch das sogenannte Sozialistengesetz (1878–1890) auch den Bereich des Sports. Daher zeichnete sich der in der Gaststätte „Reichskrone" in der Altenburger Straße 38 gegründete ATB fortan durch die größtmögliche Abgrenzung zu den bürgerlichen Turn- und Sportverbänden aus. Statt Leistungszwang und Konkurrenzdenken stand der ATB für sportlichen Fairness, Brüderlichkeit, Solidarität, Friedenserziehung und Völkerverständigung.

Anfangs wurde jede Wettkampforientierung strikt abgelehnt; demzufolge genoss der sich gegen Ende des 19. Jahrhunderts in Deutschland verbreitende Fußball im Arbeitersport zunächst wenig Ansehen. Das änderte sich 1919, als der ATB in Arbeiter-Turn- und Sportbund (ATSB) umbenannt wurde. Innerhalb des ATSB wurde ein Ligasystem auf Kreis- und Bezirksebene etabliert; es wurden regionale und nationale Meisterschaften ausgespielt. Dies geschah parallel und getrennt von den Wettbewerben der – im Deutschen Fußballbund (DFB) zusammengeschlossenen – „bürgerlichen" Vereine. In 15 ausgespielten ATSB-Meisterschaften gab es in Thüringen sieben verschiedene Meister: FT Erfurt 1893 (1919, 1933), TV Glashütte Jena (1920, 1921), FT GeraUntermhaus (1922, 1925), FT/VfL 1888 Naumburg (1923, 1927, 1928), Spiel-Vereinigung 09 Ilmenau (1924, 1926, 1929), TV I Steinach 1887 (1930) und FSV Rositz (1931, 1932).

Mit der Machtübernahme durch die Faschisten 1933 endete im Zuge der Ermächtigungsgesetze die Geschichte des ATSB und häufig auch der angeschlossenen Vereine. So wurde der zweifache Meister „Freie Turnerschaft Untermhaus", dessen Mannschaft überwiegend aus jüdischen Spielern bestand, 1933 verboten. In Steinach brannte das Sportlerheim des TV I 1887 und das Löschen wurde von der Ortspolizei unterbunden.

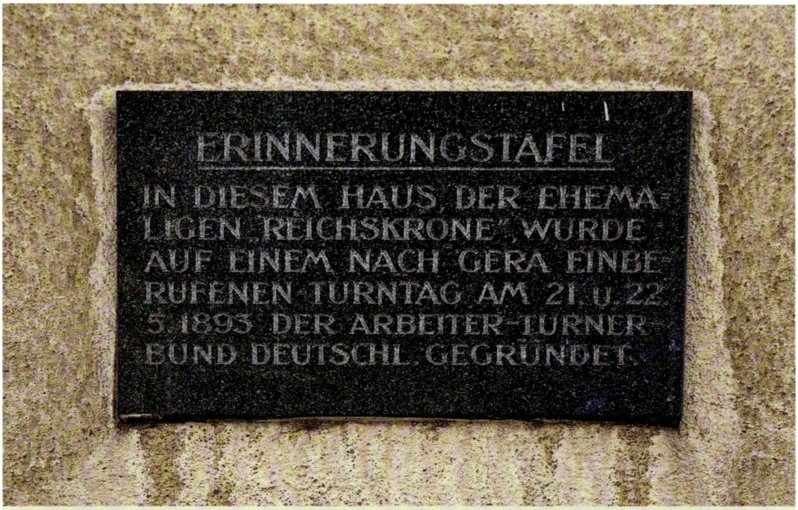

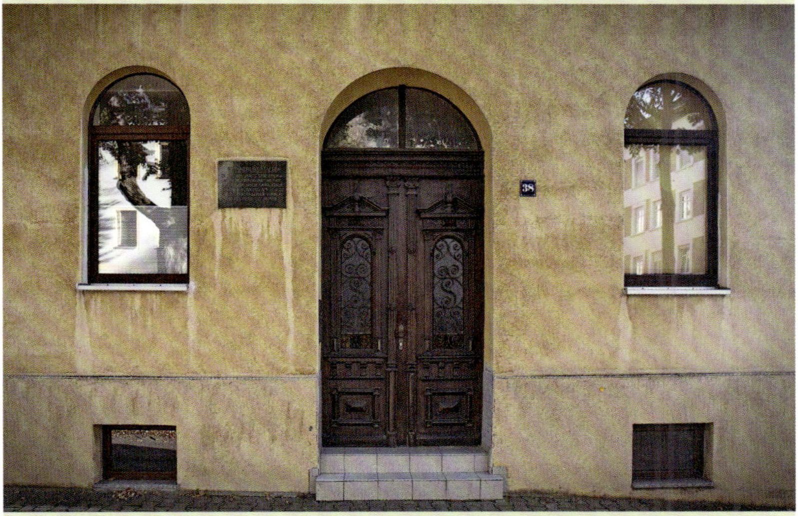

HARTE 4 FAKTEN

Stadtteil: Ostviertel
Stadion: Sportgelände Ossel
Verein: Ostvorstädtische Turngemeinschaft 1902 Gera
Empfehlung: Küche im Keller in der Lutherstraße

Stadion der Freundschaft

Ein historisches Derby

Das Stadion im Stadtzentrum wurde in den 50er-Jahren erbaut und hatte ursprünglich ein Fassungsvermögen von 35.000 Zuschauern. Über Jahrzehnte war es die Heimstätte der BSG Wismut Gera, die unter anderem ihre Partien in der DDR-Oberliga in den Spielzeiten 1966/67 (Zuschauerschnitt 7.577) und 1977/78 (6.785) hier austrug. Eine Rekordkulisse gab es am 22. Mai 1977. Das Spiel der Aufstiegsrunde zur DDR-Oberliga zwischen der BSG Wismut Gera und der BSG Chemie Leipzig (2:1) sahen mehr als 18.000 Fußballfreunde. Sechs Jahre später – am 1. Mai 1983 – waren es trotz Dauerregens wieder 18.000 Zuschauer. Doch diesmal bejubelten die Chemiker nicht nur den 2:0-Erfolg in Gera, sondern später auch den Sprung in die Oberliga.

Auch Bundesliga-Luft wehte bereits durch die Arena. Am 11. Februar 1990 traf die BSG Wismut Gera in einem Testspiel auf den Bundesligisten 1. FC Nürnberg und verlor knapp mit 2:3. Länderspiele gab es im Stadion der Freundschaft ebenfalls: Das erste Länderspiel fand am 21. September 1966 statt, wobei die DDR vor 20.000 Zuschauern mit 2:0 gegen Rumänien gewinnen konnte.

Im Rahmen der beliebten Friedensfahrt war das Stadion mehrfach Etappenziel. Im Mai 1981 hofften Tausende auf einen Etappensieg des Geraers Olaf Ludwig. Der Lokalmatador bog auch als Erster ins Stadion ein. Doch im Duell mit Shakid Zagredinow kam es zum Zusammenprall und beide Fahrer landeten in der Weitsprung-Sandgrube des Stadions. So holte sich der Bulgare Wenelin Hubenow den Etappensieg.

In den neunziger Jahren wurde das Stadion saniert. Mit der Bundesgartenschau, die am 27. April 2007 vor rund 10.000 Zuschauern im Stadion eröffnet wurde, war gleichzeitig eine umfassende Modernisierung des Hofwiesenparkes, also des Stadionumfeldes, verbunden.

In der jüngeren Geschichte erlebte das Stadion ein historisches Stadtderby. Am 11. Juni 2011 gewann die BSG vor 1.027 Zuschauern gegen den Stadtrivalen und Verbandsligameister 1. FC Gera 03 mit 2:1.

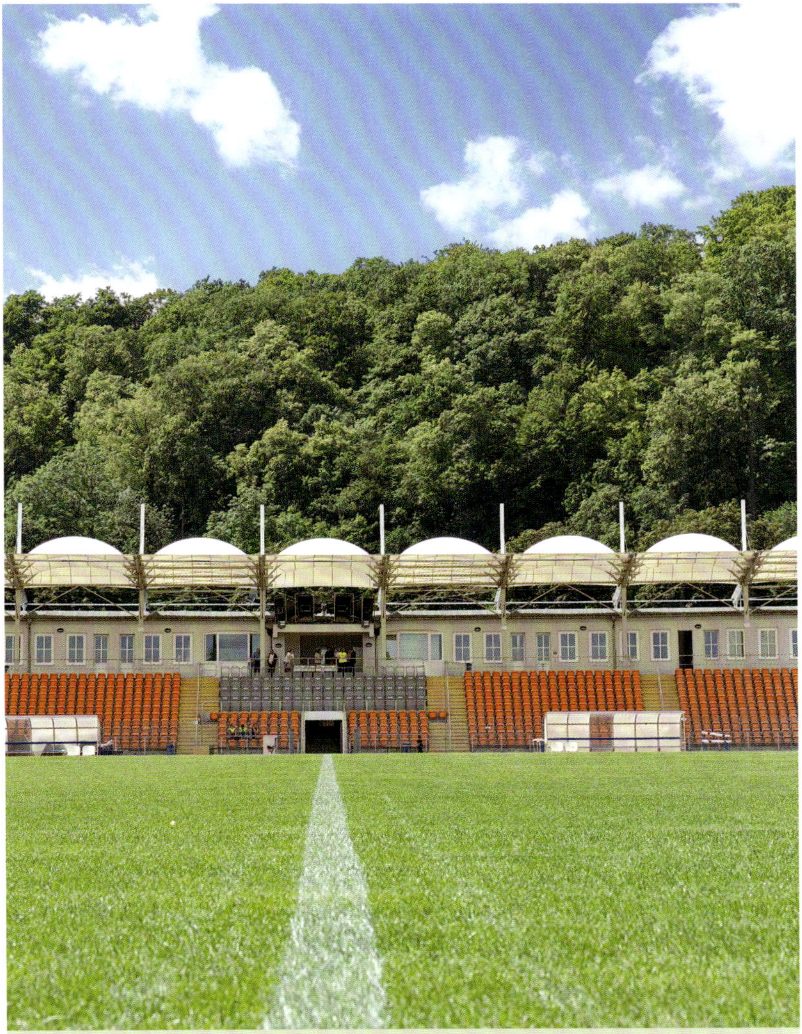

HARTE 4 FAKTEN

Fassungsvermögen: 15.900 Zuschauer
Sitzplätze: 5.000 (davon 1.000 überdacht)
Eigentümer: Stadt Gera
Hauptnutzer: 1. SV Gera (Leichtathletik)

Stadion am Steg

Wiederauferstehung im „Artur-Becker-Stadion"

Hatte der FDGB-Pokalfinalteilnehmer BSG Gera-Süd nach der Gründung 1949 die Spiele noch am Steg ausgetragen, wechselte die BSG Motor bzw. Wismut Gera ab 1952 ins Stadion der Freundschaft. Doch das Stadion am Steg wurde weiter genutzt. Nachdem im Juli 1954 ein Hochwasser weite Teile des Elstertals und der Stadt überschwemmte, galt es, auch diesen Sportplatz wieder zu sanieren. Die offizielle Einweihung erfolgte am 7. August 1955.

Über viele Jahre war das Artur-Becker-Stadion mit einem Fassungsvermögen von 7.000 Zuschauern dann Heimstätte der Fußballabteilung der SG Dynamo Gera. 1960 trat Dynamo Gera erstmals in der viertklassigen Bezirksliga Gera in Erscheinung, in welcher die SG die nächsten fast 30 Jahre aktiv war. 1977 gelang Dynamo der Aufstieg in die DDR-Liga, aus welcher Gera chancenlos wieder abstieg. Die Saison 1989/90 sollte die letzte Spielzeit für die Ostthüringer werden. Nachdem die Qualifikation zur Landesliga Thüringen deutlich verpasst wurde, zog sich der Verein vom Spielbetrieb zurück.

Teile der Mannschaft fanden sich beim Polizei-SV Gera, später beim VfB Gera am Steg wieder. Dort spielte auch der 1990 als Nachfolgeverein der BSG Elektronik Gera gegründete FC Blau-Weiss Gera. Dessen erste Männermannschaft stellte nach der Neugründung des FV Gera Süd (FC Blau-Weiss Gera, KFC Geraer Dynamos sowie 1. SV Gera) am 1. Juli 2007 den Startplatz in der Landesklasse-Ost für die Saison 2007/2008.

Die war der Ausgangspunkt für die Wiederauferstehung der BSG. Unter Trainer Udo Korn gelang im Sommer 2008 – noch als FV Gera-Süd – der Aufstieg in die nun sechstklassige Thüringenliga. Auch als 12 Monate später Wismut Gera neugegründet wurde, blieb das Stadion am Steg die Spielstätte. Im Sommer 2015 konnte der Oberliga-Aufstieg gefeiert werden. Wenige Wochen später musste die BSG allerdings ins Stadion der Freundschaft umziehen, da die Folgen des Hochwassers im Sommer 2013 eine Modernisierung notwendig machten. Im Herbst 2017 kehrte die BSG wieder an den Steg zurück.

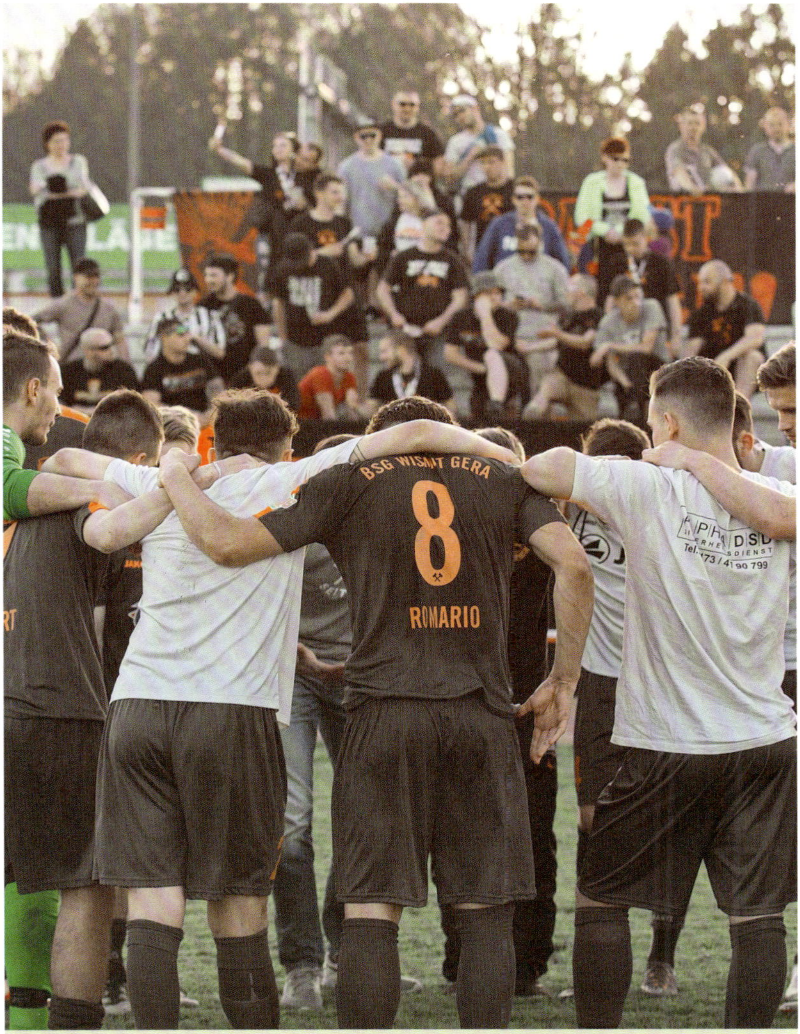

HARTE 4 FAKTEN

Fassungsvermögen: 7.500 Zuschauer
Sitzplätze: 450
Eigentümer: Stadt Gera
Hauptnutzer: BSG Wismut Gera

Sportplatz Langenberg

Die Geburt der Auer Vereinsfarben Lila-Weiß

Der Ursprung für die heutigen Auer Vereinsfarben findet sich mitten in Langenberg. Dort wurde am 28. Januar 1931 der erfolgreiche Fußballer und Trainer Bringfried Müller geboren. Seine sportliche Laufbahn begann „Binges" zunächst als Handballspieler bei Traktor Langenberg. Erst ab 1950 startete er seine Fußball-Laufbahn bei Lok, Motor Gera und später Wismut Gera.

Genau in jener Zeit trafen die Geraer Fußballer in einem Freundschaftsspiel auf den TSV 1847 Schwaben Augsburg. Binges Müller war von den lila-weißen Trikots der Bayern fasziniert. 1955 wechselte er zum SC Wismut Karl-Marx-Stadt (später Wismut Aue) und schaffte dort schnell den Sprung in die Fußballnationalmannschaft der DDR.

Als er später die Auer Oberliga-Mannschaft trainierte, war er mit den ausgewaschenen Trikots und kontinuierlich wechselnden Farben unzufrieden. Binges fand eine Sportartikelfirma in Burgstädt. Doch zunächst wurde die Trikotherstellung abgelehnt, da die Farbe Lila im Sportbereich der DDR nicht gestattet war. Daraufhin fertigt die Firma ein mittelgroßes Stück Stoff mit lila Farbe an. Gemeinsam mit seiner Frau Jutta Müller, der erfolgreichsten Eiskunstläufertrainerin Deutschlands, band er den Stoff an ein Stück Pappe, das wie ein Trikot geformt war. So entstand mit tatkräftiger Hilfe von Jutta Mülller der Prototyp eines lilafarbenen Trikots mit weißem Kragen und Ärmeln sowie einer weißen Hose. Damit überzeugte Binges die Wismut-Funktionäre, die zugleich der Burgstädter Firma die Anfertigung der Trikots genehmigten.

Zum ersten Mal in den Farben Lila und Weiß lief die BSG Wismut Aue am 21. Spieltag in der DDR-Oberliga Saison 1965/66 im Auer Otto-Grotewohl-Stadion auf. Als die Zuschauer die Trikots sahen, ging ein großes „Ahh" und „Ohh" durch das Stadion. Glück brachten die neuen Farben auch. Die von Bringfried „Binges" Müller trainierte Wismut Elf gewann die Trikotpremiere am Karfreitag, 8. April 1966, gegen die BSG Chemie Leipzig mit 2:1.

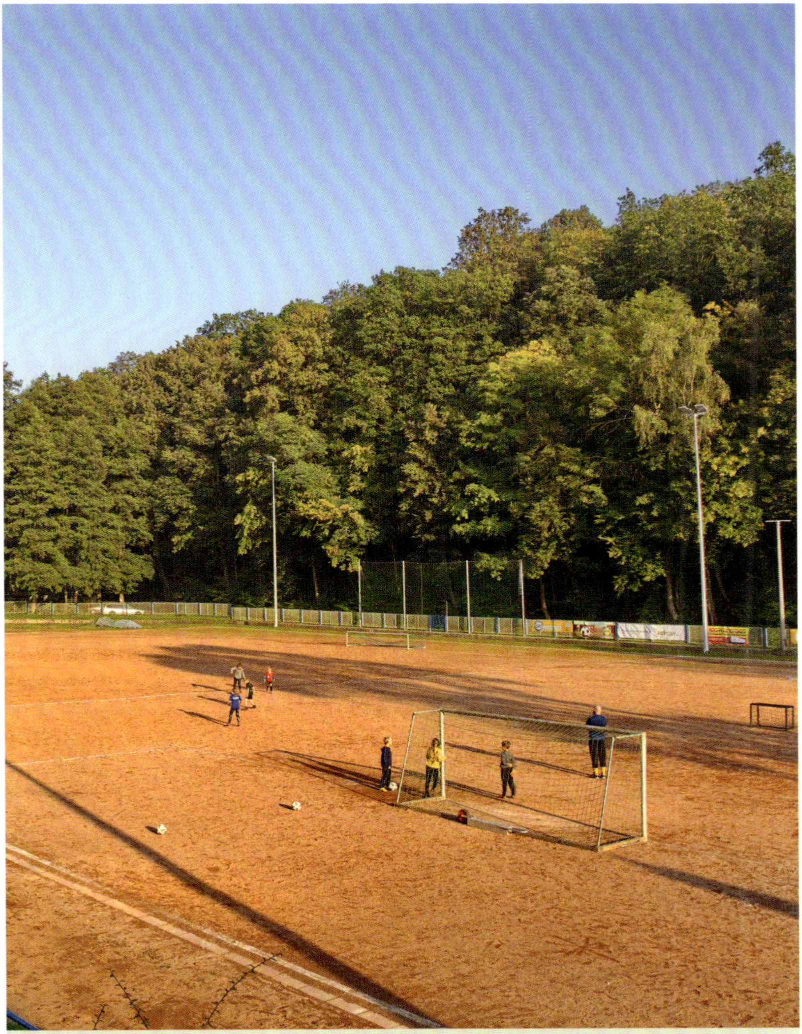

HARTE 4 FAKTEN

Geboren: am 28. Januar 1931 in Langenberg

Spiele in der DDR-Oberliga: 287

Einsätze in der DDR-Nationalmannschaft: 18

Verstorben: am 10. April 2016 in Chemnitz

Erdbeerstadion

Als in Pforten die Engländer untergingen

Es mögen der besondere Name „Erdbeerstadion" und die Möglichkeit während eines Fußballspiels die Regionalbahn der Linie Gera-Süd – Ronneburg direkt am Spielfeldrand erleben zu können, für einen Großteil der Groundhopper schon überzeugende Argumente für einen Besuch sein. Doch wer etwas tiefer in die Geschichtsbücher blickt, wird schnell merken, dass Gera-Pforten die Heimat eines der ältesten deutschen Arbeiterturnvereine ist.

Innerhalb des Arbeiter-Turn- und Sportbundes organisiert entwickelte sich die Fußballabteilung des mehrfachen Meisters Gera-Pforten zur zahlenmäßigen Nummer 1 im Bezirk. Hatte der TV 76 Gera-Pforten im Jahr 1920 noch 52 Fußballer, die sich im Vereinslokal Wintergarten trafen, so waren es sechs Jahre später bereits 116. Damit waren innerhalb der TV Gera-Pforten die meisten Ballsportler als Vereinsmitglied im Bezirk Gera organisiert und gleichzeitig war Pforten zu diesem Zeitpunkt die drittgrößte Gemeinschaft von Arbeiterfußballern in Thüringen. Mit Friedrich Fichtler (17 Länderspiele), Erich Fietsch (11) und Richard Panndorf (2) spielten drei Fußballer aus Pforten in der „Nationalmannschaft" bzw. der Bundesauswahl der Arbeitersportler.

Alle drei Leistungsträger standen auch in der Mannschaft der Thüringenauswahl, die am 11. August 1929 vor 5.000 Zuschauern in Pforten auf die Nationalmannschaft Englands traf. Dabei sorgte Richard Panndorf drei Tage nach seinem 25. Geburtstag mit seinen zwei Treffern für eine Sensation. Mit 8:1 wurden die Engländer am Ende einer Gastspielreise förmlich demontiert.

Der Arbeiterfußball in Pforten endete durch die Machtergreifung der Faschisten abrupt. Wurde gerade noch erfolgreich Fußball gespielt, ließen wenig später die Nationalsozialisten das Spielfeld zu einem Erdbeerfeld verkommen. Erst nach dem II. Weltkrieg wurde der Sportplatz wieder hergerichtet und ein neues Vereinsheim gebaut. Es dauerte allerdings bis 1992, ehe der Name SV 1876 Gera-Pforten wieder auf der Fußballlandkarte Thüringens auftauchte.

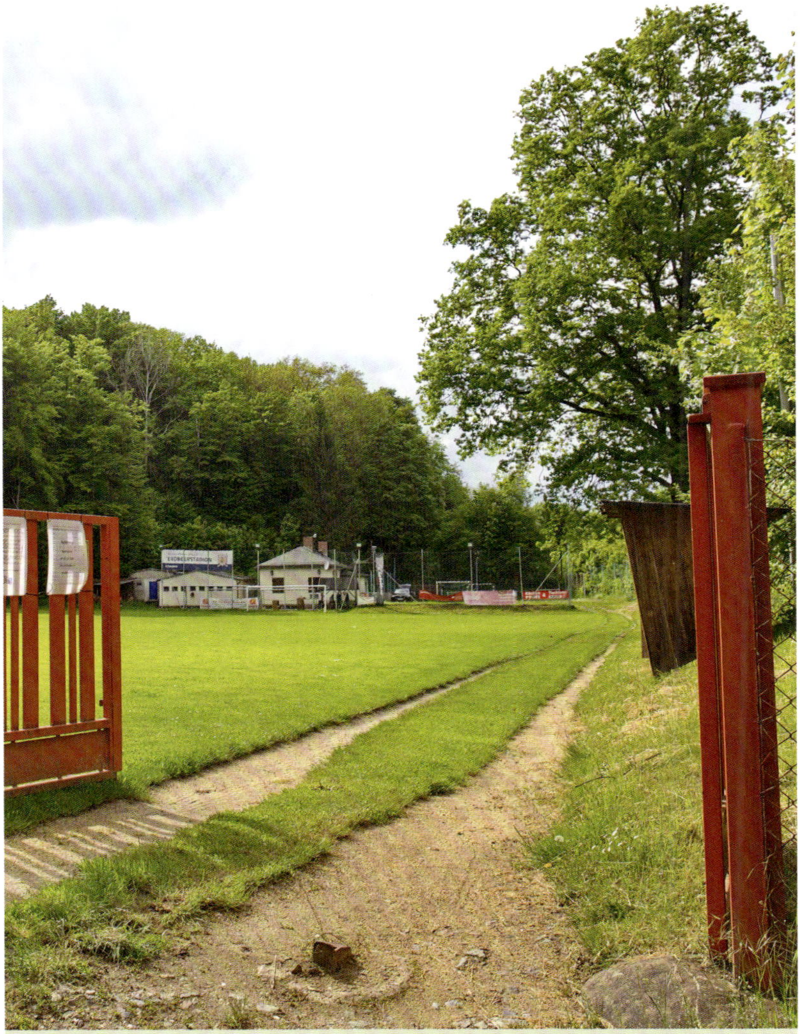

HARTE 4 FAKTEN

Ehrenvorsitzender: Horst Ehlert
Spielklasse: Kreisoberliga
Seit 2017: SG mit dem Lusaner SC 1980
Meisterspieler: Johannes Breitenstein

Karl-Harnisch-Stadion

Peter Harthaus und sein 1. FC Gera 03

Das Karl-Harnisch-Stadion in Gera-Zwötzen war vor der Wende die Heimspielstätte der BSG Modedruck Gera. Später spielten die Nachfolgevereine TSV 1880 Zwötzen sowie der 2003 neugegründete 1. FC Gera 03 im Stadion an der Weißen Elster.

Der Hauptinitiator der Neugründung in dem Jahr, als der einstige Krösus 1. SV Gera nach der Insolvenz in der Bezirksliga neu anfangen musste, war Peter Harthaus. Als Fußballer einst selbst beim SC Motor Jena aktiv, unterstützte der Ostthüringer Unternehmer nach dem politischen Umbruch den Geraer Fußball. 1991 übernahm Harthaus das Präsidentenamt beim TSV 1880 Zwötzen und ermöglichte durch die finanzielle Unterstützung den Frauenfußballerinnen des Vereins einen erfolgreichen Spielbetrieb in der Regionalliga.

Nach dem Verbandsliga-Aufstieg der TSV-Männer im Jahr 2003 gründete er den 1. FC Gera 03 und wurde Vorstandsvorsitzender des reinen Fußballvereins. Mit der Unterstützung von Stadt und zahlreichen Sponsoren gelang dem Club zweimal der Einzug in die 1. Runde des DFB-Pokals, wo 2006 gegen den 1. FC Kaiserslautern (0:2) und 2007 gegen den FC Carl Zeiss Jena (0:3) jeweils gegen Zweitligisten das Aus kam.

2007 war das erfolgreichste Jahr. Neben Verbandsligameisterschaft und Oberliga-Aufstieg wurde das Thüringenpokalfinale mit 1:0 gegen den FC Rot-Weiß Erfurt gewonnen. Zwar konnte sich der Club zunächst in der Oberliga etablieren, doch parallel nahmen die finanziellen Schwierigkeiten zu. Harthaus machte zunächst den Platz für Jüngere frei, kehrte später wieder verantwortlich zurück. Doch neun Jahre nach der Gründung war der 1. FC Gera 03 – trotz nochmaliger Rückkehr in die Oberliga im Sommer 2011 – nicht mehr zu retten.

Das Aus des Vereins schmerzte Peter Harthaus noch lange Zeit. Viele schwere Krankheiten zeichneten ihn, trotzdem blieb er dem Geraer Fußball verbunden. Harthaus verstarb im Dezember 2017 im Alter von 78 Jahren. Als aktiver Teil der Gesellschaft fehlt Peter Harthaus der Stadt und dem Fußball in Gera.

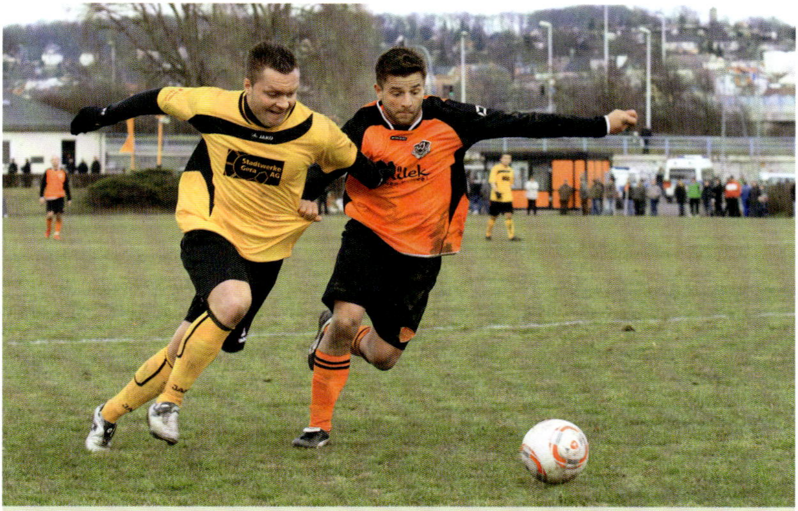

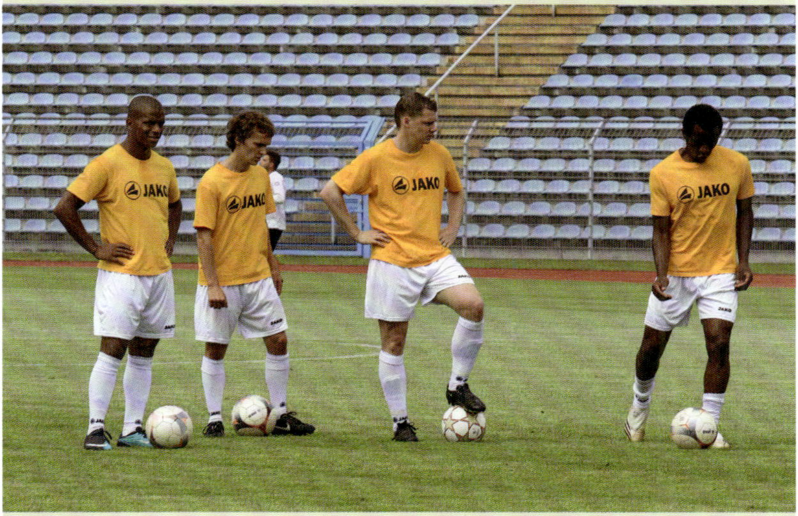

HARTE 4 FAKTEN

Gründung und Auflösung: 23. Mai 2003 und 30. Juni 2012
Meistertitel: 2006/07 und 2010/11
Bekannte Spielerin: Bianca Schmidt
Bekannter Spieler: Marco Weißhaupt

Gerstungen 028

Werra-Stadion

Zwei Bahnhöfe und vier rote Karten

Der Name „Eisenbahner-Sportverein“ als Nachfolger der am 1. April 1950 als BSG Reichsbahn gegründeten und im November 1950 in BSG Lokomotive umbenannten Sportgemeinschaft verdeutlicht die besondere Bedeutung des Bahnhofes bzw. des Güter- und Personenverkehrs in der Geschichte von Gerstungen. Neben dem ursprünglichen Bahnhof für den Regionalverkehr gab es einen Grenzbahnhof. Dieser diente den Pass- und Zollkontrollen der grenzüberschreitenden Reise- und Güterzüge – es sollten also Fluchten verhindert und der Schmuggel mit unerwünschten Produkten unterbunden werden. Heute erinnert fast nichts mehr an diese Grenzübergangsstelle (GÜST). Im Jahr 2012 wurde die Anlage abgerissen und an dieser Stelle ein Solarpark errichtet, der direkt hinter dem auch heute in Betrieb befindlichen Regionalbahnhof liegt.

Gerstungen lag in der Zeit des geteilten Deutschlands im 5-Kilometer-Sperrbezirk an der Grenze und so war der Erhalt von Passierscheinen für Fußballer oft eine Herausforderung. Dies wird noch heute als Grund für die verpfiffenen Aufstiegsspiele im Mai 1978 herangeführt. Die Lok-Elf unter Trainer Günther Koslowski war Kreismeister 1977/78 geworden und traf im Rahmen der Aufstiegsrunde zur viertklassigen Bezirksklasse auf die ZSG Leinefelde.

4:1 führten die Gastgeber und brauchten noch ein Tor, um die Aufstiegschance zu wahren. Nachdem schon zwei elfmeterwürdige Fouls nicht geahndet wurden, hofften die 800 Zuschauer nach einem Foul an Mathias Rausch auf einen Pfiff. Doch anstatt Freistoß für Lok gab es jeweils einen Platzverweis für Leinefelde und Gerstungen. Nachdem in der 85. Minute die ZSG dann auch noch den Treffer zum 2:4-Anschluss erzielte, obwohl der Linienrichter Abseits angezeigt hatte, war der Traum vom Aufstieg vorbei. Die Proteste wurden mit drei Roten Karten bestraft und die Zuschauer waren nicht mehr zu halten. Zwei Stunden mussten die Schiedsrichter in der Kabine ausharren und hatten Glück, dass ihr Trabant den Umsturzversuchen standhielt.

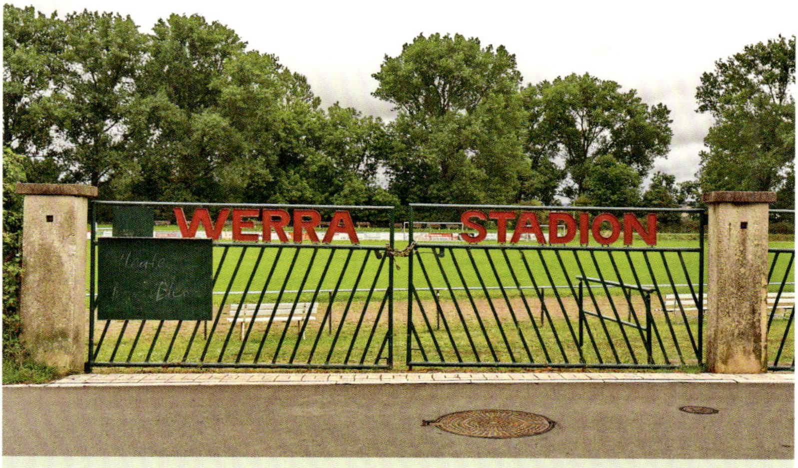

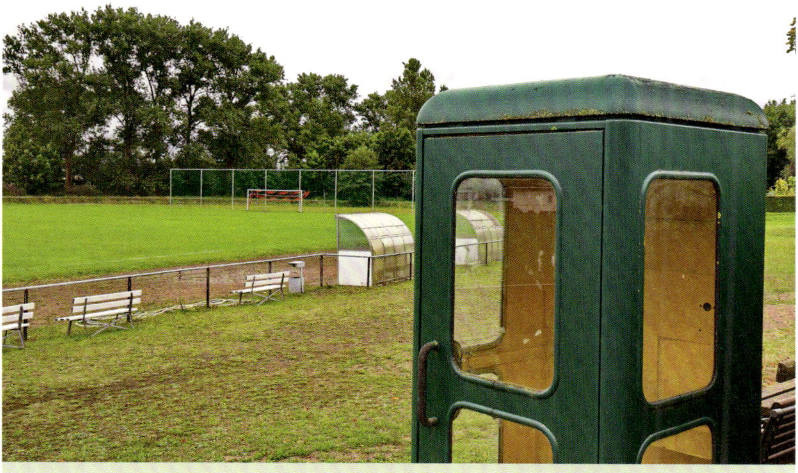

HARTE 4 FAKTEN

Stadion-Einweihung I: 9. und 10. Mai 1931
Modernisierung: 1978–1986
Ersatz: Sportplatz „Am Tümpel"
Stadion-Einweihung II: 6. Oktober 1986

Gompertshausen 029

Dieter Kurth

Der Oberliga-Fußballer aus dem Sperrgebiet

Der Grenzturm am Ortsrand ist ein markanter Beleg dafür, dass sich die 450-Seelen-Gemeinde Gompertshausen im sogenannten Sperrgebiet befand. Ohne Personalausweis mit entsprechendem Vermerk bzw. einem Passierschein führte kein Weg hinaus und hinein. In der Zwischenzeit sind die Grenzanlagen ein Denkmal und entlang des ehemaligen Todesstreifens verläuft nunmehr das Grüne Band.

Unverändert blieb in all den Jahren die Fußballbegeisterung der Familie Kurth. Sohn Dieter jagte auf dem Sportplatz in jeder freien Minute dem Fußball hinterher. Da konnte es schon mal passieren, dass der Schulranzen beim Kicken stehen gelassen wurde. 1977 folgt die Anmeldung bei der BSG Motor ESKA in Hildburghausen. Dort spielte er bis 1981, zuletzt mit einer Sondergenehmigung als 17-Jähriger in der drittklassigen Bezirksliga. Trotz beeindruckender 21 Tore war der Weg aufs Sportgymnasium versperrt. Der Vater war 1,68 m groß, die Mutter 1,58 m und so wurden dem Sohn maximal 1,70 m prognostiziert. Das reicht nicht, hieß es und sorgte für Enttäuschung im Hause Kurth. Doch Dieter ließ sich von seinem Weg nicht abbringen und wechselte zur BSG Motor Suhl in die zweitklassige DDR-Liga. Doch es blieb kaum Zeit zur Eingewöhnung, im September 1981 erhielt der damals 18-Jährige den Einberufungsbefehl zur NVA nach Kühlungsborn.

Zur Saison 1983/84 stand er Motor wieder zur Verfügung. Mit seiner Größe von 1,74 m gehörte Dieter mit seinen zehn Treffern in 28 von 30 Punkt- und Aufstiegsrundenspielen zu den torgefährlichsten Spielern der Suhler und trug einen wichtigen Teil zum Oberliga-Aufstieg bei.

Die Erstligapremiere von Motor im heimischen Sportpark gegen Frankfurt verfolgte Vater Kurth aus dem „TV-Block“ hinter der Gegengerade, wo er aus Dieters Schlafzimmer die BSG anfeuerte. In der historischen Oberligasaison 1984/85 bestritt Dieter 20 Partien überwiegend im Mittelfeld und erzielte ein Tor. Nach der Grenzöffnung kickte Kurth zunächst beim VfL Frohnlach, später machte sich der A-Lizenz-Inhaber als Trainer einen guten Namen.

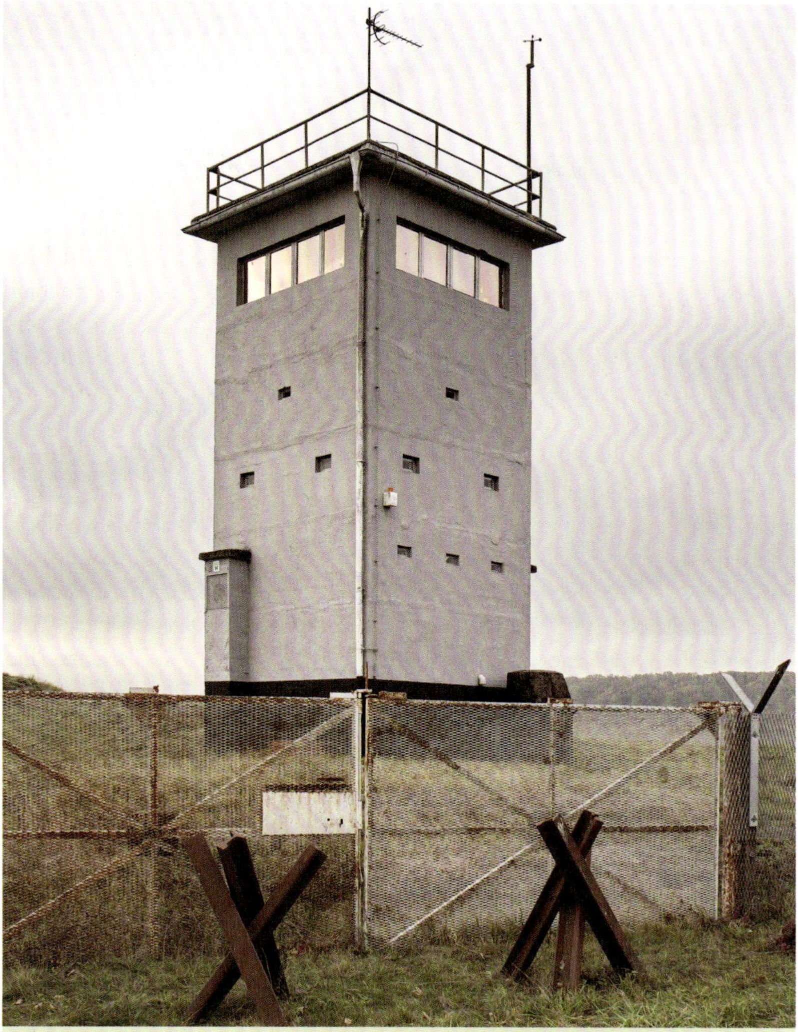

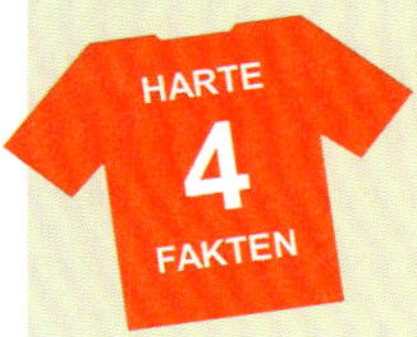

1962: geboren in Hildburghausen

1989: Geburt von Sohn Fabian (TSG Balingen)

2009: Trainer-A-Lizenz

2018: Trainer SC Sylvia Ebersdorf

Volkspark

Ganz Wacker im Volkspark

Ohne die Schenkung der Kaufmannswitwe Bertha Schneyer (1830–1912), deren Leben von zahlreichen Schicksalsschlägen und Verlusten gekennzeichnet war, wäre der Fußball im Gothaer Volkspark wohl undenkbar. Am 27. Oktober 1908, dem Todesjahr ihres Sohnes, stiftete sie dessen ehemaliges Haus- und Gartengrundstück Bürgeraue 4 ihrer Vaterstadt Gotha. Ihr Wunsch war es, dass aus dem Erlös ein Volkspark angelegt werden solle, „in dem die minderbemittelte Bevölkerung nach der Last des Tageswerks Erholung finden kann".

In der Folge entstand dieser Park im Osten der Stadt. Als nach dem I. Weltkrieg der Sport eine größere Bedeutung bekam, wurden 1924 die Sportplätze „Volkspark I" und „Wackersportplatz" angelegt. „Volkspark I" diente zunächst dem Arbeitersport und ab 1935 der SA als Kampfbahn. Nachdem 1950 der junge Gothaer Radrennfahrer Klaus Törpe nach einem Unfall bei den Thüringer Jugendlandesmeisterschaften im Alter von 15 Jahren verstarb, wurde neben einem Staatsbegräbnis, dem Gedenkstein am Unfallort in Elsterberg auch der Sportplatz in der Leinefelder Straße in „Klaus-Törpe-Sportplatz" umbenannt. In der Zwischenzeit sind der Kunstrasenplatz und das neue Vereinsheim die Heimat junger Fußballtalente aus Gotha.

Der ehemalige Wackersportplatz wurde 1953 zum Theodor-Neubauer-Stadion, nachdem der Aushub für ein geplantes, aber nie fertiggestelltes Freibad zum Erdwall aufgeschüttet wurde. Darin spielte die BSG Motor Gotha 38 Spielzeiten in der Erfurter Bezirksliga. Zwar reichte es nie zur Meisterschaft, doch 1958 spielte die BSG des VEB Waggonbau Gotha eine Saison in der II. DDR-Liga.

Nach der Wende wurde der Neubau des „Theodor-Neubauer-Stadions" mit einer Kapazität von 4.000 Zuschauern fertiggestellt und mit der Eröffnung im Jahr 2000 in Volkspark-Stadion umbenannt. Ein Jahr später gelang dem SV Wacker 07 Gotha mit Gewinn des Thüringer Landesmeistertitels mit dem Rekordwert von nur 8 Gegentreffern der größte Vereinserfolg, auf den mit Unterbrechung fünf Jahre in der NOFV-Oberliga folgten.

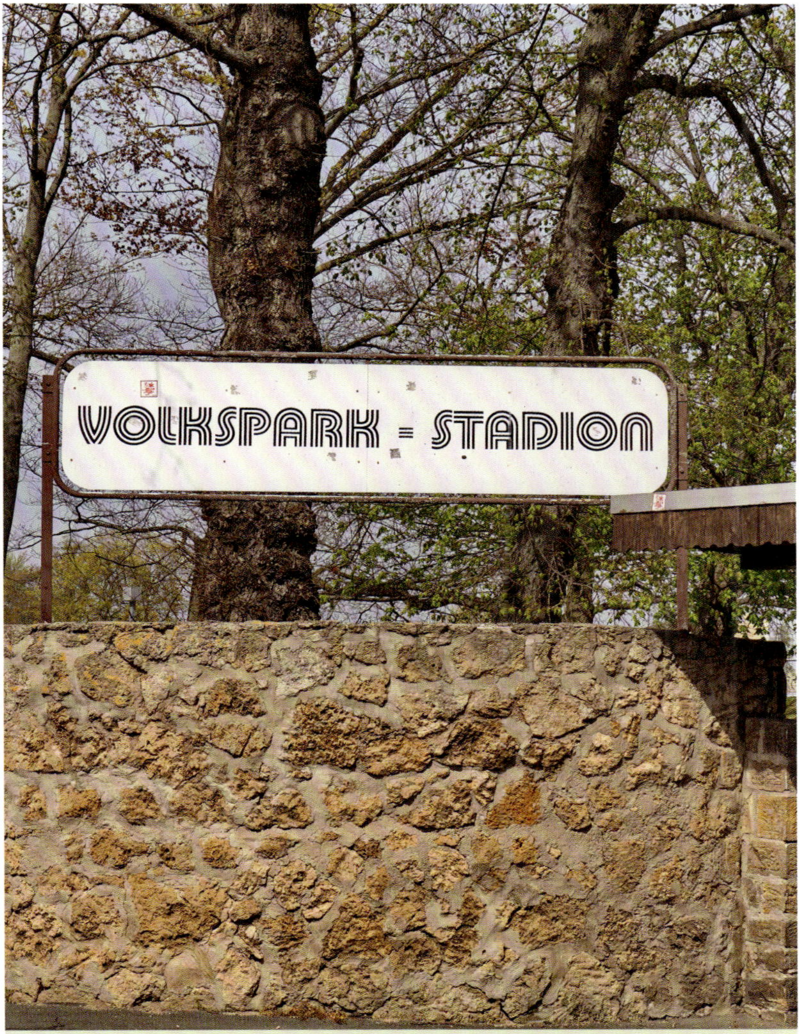

HARTE 4 FAKTEN

Gründung: 10. April 2003 | FSV Wacker 03 Gotha
Trainer: Helmut Nordhaus, Frank Stein
Spieler: Sebastian Helbig, Alexander Ludwig
Ehrenmitglied: Uwe Seeler

Vereinsheim des TSV 1869 Sundhausen

Über 30 Jahre an der Pfeife

Wer das Vereinsheim des TSV 1869 Sundhausen besucht, könnte auf einen der erfahrensten Schiedsrichter Thüringens treffen. Dirk Honnef ist seit 2017 Vizepräsident des TSV und engagiert sich „nebenbei" auch noch für die Thüringer Sportjugend (ThSj), den Kreisjugendring Gotha und innerhalb des Thüringer Fußball-Verbandes.

Das Schiedsen wurde Honnef quasi vererbt. Sowohl der Großvater als auch der Urgroßvater waren Unparteiische. So geschah wohl das Erwartbare, als Dirk zunächst bei der BSG Motor Gotha kickte und 1991 im Alter von 17 Jahren die Schiedsrichterprüfung ablegte. Atemberaubend war der folgende Aufstieg. Schon in der Saison 1994/95 pfiff Honnef sein erstes Spiel in der Thüringenliga. Später folgten Einsätze in der NOFV-Oberliga sowie als Assistent in der 2. Frauen-Bundesliga des DFB.

Zu den eher dunklen Stunden der Schiedsrichtertätigkeit von Dirk Honnef dürften die Ereignisse vom 9. September 2007 zählen, die eine bundesweite Diskussion über den Umgang mit Schiedsrichtern im Amateurfußball nach sich zogen. Am 5. Spieltag der NOFV-Oberliga Süd ging der FC Eilenburg – elf Minuten nachdem ein Spieler der Gäste aus Plauen die Rote Karte gesehen hatte – mit 1:0 in Führung. Als nun in der 76. Minute ein Eilenburger Spieler für eine Tätlichkeit des Platzes verwiesen wurde, stürmte ein Fan des VFC Plauen auf das Feld und attackierte Linienrichter Honnef. Daraufhin wurde das Spiel durch das NOFV-Sportgericht für beide Teams mit 0:2 verloren gewertet. Elf Jahre später stand Dirk Honnef wieder in Eilenburg an der Linie, als die Gastgeber mit 3:2 gegen Plauen gewannen. Beim 4:1-Sieg des VFC im Rückspiel bewies Honnef als Schiedsrichter der Partie erneut, dass er die Ereignisse von damals ausblenden konnte.

Die Vereinbarkeit von Schiedsrichtertätigkeit und beruflicher Entwicklung zeigt Honnefs Vita. Nach Abitur, der Ausbildung als Rettungssanitäter und dem Jura-Studium steht Dirk Honnef abseits des Sportplatzes einer eigenen Immobilien-Firma vor.

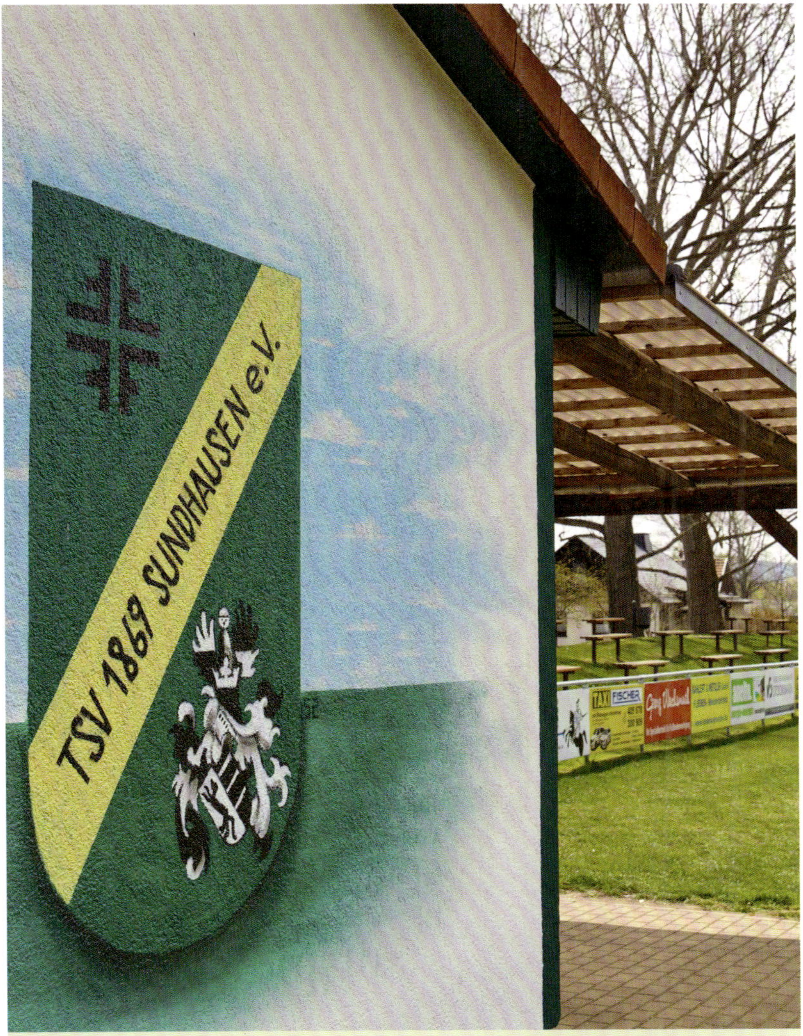

HARTE 4 FAKTEN

Schiri I: Roland Hillig (Berka) seit 2001
Schiri II: Steffen Läsker (Wünschendorf) seit 2001
Schiri III: Sebastian Lorenzen (Erfurt) seit 2011
Schiri IV: Marko Gaßmann (Nohra) seit 2008

Gotha-Sundhausen 032

Sportplatz Sundhausen

Fußballleidenschaft seit 1935

Insgesamt dreimal taucht der Name Sundhausen in Thüringen auf. Daher gilt es auf den Zusatz bei Gotha zu achten. 1921 verhinderten Bürgerproteste noch die Eingemeindung, doch 1974 wurde Sundhausen Ortsteil von Gotha. Ein nochmaliger Versuch selbstständig zu werden, scheiterte 1990, da die Abstimmung wegen Formfehler nicht anerkannt wurde. Eine Sektion Fußball gibt es beim TSV Sundhausen seit 1935. Zunächst wurde auf dem Sportplatz am Ried, auf der heutigen Hundesportanlage an der Ratsrinne, gespielt. Zum 70-jährigen Jubiläum bestritten die Sundhäuser ein Freundschaftsspiel gegen den sechsfachen Deutschen Meister und Gewinner des ersten Tschammerpokals 1. FC Nürnberg. Zu DDR-Zeiten wurde an der Trügleber Straße ein neuer Fußballplatz angelegt. Zu Anfang diente ein ausgedienter Straßenbahnwagen der BSG Traktor Sundhausen als Umkleideraum. Später wurden an dieser Stelle Umkleide- und Sanitärräume für Sportler geschaffen.

Eine der sportlichen Säulen der Gemeinde ist der Frauenfußball, der u. a. durch das Engagement von Carolin Frohl nach Sundhausen kam. 2004 wechselte sie mit den Mädchen und Frauen des FSV Eintracht Wechmar zum TSV und stieg in die Landesliga Thüringen auf. Aufgrund Personalmangels mussten die Frauen 2009/10 in der Kreisliga neu beginnen und wurden bereits im ersten Jahr Kreismeister, Kreispokalsieger und Hallenkreismeister.

2016 sorgten die Fußballerinnen mit dem Einzug in das Thüringer Pokalfinale für einen Höhepunkt in der über 150-jährigen Vereinsgeschichte. 400 Zuschauer sahen bei besten Bedingungen auf dem heimischen Sportplatz eine knappe 0:2-Niederlage gegen die Bundesliga-Reserve des FF USV Jena. Da zweite Vertretungen im DFB-Pokal nicht startberechtigt sind, zogen die TSV-Frauen in die 1. Runde des DFB-Pokals ein. Dort konnte es die tief stehende Mannschaft von Trainer Marko Bergmann dem Magdeburger FFC lange Zeit schwer machen. Am Ende gewann der Regionalligist mit 4:0, doch die TSV-Frauen vertraten ihren Verein und den Freistaat bestens.

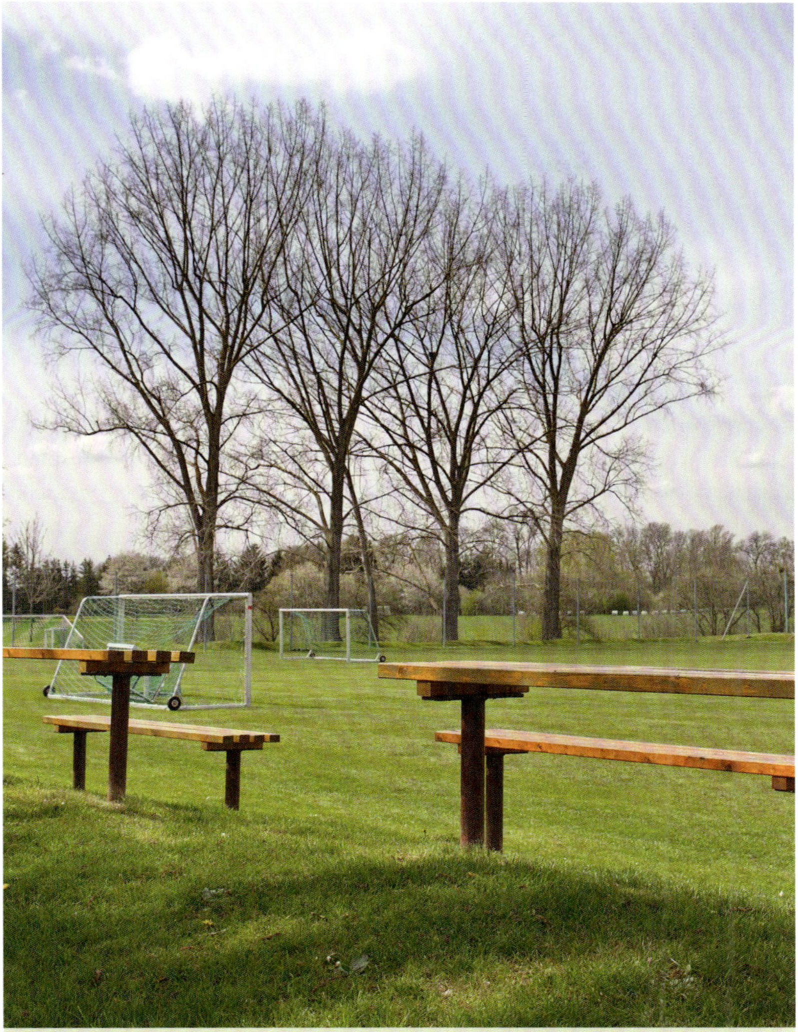

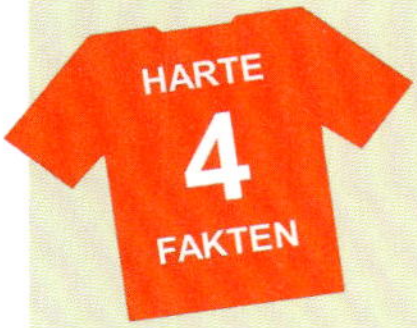

1847: Anschluss an die Eisenbahn

11. Juni 1939: TSV – 1. FC Nürnberg 0:8

1970er: ca. 3.500 Einwohner

2010er: ca. 1.400 Einwohner

Großfahner (VG Fahner Höhe) 033

TSV Großfahner

Aus Großfahner nach St. Pauli

Zwar gehört die Gemeinde Großfahner zur Verwaltungsgemeinschaft Fahner Höhe, doch die Fußballer setzen auf Eigenständigkeit. Nach der 2003 erfolgten Gründung des SV Blau Weiß Fahner Höhe 03 wuchs der Verein nicht zusammen. Als die in Großfahner spielende 2. Mannschaft kurz vor dem Titelgewinn im Kreis Gotha durch den Verein ausgebremst wurde, kam es zum Bruch. Am 15. Dezember 2006 gründeten Fußballbegeisterte um Präsident Thomas Franke im Gasthaus „Zum Hamster" den TSV Großfahner neu und 2007 begann die 1. Mannschaft in der 3. Kreisklasse. Neun Jahre später gelang unter Trainer Frank Heinemann als Vizemeister der Sprung in die Kreisliga.

Die positive sportliche Entwicklung sorgte auch außerhalb des Platzes für einen Aufschwung. Das Vereinsheim wurde renoviert, der Rasen des Stadions kernsaniert und die alten Eisentore durch moderne Bundesliga-Tore ersetzt. Nach der Neugründung hatten nicht wenige vermutet, dass Großfahner von der Fußballlandkarte verschwindet. Mittlerweile ist allen bewusst, dass rund um den 1948 fertiggestellten Sportplatz ein Dorfverein mit viel Herzblut gelebt wird.

Dass der Weg aus Großfahner in die Bundesliga möglich ist, bewies Torsten Miethe. In der Sportschule des FC Rot-Weiß Erfurt ausgebildet, wechselte der Torwart in die Männermannschaft, die damals in der 3. Liga spielte. Doch schon früh entschied sich der 1,90 Meter große Kicker, nicht alles auf Fußball zu setzen und begann ein Medizinstudium. Da blieb wenig Zeit zum Trainieren. Daher wurde er in der Saison 1999/2000 zum Bezirksligisten TSV Großfahner ausgeliehen. Von dort ging es zum Probetraining zum FC St. Pauli. In der Saison 2001/02 war der Erfurter dritter Torwart für das Team, das am Ende in die 1. Liga aufstieg, und kam später zu Einsätzen im DFB-Pokal sowie in der 2. Bundesliga. Doch die Aufforderung der Paulianer, dass er sein Studium beenden müsse, wenn er Stammkeeper werden wolle, lehnte er ab. Und so ist Miethe heute als Zahnarzt und Trainer in Brandenburg tätig.

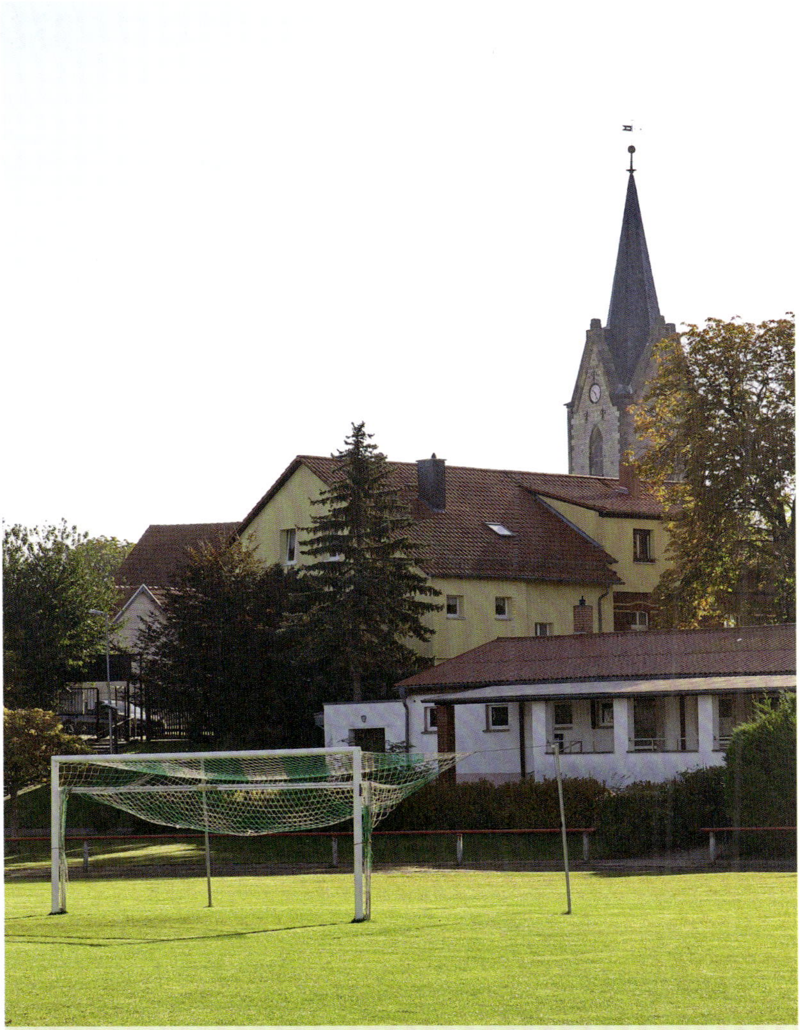

HARTE 4 FAKTEN

1952: BSG Traktor Großfahner
1983: BSG Fahner Obst
1990: TSV Großfahner 1862
2006: TSV Großfahner

Sportplatz Günthersleben

Jürgen Heun – Fußballer des Jahrhunderts

Niemand traf so häufig für FC Rot-Weiß Erfurt wie Jürgen Heun. In 341 DDR-Oberligaspielen erzielte er beachtliche 114 Tore. Nicht zuletzt dafür wurde Jürgen Heun im Jahr 2000 von den Erfurtern zum Fußballer des Jahrhunderts gewählt, 15 Jahre später ernannte ihn sein Verein zum Ehrenspielführer.

Begonnen hatte alles im Geburtsort Günthersleben, wo Jürgen auf dem Sportplatz im Nachwuchs der BSG Traktor spielte. 1969 belegten die Traktor-Knaben bei den Bezirksmeisterschaften den 3. Platz. Nach dem Turnier wurde „Kimme" zum FC Rot-Weiß Erfurt delegiert. Mit dem Start der Saison 1976/77 wurde Jürgen Heun in die Oberligamannschaft integriert und am 1. Spieltag im Heimspiel gegen den 1. FC Magdeburg in der 78. Minute eingewechselt. Zwei Minuten später traf Heun zum 2:0-Sieg und entwickelte sich in der Folge zum gefürchteten Torjäger, dessen Spezialitäten Frei- und Strafstöße waren.

Heun selbst bezeichnet das Länderspiel mit der DDR-Auswahl in Brasilien am 26. Januar 1982 als einen Karrierehöhepunkt. „Für uns Ostdeutschen war es der Wahnsinn, in Brasilien antreten zu dürfen. Auf der Gegenseite stand mit Zico der zu dieser Zeit wohl weltbeste Fußballer", so Heun, der bei der 1:3-Niederlage in der 67. Minute einwechselt wurde.

In der letzten Oberliga-Saison 90/91 verpassten die Erfurter als Dritter nur knapp die Sensation und einen Bundesliga-Aufstieg. So spielte Heun in der 2. Bundesliga sowie im Europapokal. Im Sommer 1993 wechselte er dann zum SV Landau in die Bezirksoberliga, um später in der Landesliga vorrangig als Trainer zu fungieren. Zudem bewirtschaftete er anfangs gemeinsam mit seiner Frau die SVL-Gaststätte. Nach der Insolvenz des Vereins trainierte Heun 1999/2000 noch den FC Ergolding, bevor er wieder nach Thüringen wechselte und bis 2002 als Trainer bei seinem Herzensverein arbeitete. Kindelbrücker SV (2003–05), FC Erfurt Nord (05–06), SG Rudisleben/Arnstadt (06–12), FC Eisenach (12–13) und SpVgg. Siebleben 06 (2013–17) waren seine weiteren Stationen als Trainer.

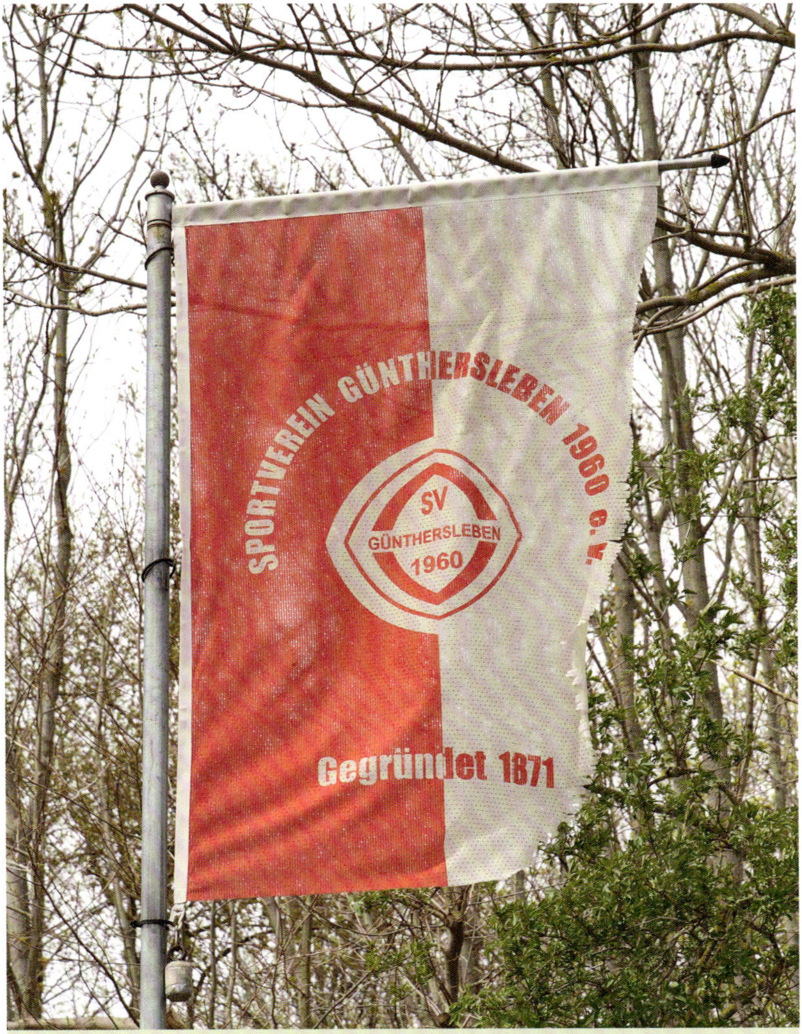

HARTE 4 FAKTEN

Ortsteil: der Landgemeinde Drei Gleichen
1960: BSG Traktor – Gründung der Sektion Fußball
1990: Gründung SV Günthersleben 1960
Sehenswert: Sankt-Petri-Kirche

Hermann-Danz-Straße 8

Hermsdorfer Fußballpionier Erich Dietel

Wer sich auf die Suche nach den Pionieren des Hermsdorfer Fußballs begibt, wird zwangsläufig auf den Namen Erich Dietel stoßen, der viele Jahre in der Hermann-Danz-Straße 8 wohnte. Der langjährige Trainer war maßgeblich daran beteiligt, den Fußball in der Region nach dem II. Weltkrieg wieder in Gang zu bringen.

Dietel wuchs in Planitz auf und fungierte dort als Trainer. 1948 gewann er mit seiner SG Planitz das Finale der 1. Ostzonenmeisterschaft vor 40.000 Zuschauern im Leipziger Bruno-Plache-Stadion gegen die SG Freimfelde Halle mit 1:0. Die Teilnahme an der Endrunde um die Gesamtdeutsche Meisterschaft blieb Planitz verwehrt, da die Währungsreform in den Westzonen zum Bruch führte und die sowjetische Besatzungsmacht den Spielern die Reise nach Nürnberg verbot. Dietel wechselte zur BSG Gera Süd, schaffte mit der Mannschaft um Georg Buschner den Einzug in das 1. FDGB-Pokalfinale und verstärkte die Geraer Oberliga-Mannschaft dann u. a. mit Talenten wie Manfred Kaiser und Bringfried Müller.

1951 gelang es der damaligen BSG Chemie, den erfolgreichen Trainer nach Hermsdorf zu holen. „Politisch nicht tragbar" hieß es in der Kaderakte, die beim damaligen KWH-Direktor Fritz Leunert etwas später ankam und so wurde der gerade verpflichtete Trainer wieder entlassen. Die Entscheidung sorgte für Unverständnis im Team, doch die Idee eines Streiks wurde fallen gelassen. 15 Jahre später – nachdem Dietel zwischenzeitlich in Zwickau, Weimar, Rostock und Lok Leipzig als Trainer aktiv und erfolgreich war – kehrte er nach Hermsdorf zurück, eigentlich um sich zur Ruhe zu setzen. Doch daraus wurde nichts. Als Motor-Trainer gelang ihm in nur drei Jahren der Aufbau einer Mannschaft, die souverän Bezirksmeister wurde und in die DDR-Liga aufstieg.

Nachdem er sich 1973 als Trainer endgültig zur Ruhe gesetzt hatte, blieb er dem Hermsdorfer Fußball stets treu und verbunden. 25 Jahre nach seiner Rückkehr – am 1. Juni 1991 – verstarb Erich Dietel im Alter von 79 Jahren in Hermsdorf.

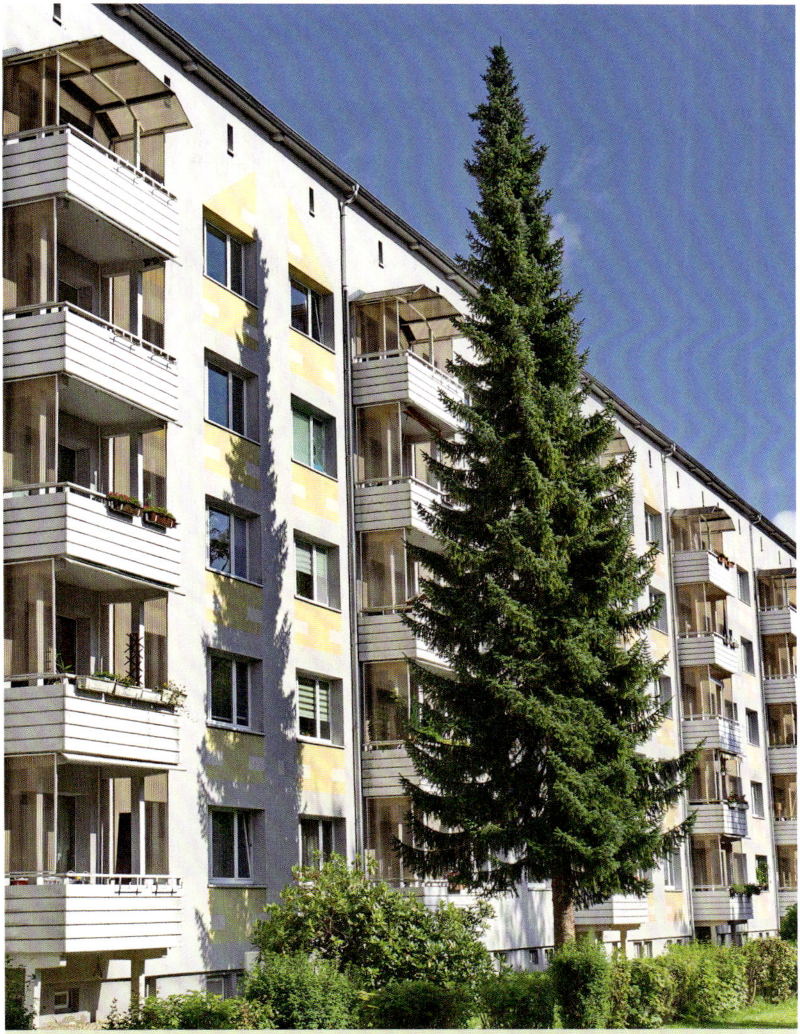

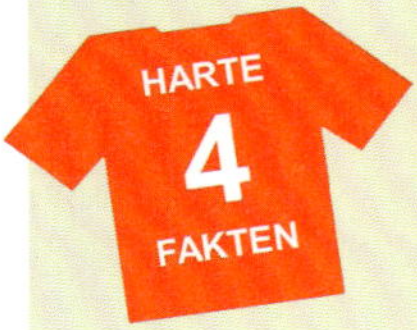

Trainer 1977–82: Manfred Kaiser
Trainer 1982: Lutz Lindemann
Trainer 1983: Peter Ducke
Trainer 2012–17: Daniel Eglmeyer

Hermsdorf 036

Werner-Seelenbinder-Stadion

Zehn Jahre zweite Liga

Sowohl das in den 1930ern erbaute Hermsdorfer Kreuz, die Verbindung der heutigen Autobahnen A9 und A4 als auch die Hescho (Hermsdorf-Schomburg-Isolatoren-Gesellschaft) bzw. später der VEB Keramische Werke Hermsdorf (KWH) prägten Hermsdorf viele Jahrzehnte.

20 Jahre nach der Gründung der DDR erhielt Hermsdorf das Stadtrecht, was Ausdruck der kontinuierlich wachsenden Einwohnerzahl war. Damit verbunden war auch ein Aufstieg der Fußballer der BSG Motor, die nach Einweihung und Umbenennung seit dem 27. August 1950 in der Werner-Seelenbinder-Sportstätte spielten. Der KWH-Generaldirektor Waldemar Schilling, der in der Region den Spitznamen „Kugelblitz" hatte, förderte den Fußball. 1969 wurden die Hermsdorfer Bezirksmeister und trafen in der Aufstiegsrunde auf Werdau, Gröditz, BSG Motor Nordhausen-West und BSG Chemie Glas Ilmenau. Dank eines Treffers von Gerd Möller starteten die Hermsdorfer am 31. Mai mit einem 1:0-Sieg gegen Nordhausen in die Qualifikationsrunde. Ein weiterer Sieg gegen Ilmenau sowie zwei Unentschieden waren gleichbedeutend mit dem 1. Platz, der den Aufstieg in die Staffel Süd der zweithöchsten Spielklasse der DDR und somit dem größten Erfolg der Vereinsgeschichte entsprach.

Mit zwei Punkten aus den ersten Spielen – 1:1 gegen Vorwärts Meiningen und 2:2 bei der FSV Lok Dresden – gelang der Ligastart. Saisonhöhepunkt war das Derby gegen Wismut Gera, was Motor im September 1969 vor 8.175 Zuschauern mit 1:2 verlor. Für überregionale Beachtung sorgte das 2:2-Remis beim späteren Meister 1. FC Lok Leipzig. „Bis auf Möller und Rohn hatten die Thüringer alles hinten postiert. Bei Lok vermochte niemand diesen Riegel aufzubrechen", war in der FuWo zu lesen. Am Saisonende fehlten Hermsdorf vier Punkte zum Klassenerhalt.

Bis zur Wende folgten noch neun weitere Spielzeiten der BSG in der DDR-Liga, so steht Hermsdorf in der ewigen Liga-Tabelle auf dem 68. Platz. Die beste Platzierung gelang 1972 mit dem 7. Platz, zusätzlich wurde Gerd Möller Liga-Torschützenkönig.

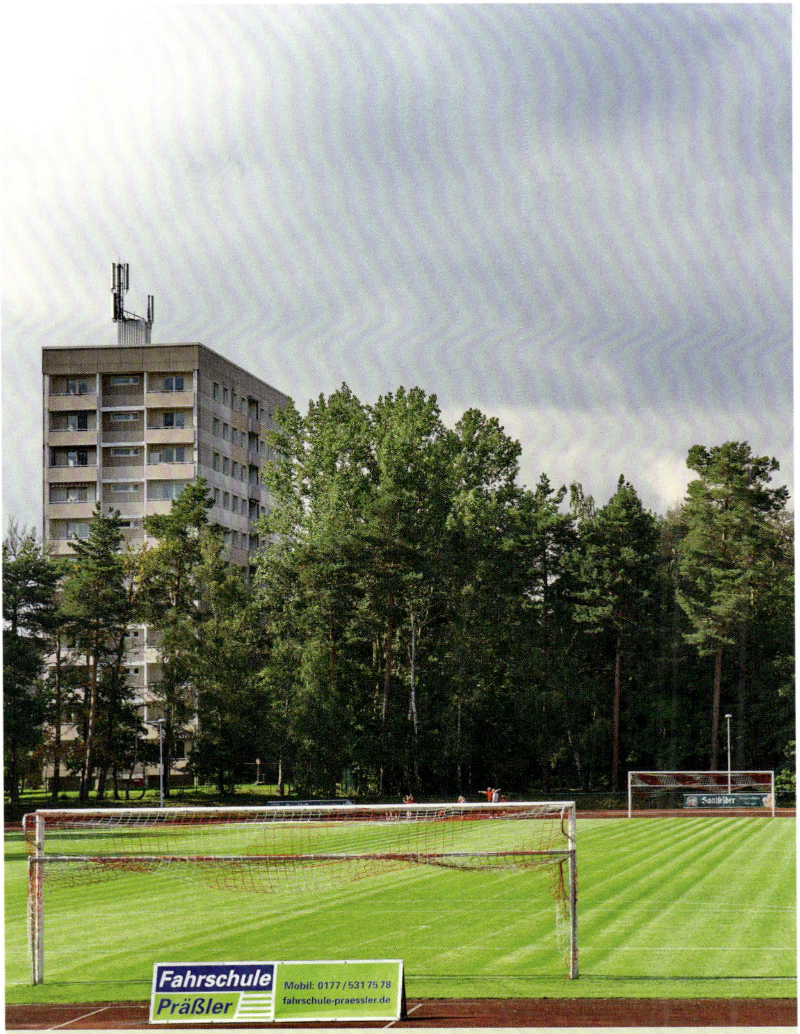

HARTE 4 FAKTEN

1949–50: BSG Einigkeit HESCHO Hermsdorf
1950–54: BSG Chemie Hermsdorf
1954–70: BSG Motor Hermsdorf
1990: SV Hermsdorf

Stadion Hammergrund

Frischer Look im Hammergrund

Am Ortsrand der Goethe- und Universitätsstadt Ilmenau findet sich in unmittelbarer Nähe zu einem der schönsten Freibäder Thüringens die Heimspielstätte des SV Germania. Umgeben von der Natur des Thüringer Waldes ist das Stadion am Hammergrund nicht nur ein echter Blickfang, sondern dient auch als Sprungbrett für Einsätze in der Nationalmannschaft. So erlernte der gebürtige Ilmenauer Jean-Claude Mpassy bis 2000 das Fußball-ABC im Germania-Nachwuchs und spielte später für Kaiserslautern, Elversberg und Homburg in der Regionalliga. In dieser Zeit kam der Abwehrspieler auch zu drei Einsätzen für die Nationalmannschaft der Republik Kongo. Seit 2011 ist Mpassy in Wien heimisch und betreibt als Influencer einen erfolgreichen Modeblog.

Im frischen Look präsentiert sich auch die Sportplatzanlage seit 2015. Nach zweijähriger Modernisierung und einer Investition von 3,1 Millionen Euro bieten ein Rasenplatz, zwei Kunstrasenplätze und eine überdachte Tribüne mit Sprecherkabine beste Bedingungen, um an alte Erfolge anzuknüpfen. Vor der Wende zählte die BSG Chemie Industrie-Werke (IW) Ilmenau zu den erfolgreichsten im Bezirk Suhl. Neun Bezirksmeisterschaften, fünf FDGB-Bezirkspokalsiege und insgesamt zwölf Spielzeiten in der zweitklassigen Liga zwischen 1972 und 1991 sind Beleg für die Stärke der Glasstädter. Nach der Wende verbrachten die Herren acht Spielzeiten in der 1. Liga des Freistaates und erreichten 2006/07 mit dem 8. Rang die beste Platzierung. Doch dem Abstieg 2011 in die Landesklasse folgte acht Jahre später der Rückzug in die Kreisoberliga.

Erfolgreicher sind aktuell die Fußballerinnen. 2001 übernahm Germania die Frauen des SV Rennsteig sowie deren Landesliga-Startplatz. Nach mehreren Spielzeiten in der Landesklasse spielen die Fußballerinnen in der Zwischenzeit wieder in der Thüringenliga. Da passt es dann auch perfekt, dass seit dem Sommer 2020 zum ersten Mal in der bis 1907 zurückreichenden Vereinstradition mit Kristin Weipert eine Frau an die Vereinsspitze gewählt wurde.

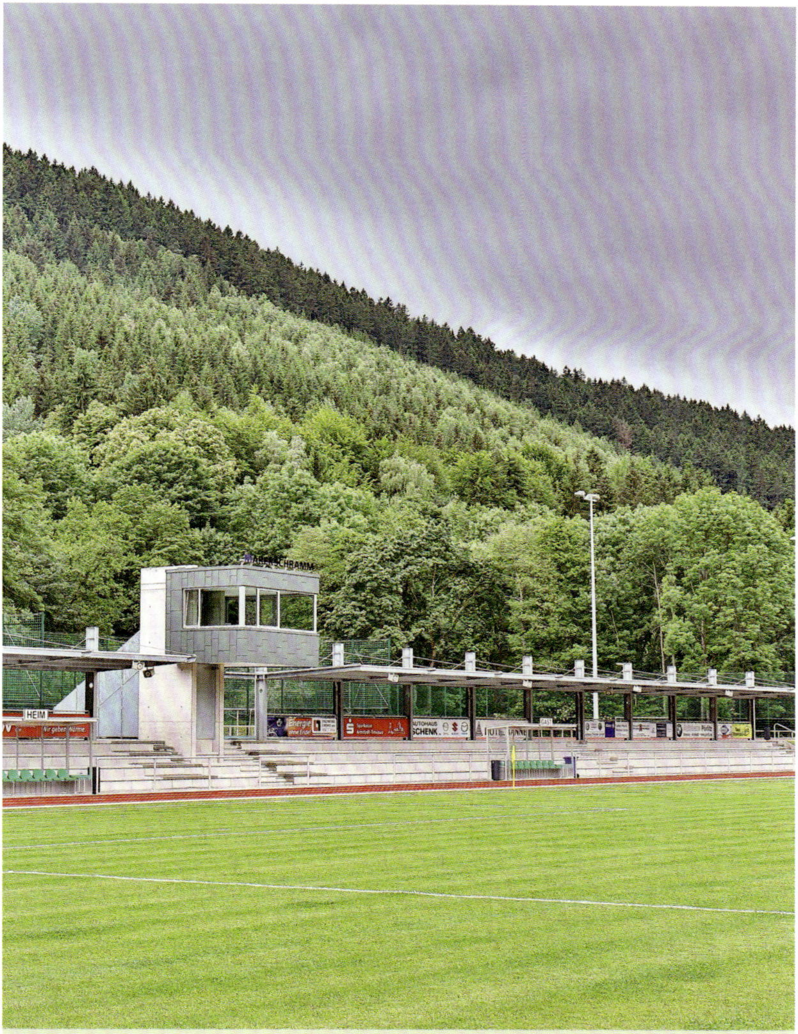

HARTE 4 FAKTEN

Trägerbetrieb: VVB Technisches Glas

Fußballhelden: Karl Kutzer, Erhard Meyer, Marc Fernando

Ewige Tabelle der DDR-Liga: 58. Platz

Ewige Tabelle Thüringenliga: 31. Platz

Fanclub „Block B“

Fanclub ohne Verein

Edelfan Harry, treuer Anhänger des FF USV Jena, hatte schon 2011 die Idee, einen Fanclub zu gründen. In der Regel war er mit seiner Trommel zwar dabei, doch die Fans saßen verstreut auf der Tribüne. Erstmals rückten die Anhänger zusammen, als Conny Kanik das neue Vereinslied „Willkommen im Paradies, Jena ist unsere Stadt. Wo jedes Fußballherz ein Zuhause hat“ präsentierte. So wurde am 30. September 2012 zum Heimspiel gegen den VfL Wolfsburg aus einzelnen Anfeuerungsrufen ein gemeinsamer Support und der Fanclub „Powerfrauen im Paradies“ war gegründet.

Der Fanclub wuchs, dazu trug auch der sportliche Erfolg in der Bundesliga bei. 2014 feierte der FF USV Jena mit dem 5. Platz in der Bundesliga die beste Platzierung der Vereinsgeschichte, in den Folgejahren schien Jena trotz des geringen Etats unabsteigbar zu sein. Es war auch diese Zeit, in der sich ein weiterer Fanclub mit dem Namen „Block B“ zunehmend organsierte und das Team in ganz Deutschland lautstark unterstützte. Manchmal sogar so laut, dass wie bei einem Punktspiel der Reserve in Erfurt sogar die Polizei gerufen wurde. Der blau-weiße Block von über 40 Leuten in Wolfsburg am letzten Spieltag der Saison 2016/17 oder die Reisegruppe mit 50 Fans, die den Wiederaufstieg 2019 in Saarbrücken feierte, sind im Frauenfußball etwas Besonderes.

Als der FF USV in wirtschaftliche Schwierigkeiten geriet, packten die Fans mit an. Neben der Unterstützung bei der Spielvorbereitung ersetzte das einmalige Fanzine das weggefallene Stadionheft. Zusätzlich sammelten die Fans mit einer Crowdfunding-Kampagne 80.000 €. Doch die Übertragung der Spielrechte an Carl Zeiss wurde im Hintergrund seit mehreren Jahren vorbereitet und so kam zum sportlichen Abstieg die menschliche Enttäuschung hinzu: „Wir kommen nicht umhin, uns verraten zu fühlen“, erklärte der vereinslose Block B im Sommer 2020 und stellte die Unterstützung ein. Im Gegensatz dazu hat sich Harry nun eine neue dreifarbige Fahne – diesmal in Blau, Gelb und Weiß – drucken lassen.

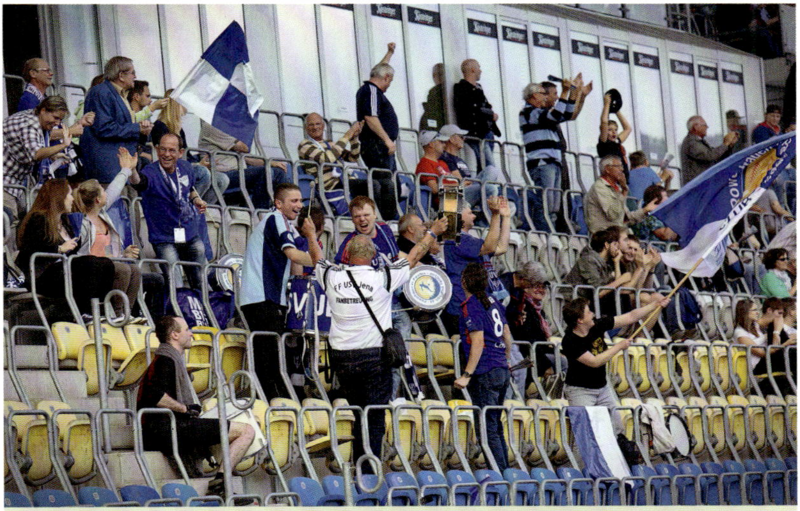

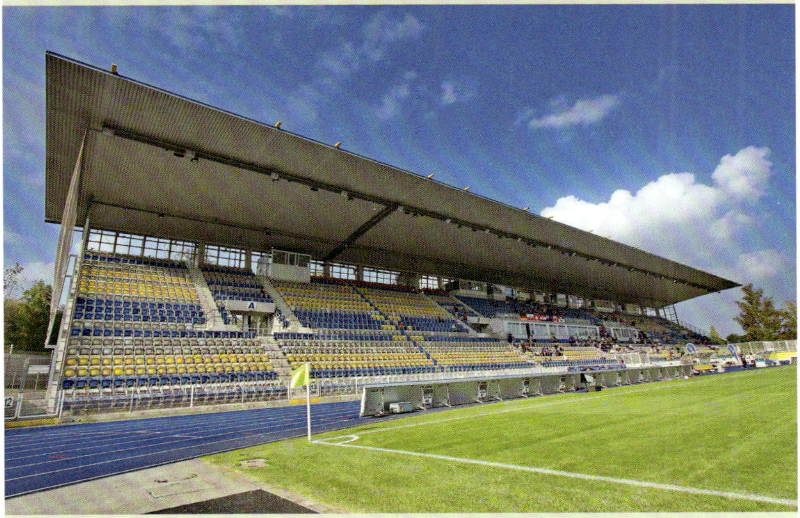

HARTE 4 FAKTEN

1. Ausgabe Fanzine Block B: 11. Oktober 2014

Stadionmagazin: ab Saisonstart 18/19

Letzte Print-Ausgabe: Nr. 49 (1. März 2020)

Kosten: 2 € pro Heft

Hermann Peter Gedenkstein

Die Jenaer Regel

Hermann Peter darf getrost als Begründer des modernen Sports in Jena bezeichnet werden, doch die Würdigung seiner Arbeit als Sportfunktionär gelang erst im zweiten Anlauf. Zwar schlossen die Universität und der Steinmetzbetrieb Otto Späte am 25. Juli 1916 einen Vertrag über die Errichtung eines Denkmals, doch zur Fertigstellung kam es erst 100 Jahre später. Der Verein Supporters Trust Jena schaffte gemeinsam mit der Stiftung Jenaer Universitätssport nicht nur die finanzielle Grundlage, es gelang auch, den Steinmetzbetrieb Späte aus Jena für die Errichtung des Denkmals zu gewinnen.

Am „Tag für den Jenaer Sport" war es soweit. Uni-Präsident Walter Rosenthal, Dezernent Denis Peisker, Historiker Hans-Georg Kremer, Journalist Michael Ulbrich und Schirmherr Prinz Michael-Benedikt enthüllten den Gedenkstein vor 300 Besuchern. Dieser steht am USV-Tennishaus und somit 4 Meter vom ursprünglich geplanten Ort entfernt.

Dass genau auf dem ursprünglich geplanten Platz ausgerechnet ein Baum steht, hat eine gewisse Komik. Schließlich schrieb Hermann Peter die Regeln fürs Fußballspiel nieder und darin heißt es: „Der Spielplatz soll von Bäumen und Steinen frei, möglichst eben und mit niedrigem Gras bewachsen sein." Diese bis heute gültige Vorgabe ziert den Gedenkstein und ist Teil der Jenaer Regeln, die zu den ältesten der Welt zählen. Was heute selbstverständlich ist, ermöglichte in den 1890er-Jahren die Etablierung des Fußballsports.

Im „Wer wird Millionär – WM-Special 2006" waren die Jenaer Regeln 64.000 Euro wert. Hape Kerkeling hatte sich den Stuhl des Quizmasters gesichert und befragte Günther Jauch: „Was darf es laut ‚Jenaer Regeln' auf offiziellen Fußballfeldern in Deutschland nicht geben?" A: Kühe und Schweine, B: Tümpel und Teiche, C: Bäume und Sträucher, D: Frauen und Kinder. Der Moderator setzte den Publikumsjoker ein, allerdings waren die Zuschauer mit 39 % für D keine Hilfe. Doch Günther Jauch wählte die richtige Antwort und erspielte insgesamt 500.000 Euro für die Kinderhilfe.

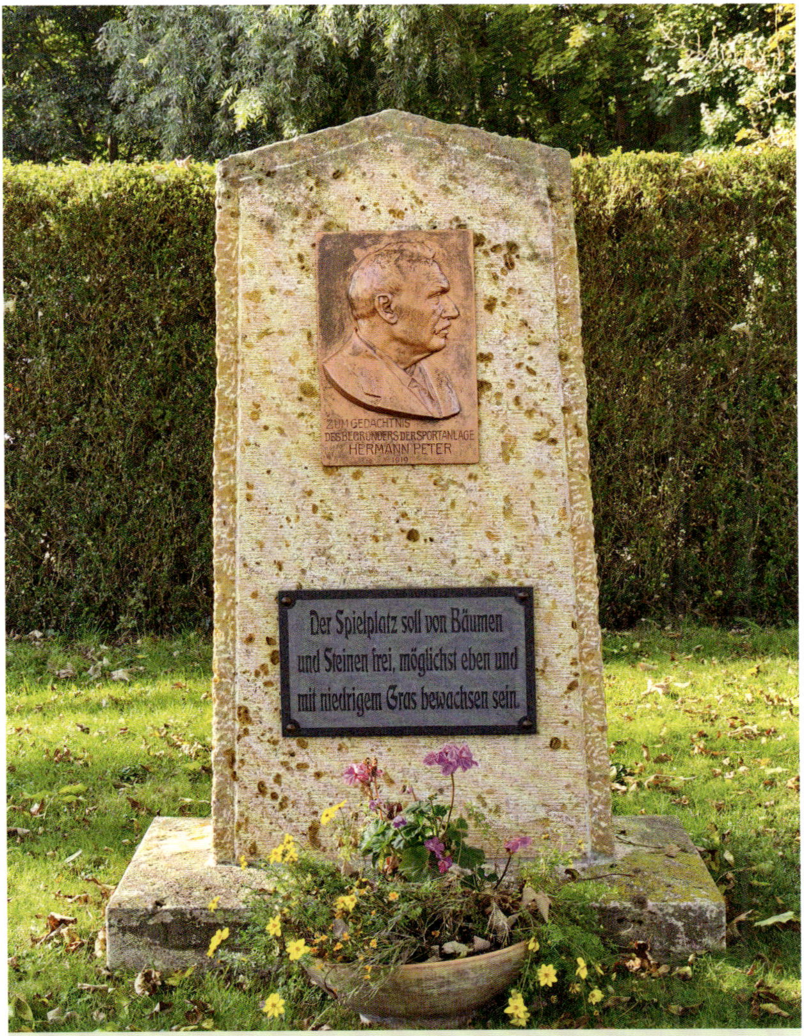

HARTE 4 FAKTEN

Geboren am: 10. November 1856 in Bechstädtstraß

Verstorben am: 3. Juni 1928 in Jena

Geplante Kosten 1916: 600,– Mark

Denkmalenthüllung: 23. Juli 2016

Kaffeehaus Gräfe

Sir Harald Irmscher

Das Kaffeehaus Gräfe ist in Ostthüringen bekannt für seine Torten. Die Jenaer Filiale am Johannisplatz verbindet den süßen Genuss mit dem Blick auf das Johannistor. Da ist es nicht verwunderlich, dass es auch den dreimaligen FDGB-Pokalsieger, DDR-Meister, WM-Teilnehmer und Olympia-Dritten Harald Irmscher jeden Donnerstag ins Kaffeehaus an den Stammtisch zieht.

Seit 1974 ist der Jenaer Schlegelsberg die Heimat des ehemaligen Mittelfeldspielers, der wegen seiner grazilen Spielweise den Spitznamen „der Sir" trug. Begonnen hatte alles bei der BSG Aktivist „Karl Liebknecht" Oelsnitz/ Erzgeb., von der Irmscher 1962 zur BSG Motor Zwickau wechselte und fünf Jahre später mit Jürgen Croy und Alois Glaubitz den 3:0-Erfolg gegen FC Hansa Rostock sowie den damit verbundenen FDGB-Pokalsieg feiern konnte. Als Nationalspieler führte der Weg nahezu zwangsläufig zu einem Fußballclub. Bei der Spieleranwerbung war in Jena Dr. Paul Dern eine zentrale Figur. Der Sportwissenschaftler wurde von Trainer Georg Buschner beauftragt, konspirativ das Interesse des SC Motor zu bekunden. Als Zwickau 1967 im Pokal in Erfurt antreten musste, gelang Dern als vermeintlicher Fotograf die Kontaktaufnahme und so wechselte Irmscher im Sommer 1968 nach Jena.

Insgesamt absolvierte Harald Irmscher 282 Pflichtspiele (44 Tore) für den FCC – davon 202 Spiele (36) in der DDR-Oberliga, 36 Spiele (4) im Europapokal, 38 Spiele (3) um den FDGB-Pokal und 6 Spiele (1) im IFC. 1976 wechselte er in die Liga nach Gera. Zunächst wurde er allerdings ein halbes Jahr zum Reservedienst einberufen, bevor er nach dem Aufstieg der BSG Wismut seine letzte Saison als aktiver Fußballer wieder in der Oberliga spielte.

Von den 41 Einsätzen in der Nationalmannschaft bleibt der 1:0 WM-Erfolg gegen die BRD-Auswahl in Hamburg 1974 in besonderer Erinnerung. Irmschers Idol Franz Beckenbauer tauschte mit ihm nach der Dopingprobe das Trikot. Seitdem liegt das Trikot des Kaisers behütet und verschlossen im Schrank der Familie Irmscher.

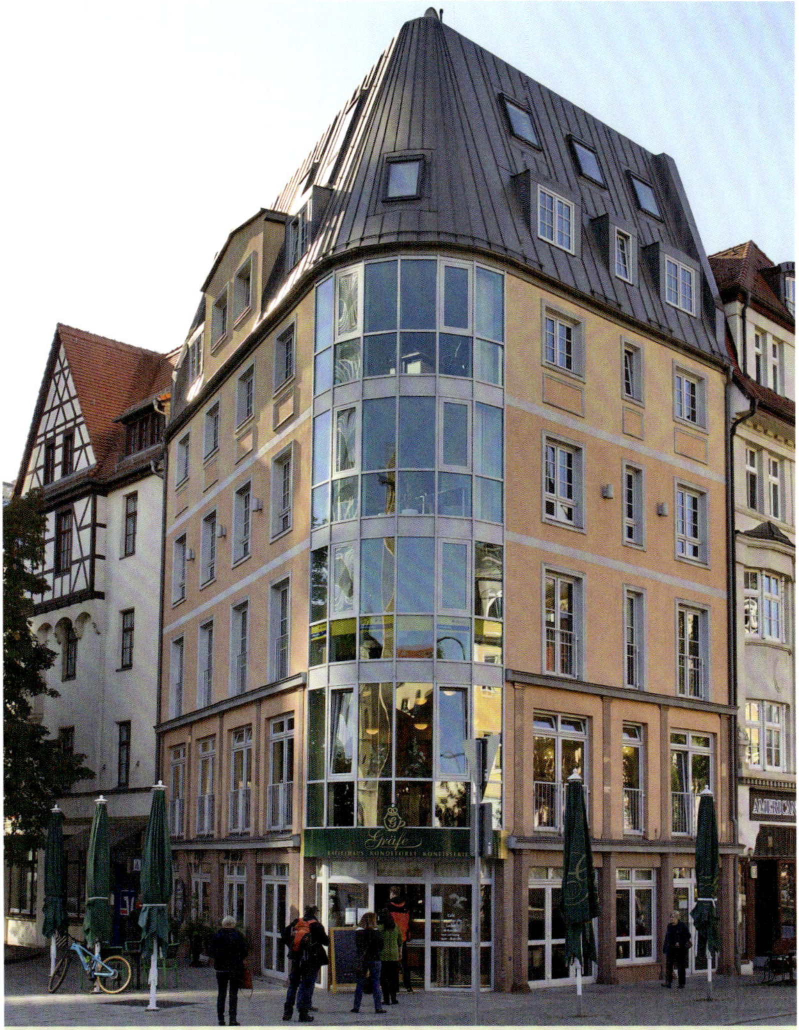

HARTE 4 FAKTEN

Geboren: 12. Februar 1946

1983–88: Co-Trainer der DDR-Nationalmannschaft

2005–07: Co-Trainer Apollon Limassol (Zypern)

2007–11: Co-Trainer Nationalmannschaft Belarus

Kleines Paradies

Das erste Spiel

Das erste Fußballspiel in Thüringen wurde am 30. Juli 1893 im Jenaer Paradies zwischen dem um 1890 gegründeten Fußballverein Jena und dem Allgemeinen Turnverein 1845 Leipzig ausgetragen. Am Vortag informierte die Jenaische Zeitung:

„Wie wir hören, findet Sonntag, den 30. Juli, von abends 6 Uhr im kleinen Paradiese ein Fußballwettspiel zwischen dem Fußballverein Jena und der Spielvereinigung des Turnvereins in Leipzig statt. Leider gestattet der geringe Raum des Spielplatzes nicht die Anwesenheit eines sehr zahlreichen Publikums. Der Kampf wird durch einen Unparteiischen überwacht. Es wird vorher ausgemacht, wie lange gespielt werden soll; nach der Hälfte der Spielzeit tritt eine kurze Pause ein; am Schluß hat die Partei gewonnen, die am häufigsten den Ball durch das Mal der Gegner gebracht hat."

Nachdem es am Vortag in Strömen regnete, dachten die Gäste darüber nach, „das Wettspiel telegraphisch" abzubestellen. Doch sie machten sich auf den Weg und am Spieltag war „die Wiese weder staubig noch naß, die Temperatur niedrig, der Himmel bedeckt, die Luft rein". Und nach dem Spiel wurde der Spielverlauf folgendermaßen beschrieben: „Anfangs wurde 9 gegen 9 gespielt, da der Jenaer Mittelstürmer fehlte. Nach Ankunft des fehlenden Spielers wurde 10 gegen 10 gespielt. Da sich ein Jenaer Spieler verletzte, war dann Jena in der Unterzahl. In der ersten Halbzeit schoss Leipzig ein Tor. Der älteste Jenaer Spieler war 46 Jahre alt. In der zweiten Halbzeit durfte Jena einen Ersatzspieler einwechseln. In der ersten Halbzeit schiedste ein Leipziger, in der zweiten ein Jenaer. Es waren etwa 500 Zuschauer zugegen."

Das Wissen über das erste Fußballspiel ist der Arbeit des Historikers Dr. Hans-Georg Kremer zu verdanken, der mittlerweile über 1.500 sporthistorische Beiträge veröffentlicht hat. Gesammelt werden die fußballspezifischen Informationen über Jena in einem Internet-Lexikon des Supporters Clubs. Das FCC-Wikipedia umfasst über 4.600 Artikel und ist in dieser Form einzigartig in Thüringen.

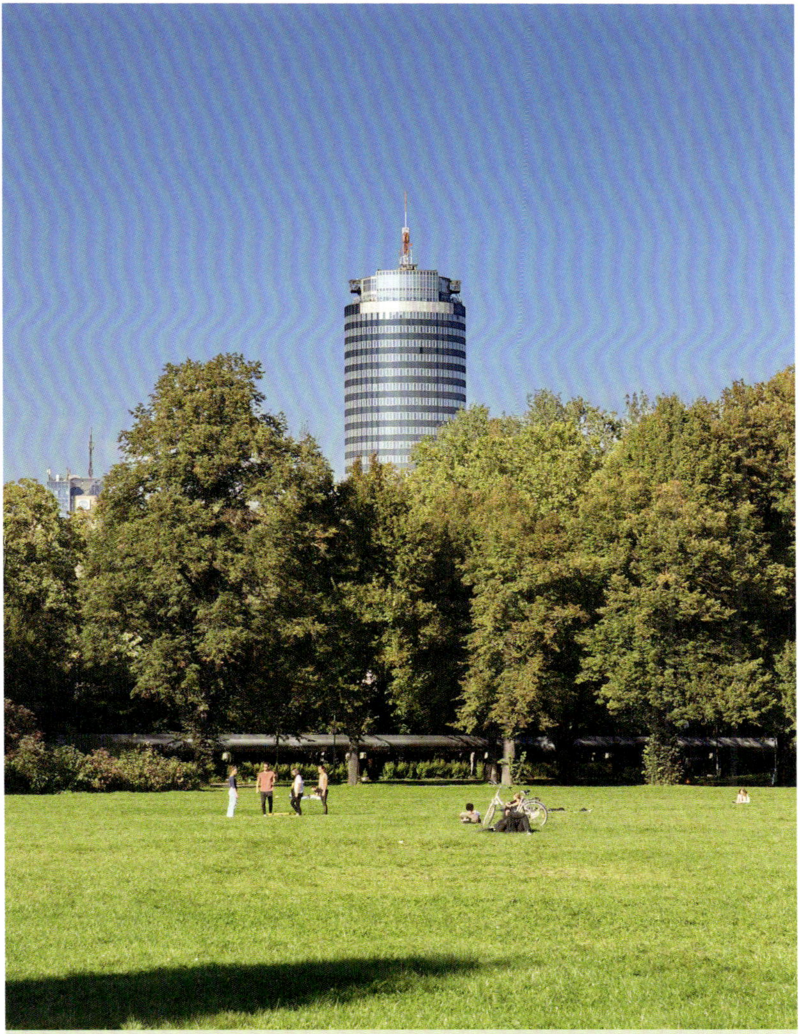

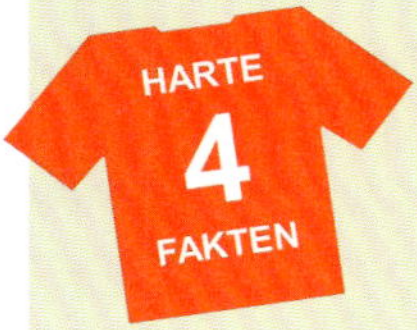

Arzt: 1

Lehrer: 5

Candidatus theologiae: 1

Studenten: 3

Rathaus

35 Jahre später

Es war eine Sternstunde des Jenaer Fußballs an diesem 13. Mai 1981. Nach Doppelpass zwischen Jürgen Raab mit Eberhard Vogel und dessen Eingabe von links sorgte Gerhard Hoppe in der 63. Minute per Direktschuss aus elf Metern für die 1:0-Führung des FC Carl Zeiss Jena im Finale des Europapokals der Pokalsieger.

Begonnen hatte alles mit dem historischen FDGB-Pokalfinale 1980, in dem der FC Rot-Weiß Erfurt im Berliner Stadion der Weltjugend zwar in Führung ging, aber seine Chancen nicht nutzte und sich so die favorisierten Zeiss-Kicker mit 3:1 nach Verlängerung durchsetzten. Damit startete Jena zu einer einmaligen Europatour, die schon in der 1. Runde dem Ernst-Abbe-Sportfeld ein historisches Spiel bescherte. Das Hinspiel im Römischen Olympiastadion gegen den AS Rom ging 0:3 verloren. Im Rückspiel führte Jena zur Halbzeit durch Tore von Andreas Krause und Lutz Lindemann 2:0. Nach dem Wechsel sorgte Andreas Bielau mit seinen beiden Treffern für einen unvergesslichen Europapokalabend. In der zweiten Runde gewann Jena gegen den spanischen Cupverteidiger FC Valencia. Danach sorgten die Paraden von Torwart Hans-Ulrich Grapenthin beim englischen Pokalsieger Newport County für den Einzug ins Halbfinale, in dem dann 18.000 Zuschauer einen 2:0-Sieg gegen Benfica Lissabon im Ernst-Abbe-Sportfeld sowie 80.000 Zuschauer eine 0:1-Niederlage im Estadio da Luz sahen.

Damit stand zum ersten Mal ein Thüringer Verein in einem Europapokal-Endspiel, das vor nur 9.000 Zuschauern stattfand. Ein Sonderzug hatte ausgewählte, linientreue Kader anstatt echter Fans ins Düsseldorfer Rheinstadion gebracht. Die Führung von Hoppe glich vier Minuten später Wladimir Guzajew aus. Drei Minuten vor Spielende gelang Witali Darasselija der letztendlich verdiente 2:1-Siegtreffer für die Georgier.

Nach der Finalniederlage sagte Zeiss-Chef Biermann das Bankett im Volkshaus ab. Kein Europapokal, kein Essen. Erst 35 Jahre später durften sich Mannschaft, Trainer und Betreuer im Rathaus ins Goldene Buch der Stadt eintragen.

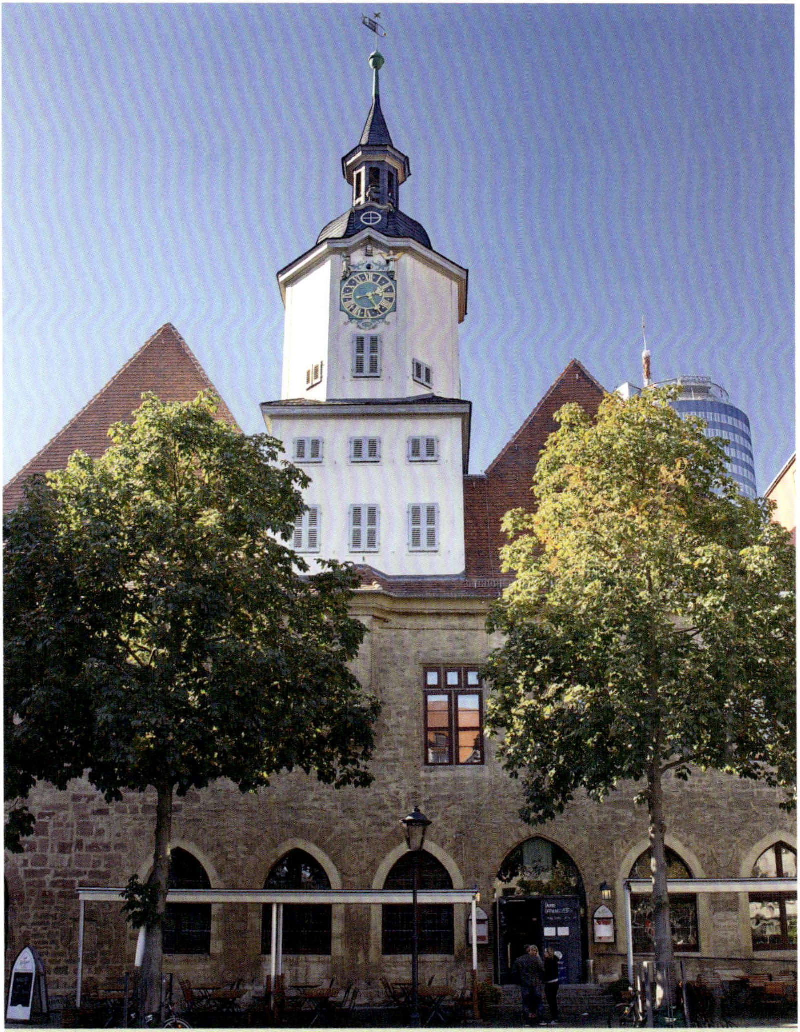

HARTE 4 FAKTEN

Torhüter: Grapenthin; **Trainer:** Hans Meyer
Abwehr: Schnuphase, Brauer, Kurbjuweit Schilling
Mittelfeld: Hoppe (Oevermann), Krause, Lindemann
Angriff: Bielau (Töpfer), Raab, Vogel

Universitätssportzentrum Oberaue

Robert Enke als Stürmer

Aus dem von Hans Knöll gegründeten bakteriologischen Labor des Glaswerkes Schott entstand 1950 der VEB Jenapharm. Im gleichen Jahr wurde die zugehörige BSG Chemie Jena gegründet. Gespielt wurde in der Jenaer Oberaue. Noch heute wird fälschlicherweise vom „Chemiesportplatz" gesprochen. Als sich Anfang der 1950er-Jahre die BSG Chemie von Schott abspaltete, wollte Chemie das attraktive Sportgelände für sich gewinnen. Die Uni überließ zwar das Hauptgebäude des Unisportzentrums dem VEB Jenapharm, doch es gelang, die Enteignung des Platzes abzuwenden. Die „Gemeinschaftssportanlage" wurde bis 1990 durch eine „Betreibergemeinschaft" von Uni, VEB Schott und Jenapharm bewirtschaftet.

Im Sommer 1950 kämpften die Fußballer um den DDR-Fußballpokal und unterlagen erst in der 2. Runde dem Oberligisten ZSG Industrie Leipzig. Im Ligabereich übernahm Chemie Jena den Landesklassenplatz von Schott. 1953/54 und 1966/67 spielte der Verein in der DDR-Liga. Von 1967 bis 1989 war Chemie Jena – bis auf den Ausrutscher 1975/76 – durchgehend in der Bezirksliga Gera (3. Liga) vertreten. 1982 erfolgte die Umbenennung in BSG Jenapharm. Dort spielte 1984 mit Robert Enke ein Ausnahmetalent als Stürmer, der ballsicher und strategisch versiert war. Nach einem Jahr wechselte Robert Enke zum FC Carl Zeiss Jena und durchlief dort als Torhüter alle Nachwuchsmannschaften.

1990 startete Jenapharm als SV in der Bezirksklasse, dort gelang sofort der Aufstieg in die Bezirksliga. 1995 konnte der Verein als Siebenter in die neugebildete Landesklasse Thüringen aufsteigen. Doch nach mehreren Ligareformen und dem Abstieg bis in die Kreisliga, spielte der Verein ab Sommer 2011 wieder in der Kreisoberliga. Im Sommer 2018 sollten die Kräfte mit SCHOTT gebündelt werden, doch der Verband lehnte dies ab. Der Verein verlor fast die gesamte erste Mannschaft und zog sich in die Kreisliga zurück, in welcher der Verein mit dem Großteil der Spieler aus der ehemaligen 2. Mannschaft 2019 und 2020 den Meistertitel gewann.

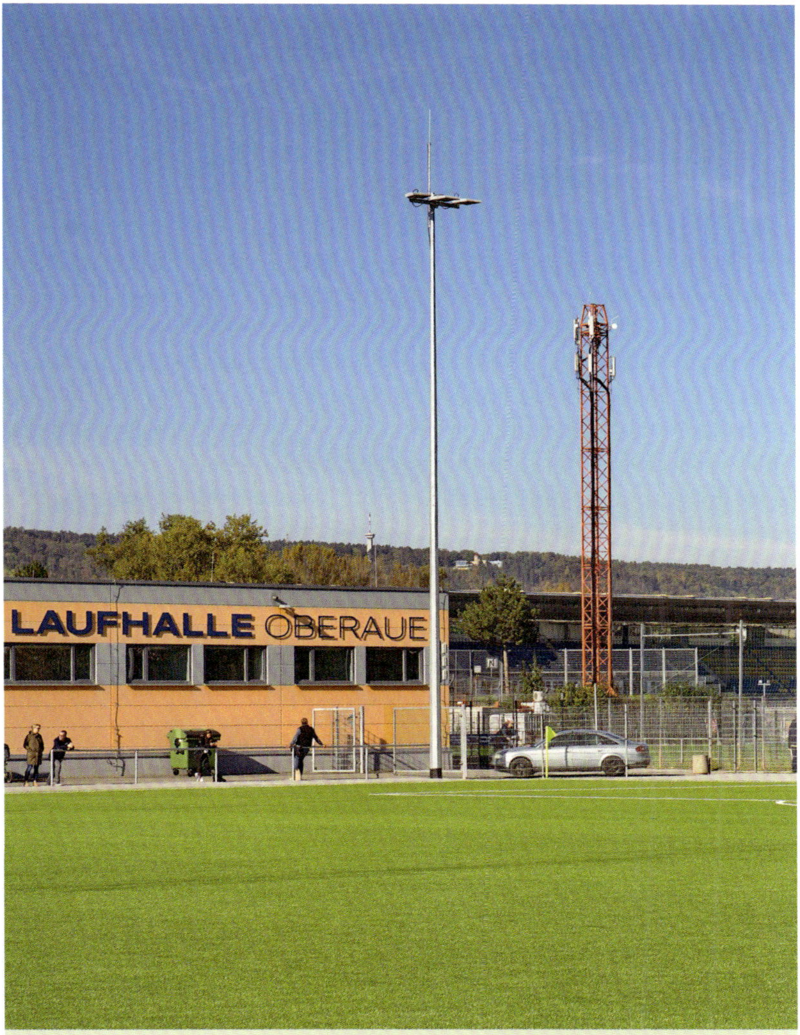

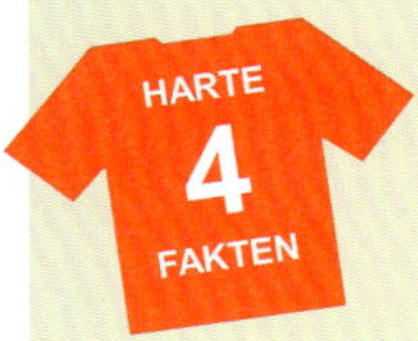

Zuschauerschnitt DDR-Liga 1966/67: 900

Bekannter Spieler: Günter Imhof

Bekanntes Ausnahmetalent: Robert Enke (1984)

Aktuelles Motto: „Wir schauen von Jahr zu Jahr"

Walter Jahn

Nicht mehr erwünscht

Ein bedrückendes Beispiel, wie die DDR mit Fußball-Helden umging, sobald sie oder das familiäre Umfeld durch kritische Meinungsäußerungen auffielen, ist das Schicksal von Walter Jahn. Weil er im Krieg mit 17 Jahren ein Bein verloren hatte, wurde er Fußballfunktionär und hat den SC Motor Jena, später FC Carl Zeiss Jena mit aufgebaut. Dreißig Jahre lang leitete er die Nachwuchsabteilung und holte zahlreiche spätere Nationalspieler ins Ernst-Abbe-Sportfeld. Für seine Verdienste erhielt Jahn die „Goldene Ehrennadel" des FC Carl Zeiss und 1980 wurde er zum Ehrenmitglied ernannt.

Auch dienstlich war Jahn erfolgreich und stieg beim VEB Carl Zeiss vom Technischen Zeichner zum Konstrukteur auf. Er war an der Entwicklung der Multispektralkamera MKF 6 – die damals wohl weltbeste Weltraumkamera – beteiligt, die Sigmund Jähn an Bord der Raumstation „Saljut 6" zum Einsatz brachte. Walter Jahn steckte Sigmund Jähn vor dem Start des ersten Deutschen ins All einen FCC-Wimpel zu, den der Kosmonaut heimlich mit ins All nahm.

Sein Sohn Roland schaffte es beim FCC bis zur DDR-Junioren-Oberliga. Weil er als Student der Wirtschaftswissenschaften die Ausbürgerung Wolf Biermanns 1976 kritisierte, wurde er exmatrikuliert. Als Bürgerrechtler in der Jenaer Friedensbewegung wurde er zum Staatsfeind erklärt und 1983 gewaltsam in den Westen abgeschoben. Aufgrund der „üblen Tätigkeit von Roland" galt Vater Walter im Club als nicht mehr erwünscht. Die soziale Ausgrenzung, der Rausschmiss aus seinem Verein und die Aberkennung der Ehrenmitgliedschaft trafen Jahn hart.

Nach der Friedlichen Revolution erhielt Jahn im Januar 1996 die Ehrentitel seines Vereins zurück und beschäftigte sich intensiv mit dem Einfluss des MfS auf seinen Club. Als die Aufarbeitung präsentiert und von Experten gewürdigt wurde, wollte Trainer-Legende Georg Buschner „von diesem Scheiß" nichts wissen. Walter Jahn starb 2005. Sein Sohn Roland war bis Juni 2021 Bundesbeauftragter für die Stasi-Unterlagen.

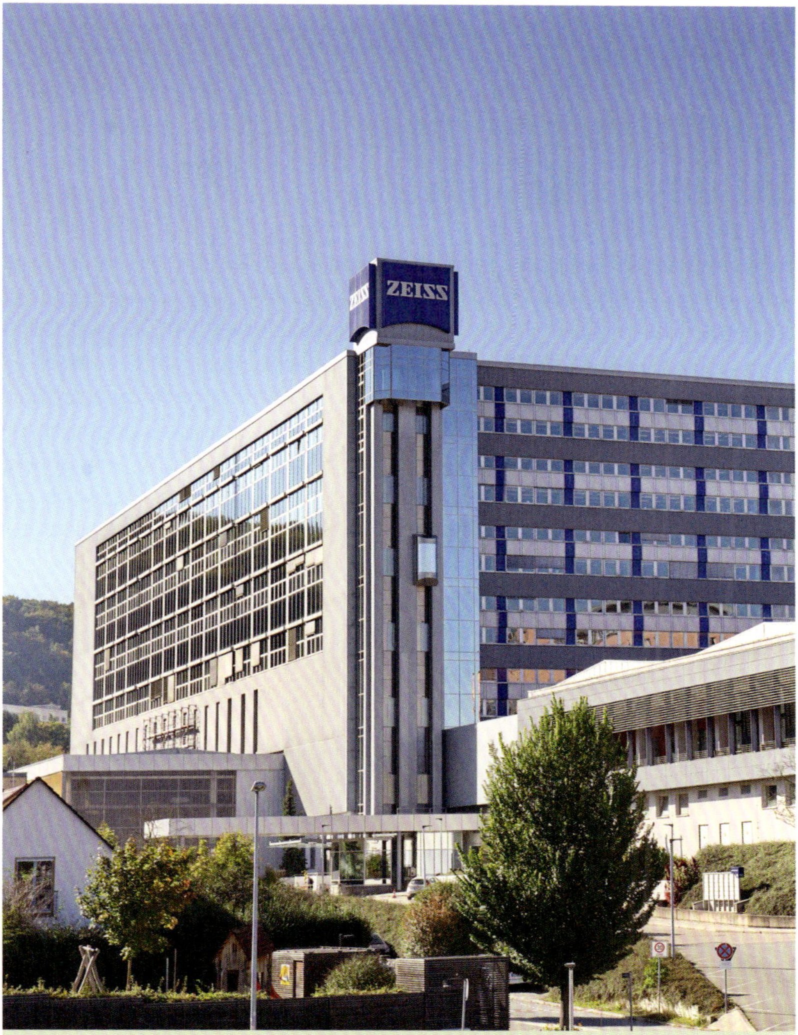

HARTE 4 FAKTEN

MfS: 111 km Stasi-Akten in den Archiven des BStU
Erfurt: 258.844 Anträge auf Akteneinsicht
Gera: 145.526 Anträge (1992 – Juni 2020)
Suhl: 140.896 Anträge (1992 – Juni 2020)

Sportplatz am Dohlenstein

Die BSG ist wieder da!

Eigentlich ist der Dohlenstein ein nüchterner Kalkfelsen, der mit seiner markanten Form das Stadtbild von Kahla prägt. Doch wer den Aussichtspunkt erwandern und den Blick auf Stadt und Saaletal genießen will, lebt gefährlich. Ein Gutachten warnt, dass in den nächsten Jahren Gestein abfallen wird.

Eine Möglichkeit das wunderbare Landschaftspanorama aus sicherer Entfernung zu bestaunen, bieten die Holzbänke oder Steinstufen des Sportplatzes am Dohlenstein. Die Anlage wurde am 1. Mai 1955 eröffnet, Ränge und Aschenbahn wurden 21 Jahre später angelegt. Genutzt wird der Sportplatz von der BSG Chemie Kahla, die seit Oktober 1950 das sportliche Leben der Stadt prägte. Den Fußballern gelang in der Saison 1953/54 der Aufstieg in die DDR-Liga. Die zweithöchste Spielklasse der DDR mussten die BSG-Kicker nach nur einer Saison als Tabellenletzter wieder verlassen. In der Folgezeit spielte Kahla im regionalen Bereich des Bezirkes Gera.

Nach der Wende wurde die BSG am 10. August 1990 in den neugegründeten SV Kahla 1910 überführt. Dieser war ursprünglich am 29. April 1910 als reiner Fußballverein gegründet worden. Mit der Rückkehr zum alten Namen begann die erfolgreichste Zeit im Kahlaer Fußball. Den ersten Thüringenpokal 1991 gewann Kahla nach einem 5:3 n.E. im Finale gegen den FV Zeulenroda. Im Jahr darauf folgte der Aufstieg in die Thüringenliga.

Nach zwei Vizemeisterschaften gewannen die Kicker der Porzellanstadt 1996 die Meisterschaft und stiegen in die Oberliga auf. Wichtige Säule des Erfolgs war Ingo Walther, dem später mit dem Wechsel zu Greuther Fürth der Sprung in die 2. Fußball-Bundesliga gelang. Aus der Oberliga musste der SV Kahla nach zwei Spielzeiten gemeinsam mit dem Halleschen FC wieder absteigen.

In der Zwischenzeit spielen die Kahlaer Fußballer unterhalb der Leuchtenburg wieder unter dem Namen BSG Chemie in der Landesklasse. Am 27. März 2017 wurde der Verein neu gegründet und präsentiert nun als Ball-Spiel-Gemeinschaft die Stadt Kahla auf der Thüringer Fußball-Landkarte.

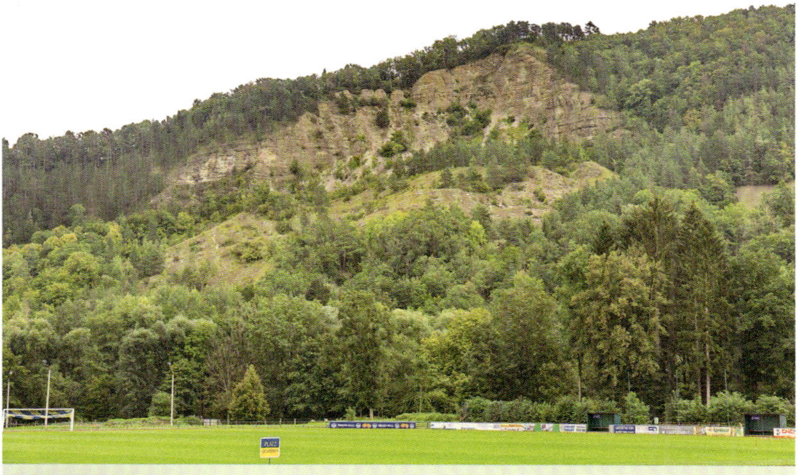

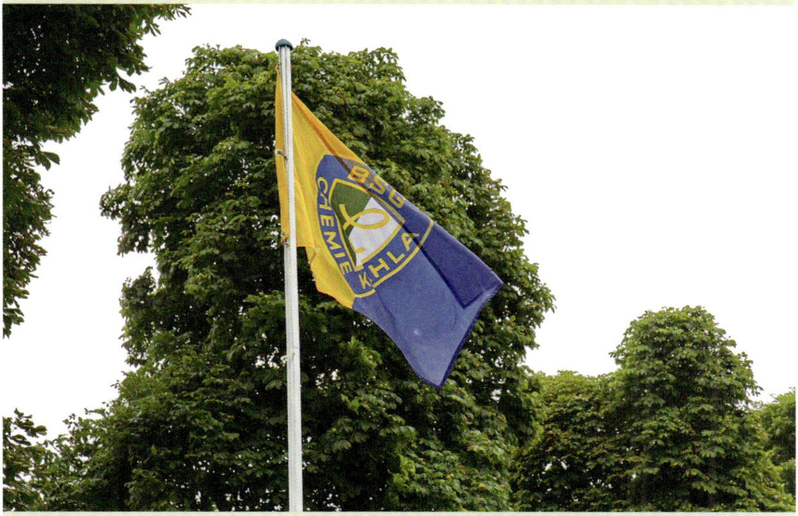

HARTE 4 FAKTEN

Gründungslokal des SV: Gasthaus Zum Goldnen Stern

Fassungsvermögen: 3.000 Zuschauer

Ausflugsziel: Leuchtenburg

Industrie: KAHLA Porzellan, DeBeukelaer

Adolf Jacobsthal

Nie wieder!

Sie sind wohl eins der größten dezentralen Mahnmale: die Stolpersteine. Sie erinnern auf kleinen Messingplatten an die Opfer der Gräueltaten der Nationalsozialisten. Auch in Thüringen gibt es die Gedenksteine in mehreren Städten. So erinnert in der Kahlaer Roßstraße 28 ein Stolperstein an das Schicksal von Adolf Jacobsthal und seiner Familie. Das Ehepaar kam 1903 nach Kahla und betrieb einen Volksbasar, in dem Haushaltswaren angeboten wurden.

Bis 1933 waren die Jacobsthals in das wirtschaftliche, soziale und kulturelle Leben der Stadt integriert. Auf der Jahreshauptversammlung des SV Kahla 1910 am 4. Juni 1926 wurde Adolf Jacobsthal zum Alterspräsidenten dieser Versammlung gewählt. Damit hatte er die Aufgabe, die Wahlvorgänge zu leiten. Er selbst wurde mit den meisten Stimmen als einer der beiden Beisitzer gewählt. Gelegentlich spielte er in der Altherrenmannschaft Fußball.

Zum 1. April 1933 wurde im gesamten Reichsgebiet zu einem ersten Boykott jüdischer Geschäfte, aufgerufen. Daraufhin stellte die SA an diesem Tage zwei ihrer Leute zur Abschreckung vor dem Geschäft von Jacobsthal auf. Mit Wirksamwerden des Gesetzes zur Zwangsarisierung ab 1939 durfte die Familie ihr Geschäft nicht mehr betreiben.

Die 1942 auf der Wannsee-Konferenz beschlossene „Endlösung der Judenfrage" traf die Familie Jacobsthal. Am 3. Mai 1942 starb Clothilde Jacobsthal vermeintlich an einem Herzschlag. Viel wahrscheinlicher stand dieser Tod im Zusammenhang mit der Nachricht über die geplante Deportation. Am 10. Mai fuhr der Transport mit Adolf Jacobsthal nach Lublin. Von dort ging es zu Fuß in das Ghetto von Bełżyce. Der Alltag im Ghetto war von katastrophalen hygienischen Verhältnissen, Krankheiten und Hunger geprägt. Allein diese Zustände sorgten dafür, dass viele seiner Bewohner elendig zugrunde gingen. Darüber hinaus gab es gezielte Massenmorde an Ort und Stelle oder Abtransporte in Konzentrationslager. An welcher Stelle dieses Leidensweges Adolf Jacobsthal zu Tode kam, ist unbekannt.

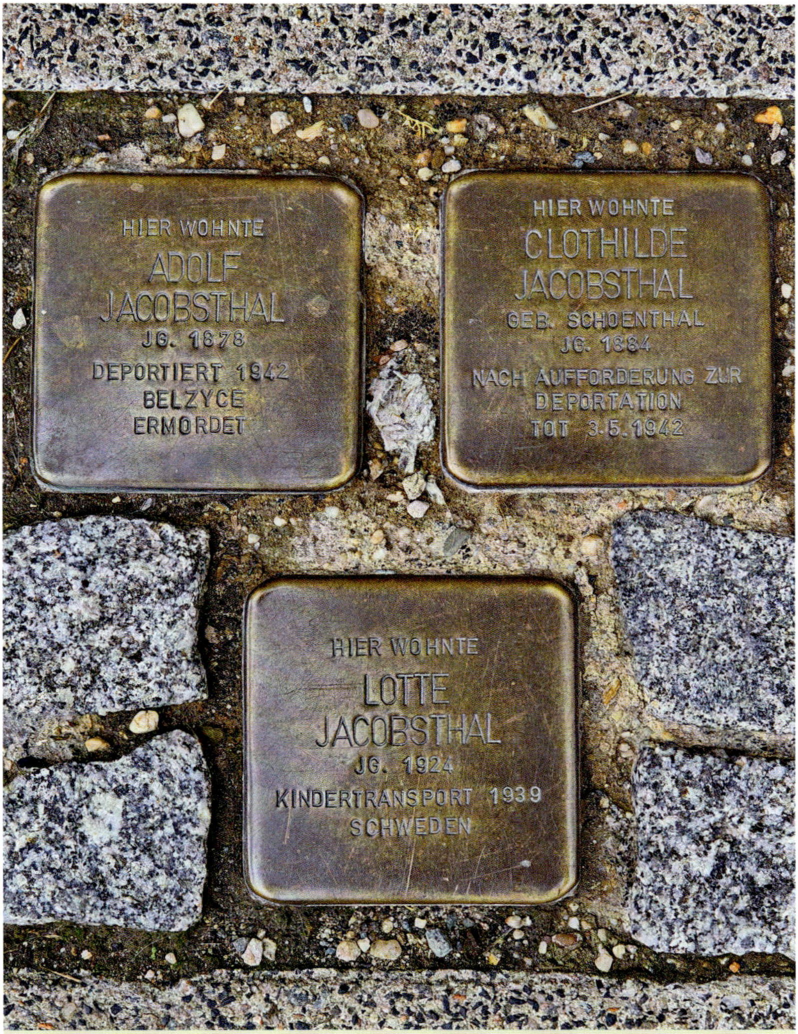

HARTE 4 FAKTEN

Geboren: am 7. Januar 1878

Deportiert: am 10. Mai 1942 nach Bełżyce

Stolperstein verlegt: am 17. September 2016

Adresse: Roßstraße 28, Kahla

Friedrich-Ludwig-Jahn-Stadion

Mit dem Funkwerk erfolgreich durch die Wende

Seit dem 1. Mai 1967 ist der Sportplatz am Langen Weg die Heimat der kickenden Funkwerker, nachdem zunächst am alten Sportplatz an der Angerstraße gespielt wurde. Fünf Jahre später erhielt der Sportplatz den Namen „Friedrich-Ludwig-Jahn-Sportstätte". Der Namensgeber, besser bekannt als Turnvater Jahn, wurde 1828 nach Kölleda ausgewiesen, wo er bis 1836 am Roßplatz 21 lebte.

Doch der Kölledaer Fußball ist vor allem eng mit dem „VEB Funkwerk Kölleda RFT" verbunden, der nach der Gründung Trägerbetrieb der SG Kölleda, der BSG Mechanik, der BSG Motor (1952) und später der BSG Einheit (1959) war. Erst 1983 wurde der VEB auch Namensträger der BSG Funkwerk Kölleda. Zu dieser Zeit wurden Zugfunkausrüstungen für die Deutsche Reichsbahn auch im erheblichen Ausmaß für den Export hergestellt. So entwickelte sich das Funkwerk in den 80er-Jahren mit ca. 1.770 Beschäftigten zu einem wichtigen Wirtschaftsbetrieb der DDR.

Ähnlich positiv verlief auch die Entwicklung des Fußballs. Nachdem die BSG Einheit lange Zeit zwischen Bezirksliga und -klasse wechselte, war nach dem dritten Aufstieg 1978 die BSG Einheit bzw. Funkwerk fester Bestandteil der Bezirksliga. Die Vizemeisterschaft 1989 war Ausdruck der neuen Stärke der Kicker, die vom 13. September 1987 bis zum 8. Dezember 1989 im Jahnstadion ungeschlagen blieben.

Diese Tendenz erhielt durch die Wende zunächst keinen Dämpfer. Der SV Funkwerk Kölleda qualifizierte sich für die neu gegründete Thüringenliga und wurde 1991 Vizemeister. Im Jahr darauf feierten die Funkwerker mit dem Meistertitel den größten Erfolg der Vereinsgeschichte und stiegen in die drittklassige NOFV-Oberliga auf.

Schon nach einer Saison musste der SV als Tabellenletzter die Liga wieder verlassen und es folgte spätestens mit dem Rückzug des Hauptsponsors Hörmann Funkwerk Kölleda GmbH 1998 und dem Verbandsliga-Abstieg im Sommer 1999 ein Niedergang, der 2005 mit der Insolvenz sowie Neugründung als FSV 06 Kölleda und dem Neustart in der 1. Kreisklasse 2006/07 endete.

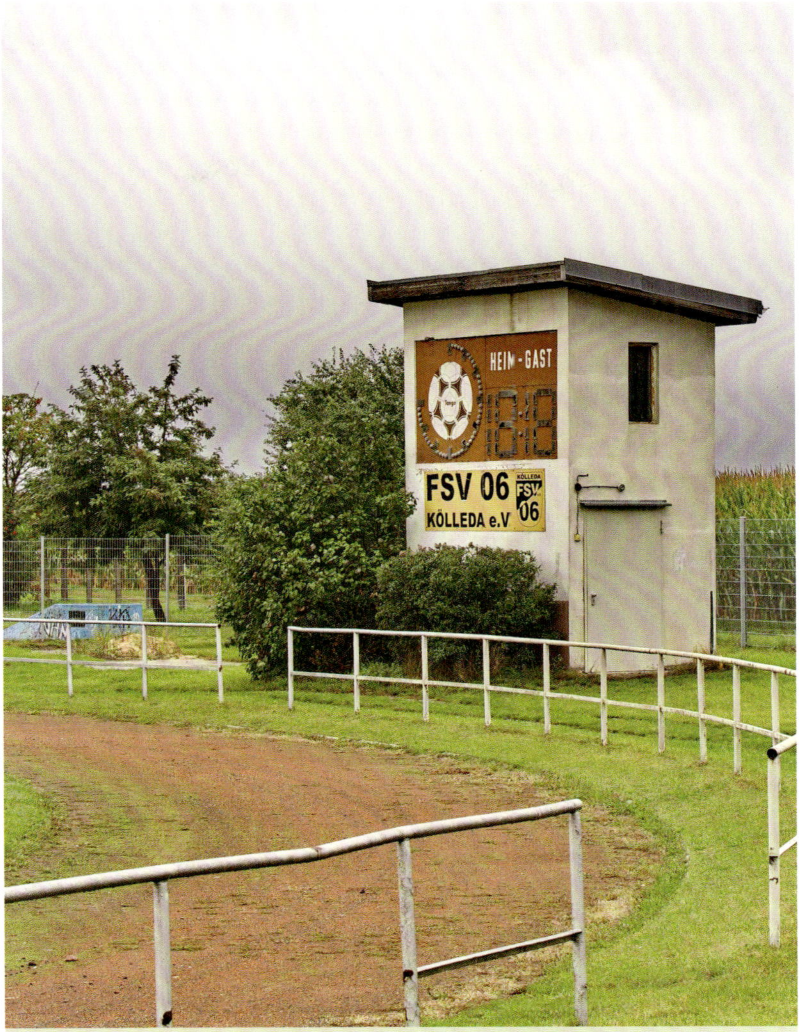

HARTE 4 FAKTEN

1987: Gewinn des FDGB-Bezirkspokals
1988: Torjägerkrone für Lutz Brauner (15 Treffer)
1992: Meisterschaft in der Thüringenliga
2017: Meisterschaft in der Kreisoberliga Erfurt-Sömmerda

SG Lauscha/Neuhaus

Erfolge und Eskalation im Pokal

Historisches leisteten die Fußballer der SG Lauscha 1950 im Pokal. Schon im Jahr zuvor hatten die Fußballer aus der Glasbläserstadt den Thüringenpokal nach einem 8:2-Sieg gegen Hanewacker Nordhausen gewonnen. Der gleiche Erfolg gelang nach einem 9:1-Sieg bei der SG Schmerbach auch 1950. Zusätzlich sorgte die SG im erst- und einmalig ausgetragenen DS-Pokal, dem mittelbaren Vorgänger des FDGB-Pokals, für überregionale Aufmerksamkeit und gewann am 2. September 1950 das Finale in Erfurt vor 5.000 Zuschauern gegen die SG Vorwärts Wismar knapp mit 1:0. Den einzigen Treffer erzielte der Lauschaer Mittelstürmer Werner Hähnlein. Es hätte ein perfektes Jahr werden können, wenn nicht am 18. April 1950 das Endspiel um die Thüringer Meisterschaft gegen die BSG KWU Weimar vor 18.000 Zuschauern in Erfurt mit 0:1 verloren gegangen wäre.

In den 50er-Jahren wurde die BSG Chemie zu einer festen Größe zunächst in der DS-Liga und später in der drittklassigen II. Liga. 1959 gewann Chemie die Meisterschaft, aber in den Aufstiegsspielen zur I. Liga landete Chemie nur auf dem letzten Platz. Die überregionale Erfolgsgeschichte endete als Chemie vorrangig Spieler zum Lokalrivalen BSG Motor Steinach delegieren sollte. Zur Eskalation kam es im FDGB-Pokal 1962/63. Während der Liga-Aufsteiger aus Steinach bereits in der 1. Runde ausschied, schafften es die Chemiker mit drei 2:1-Siegen gegen Zwickau, Meerane und Weißenfels bis ins Achtelfinale.

Dort wartete am 30. Dezember 1962 die BSG Lok Stendal. Doch in der Zwischenzeit hatte sich Steinach zum Aufstiegsfavoriten für die Oberliga entwickelt. Gleichzeitig sollte zum Saisonende die II. Liga aufgelöst werden und damit Chemie zukünftig nur noch auf Bezirksebene spielen. So zog es Stammspieler Horst Schellhammer und den oberligaerfahrenen Herbert Fölsche nach Steinach. Daher trat die Mannschaft im Achtelfinale des FDGB-Pokals in Stendal nicht an. Offiziell konnte Lauscha „keine vollzählige Mannschaft zusammen bekommen“.

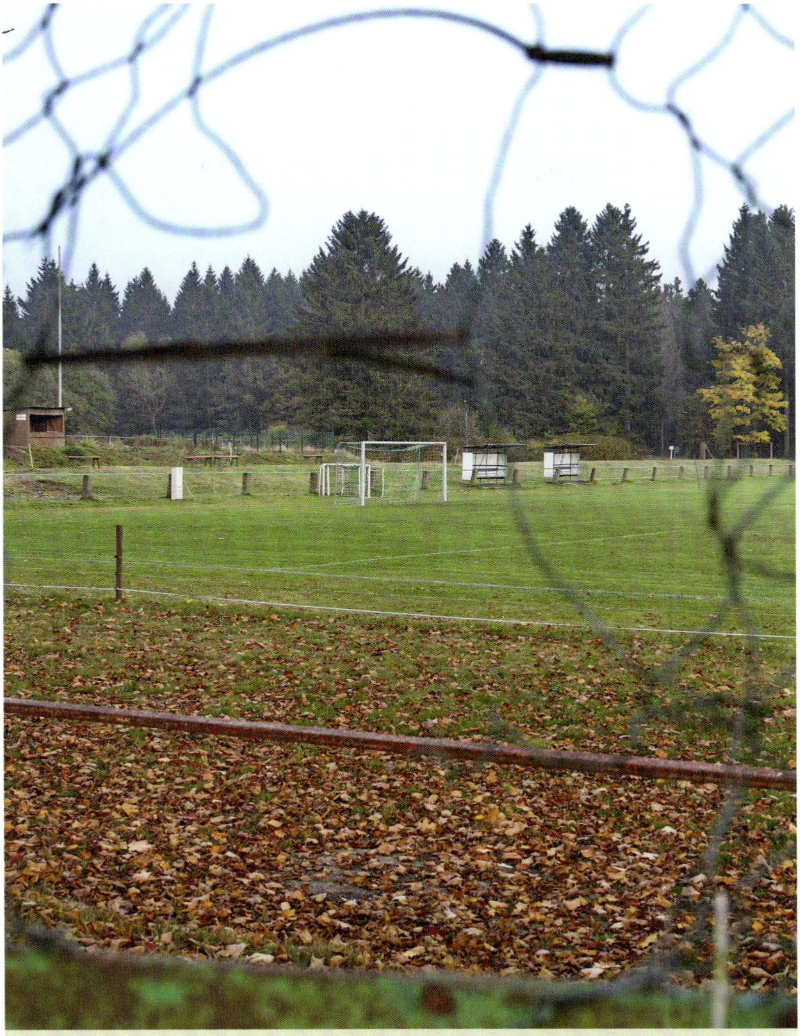

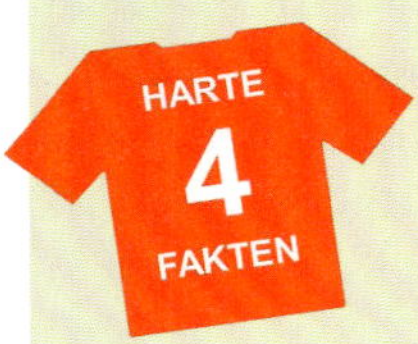

Gründung: 1907

Vereinsfarben: Grün & Weiß

Bekannter Trainer: Oskar Büchner

Bekanntes Mitglied: Skisprungtrainer Reinhard Heß (1945–2007)

Martinroda 049

Sportpark Martinroda

Sandhasen-Fußball im Sportpark

So gar nichts erinnert auf der Internetseite des FSV Martinroda an die „gute alte“ Zeit. Frische Farben, ein neues Logo sowie ein Shop machen deutlich, dass die Macher im 900-Seelen-Dorf mehr Wert auf die Gegenwart als auf Zahlenmaterial aus der Vergangenheit legen.

Tatsächlich bietet die Geschichte vor 1989 wenig Außergewöhnliches. Eine Anzeigenblatt-Veröffentlichung aus dem Jahr 1928 erwähnt das Fußballspiel eines S.V. Martinroda. In der DDR spielte die BSG Traktor Martinroda unterklassig in der Kreisklasse. Eigentlich endet damit die Geschichte des SV bzw. der BSG-Martinroda, denn der Dorf-Fußball überstand die Wende nicht.

Erst im Jahr 1997 wurde mit der Neugründung des FSV die Grundlage für die eindrucksvolle sportliche Entwicklung gelegt. Der Start erfolgte 1997/98 in der 2. Kreisklasse u. a. mit den heutigen Vorstandsmitgliedern Normen Fabig und Jan Fabig. Insgesamt sechs Leistungsträger waren aus Geraberg nach Martinroda gewechselt und bildeten das Gerüst der Mannschaft. Innerhalb von acht Jahren arbeitete sich der FSV in die Landesklasse (2005/06).

Im Sommer 2011 gelang 14 Jahre nach der Neugründung der Aufstieg in die 1. Liga des Thüringer Fußballs. Der Start in der Verbandsliga erfolgte mit einem neuen Logo. Auffällig ist dabei der Sandhase, der an den früheren Quarzsandabbau in der Region erinnert, welcher in der Glas- und Porzellanfabrikation benötigt wird.

Im Sandhasen-Verein wird viel Wert auf die familiäre Atmosphäre und die Nachwuchsarbeit gelegt. Dennoch ist der Sprung in die 1. Mannschaft nicht leicht. Daher wird in Martinroda auch auf die Verbindungen zu den Nachwuchsmannschaften in Erfurt gesetzt. Diese Kombination scheint erfolgversprechend: Nach erneut acht Jahren in der Thüringenliga (2011/12) gelang im Sommer 2019 mit der Landesmeisterschaft und dem Sprung in die NOFV-Oberliga der größte Erfolg der jungen Vereinsgeschichte. Auch die Premierensaison 2019/20 war mit dem Klassenerhalt und dem Einzug ins TFV-Pokalfinale nicht weniger erfolgreich.

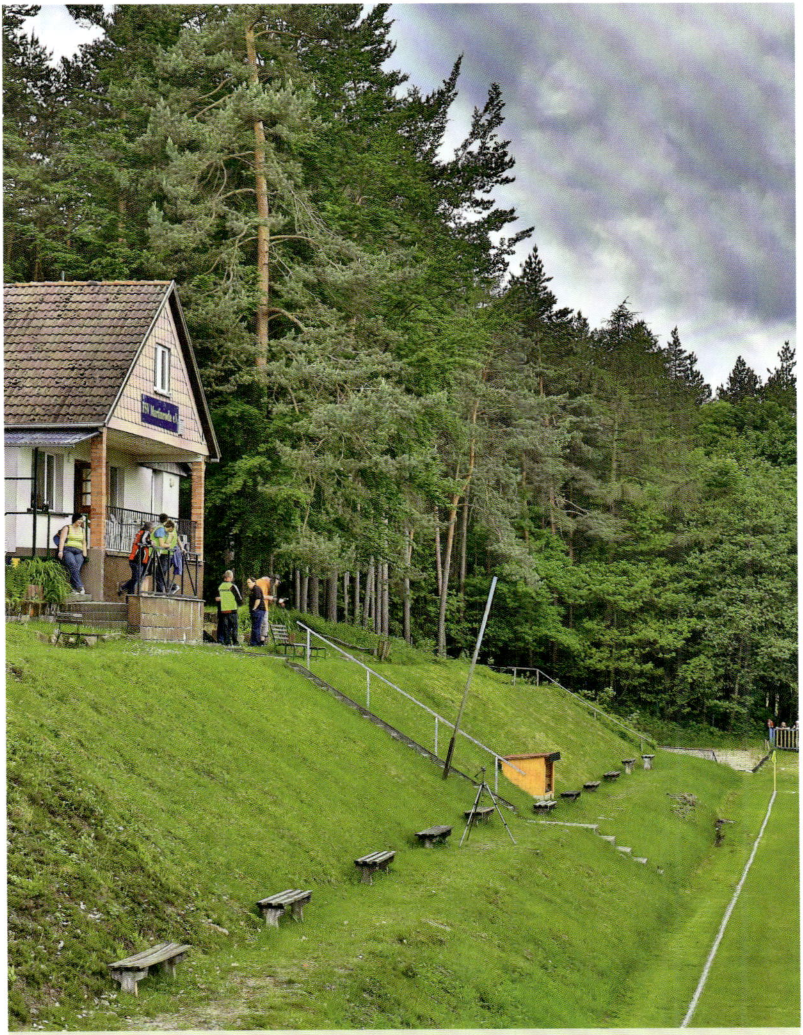

HARTE 4 FAKTEN

Fassungsvermögen: 1.500 Zuschauer
Rekord: 1.100 (2017 im Pokal gegen FCRWE)
Vereinsfarben: Blau & Gelb
Bekannter Spieler: Justus Six

Meininger Kasernen

Die Umsiedlung des dreimaligen Liga-Vizemeisters

Es war keine Seltenheit, dass Fußballvereine in der DDR umgesiedelt wurden. Die bekanntesten Beispiele dürften der SV Vorwärts KVP Leipzig, der im April1953 komplett nach Berlin und im Juli 1971 als FC Vorwärts Berlin nach Frankfurt (Oder) delegiert wurde, sowie die 1954 in einer Nacht- und Nebelaktion nach Rostock umgesiedelte BSG Empor Lauter sein.

Auch in Thüringen verschwand im Sommer 1974 der damalige erfolgreiche DDR-Ligist Armeesportgemeinschaft Vorwärts Meiningen von der Landkarte. Das in der Theaterstadt stationierte Regiment der Grenztruppen trat im Februar 1962 die Nachfolge der SG Dynamo Meiningen an, die in der Saison 1961/62 in der Bezirksklasse spielte. Was folgte, war ein kontinuierlicher sportlicher Aufstieg und eine Fußballeuphorie in der Region. Nach der Meisterschaft in der Bezirksklasse gelang zwei Jahre später der Spitzenplatz in der Bezirksliga Staffel 1 und der Gewinn der Bezirksmeisterschaft Suhl. Das Lokalderby gegen die BSG Motor Suhl (2:2) fand vor 6.000 Zuschauern statt.

In der ersten von neun Zweitligasaisons gibt es mit 12.000 Besuchern beim Heimspiel gegen Motor Steinach (2:2) einen historischen Zuschauerrekord, der sowohl in der Folgesaison 66/67 beim Heimspiel gegen den FC Rot-Weiß Erfurt (1:1) als auch beim Test gegen Helsingborgs IF (3:1) 67/68 noch einmal erreicht wurde. Insgesamt dreimal landete die ASG auf dem 2. Platz der DDR-Liga (68/69 hinter Dynamo Dresden; 70/71 hinter FC Karl-Marx-Stadt; 1971/72 hinter FC Rot-Weiß Erfurt). Abstiegssorgen kannte die ASG nicht, in der letzten Saison 1973/74 erreichte die von Lothar Pacholski trainierte Mannschaft den 8. Platz.

Mit der Saison 1974/75 startete die Mannschaft als ASG Vorwärts in Plauen, wo sie aufgrund der Umsiedlung und mit dem Träger Offiziershochschule der Grenztruppen für wenig Begeisterung sorgte. Nach acht Spielzeiten in der DDR-Liga folgte mit dem Abstieg in die Bezirksklasse die Bedeutungslosigkeit. 1989 wurde Vorwärts Plauen vom Spielbetrieb zurückgezogen und aufgelöst.

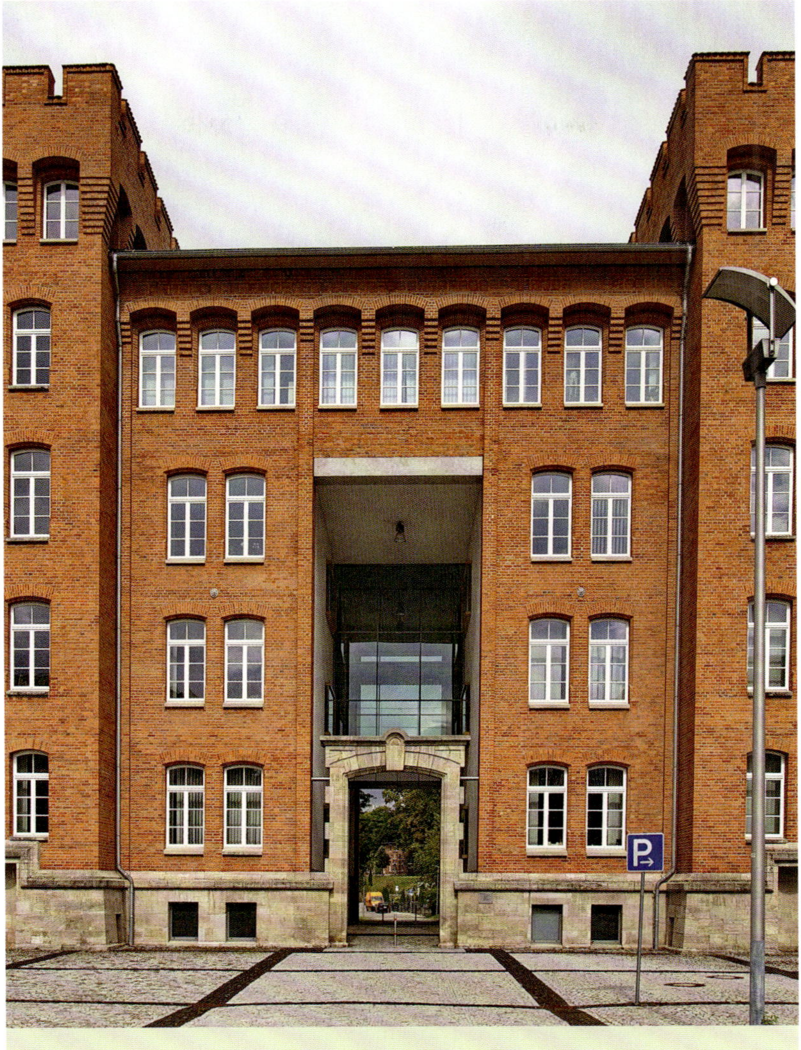

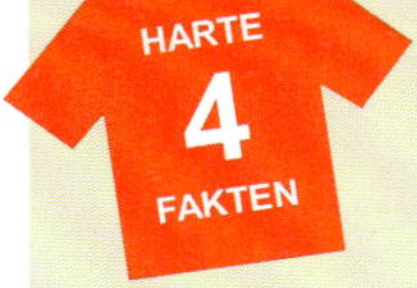

Vereinsfarben: Gelb-Rot

Aufstieg Bezirksliga Suhl: 1963

Aufstieg DDR-Liga: 1965

2. Platz DDR-Liga: 1968/69; 1970/71; 1971/72

Schild Meiningen

Die fast vergessenen Kicker

1933 schied der Jude Adolf Stern aus dem Vorstand des VfL Meiningen 1904 aus. Wohl nicht freiwillig. Kurz nach der Machtübernahme durch die Nazis wurden auch die Sportvereine „gesäubert“. Doch Adolf Stern ließ sich die Leidenschaft für den Sport, für den Fußball, nicht verbieten. Er gründete im Januar 1934 den jüdischen Sportverein Schild Meiningen und forcierte die Eröffnung eines eigenen Sportplatzes. So kam es am 24. Juni 1934 zu einem besonderen Fußballspiel. 300 Zuschauer pilgerten zum Sportplatz, der laut jüdischer Verbandszeitung „herrlich im Werratal zu Füßen des Landsbergs“ gelegen war und sahen nach Gymnastikvorführungen und Staffelläufen das Freundschaftsspiel von Schild Meiningen und Schild Eisenach/Barchfeld, welches die Gastgeber mit 4:1 gewannen.

In Thüringen gab es jüdische Fußballvereine nicht nur in Meiningen, sondern außerdem auch in Eisenach, Schmalkalden, Jena und Gera. In Meiningen war die jüdische Gemeinde eher klein, hatte ca. 200 Mitglieder. Das Vereinsleben wurde häufig getrübt. Immer wieder wurde der Sportplatz von Nazis verwüstet, immer wieder richteten ihn die Schild-Sportler wieder her.

Zeitweilig gehörten zu Schild Meiningen vier Fußballmannschaften: drei Herren- und ein Jugendteam. 1935 wurden die Meininger Meister des Bezirks Mitteldeutschland im Sportbund Schild. 1938 ist der 3:2-Sieg zwischen Schild Meiningen gegen Schild Eisenach das letzte Lebenszeichen. Danach wurde der Verein von den Nazis aufgelöst, Juden war die sportliche Betätigung verboten. Adolf Stern konnte rechtzeitig in die USA auswandern.

Der Sportplatz wurde Eigentum der Stadt, die ihn 1977 der Deutschen Reichsbahn und somit der BSG Lok Meiningen zur Verfügung stellte. Nach der Wende wurde die Stadt wieder Besitzer des Sportplatz Landsberger Straße und vom VfL Meiningen 04 genutzt, also genau jenem Verein, der Adolf Stern ausschloss.

Die Geschichte der jüdischen Fußballer haben Annegret Schüle und Susanne Zielinski vom Erinnerungsort Topf & Söhne untersucht.

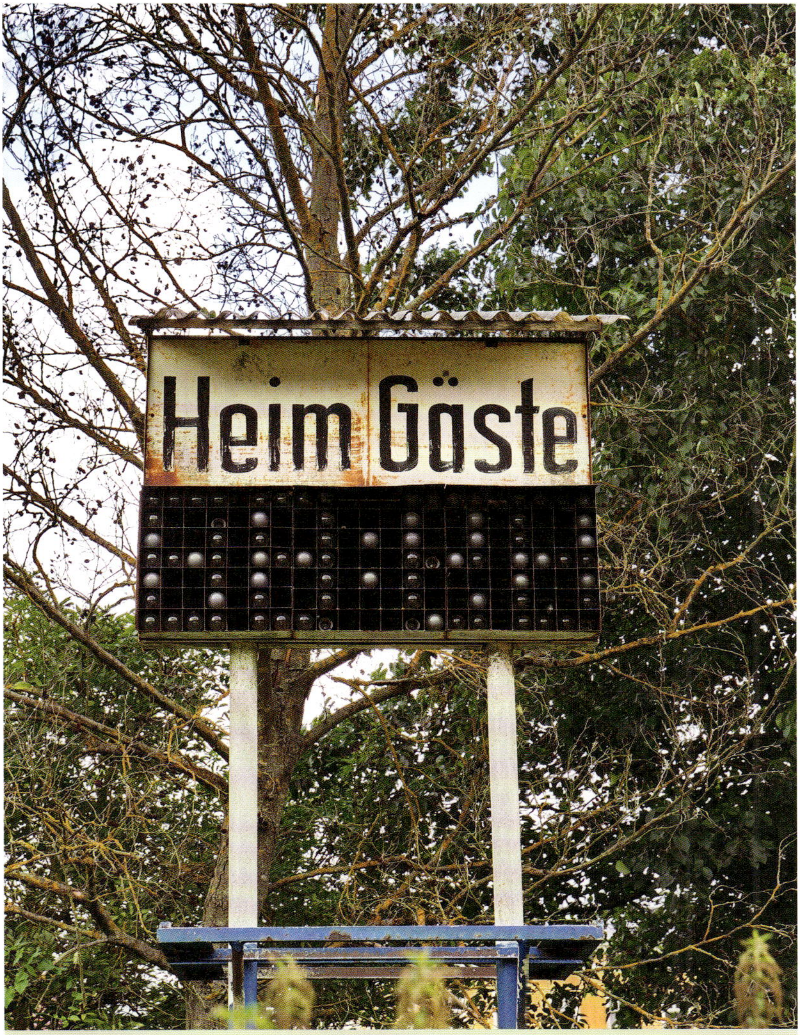

HARTE 4 FAKTEN

GPS-Koordinaten: 50°34'34.6"N 10°24'50.9"E

Name vor 1990: Sportplatz der Eisenbahner

Name nach 1990: Sportplatz Landsberger Straße

Letztes Punktspiel: 2006

Meiningen 052

Stadion Maßfelder Weg

Die Helden im Rudi-Arnstadt-Stadion

Das heutige Stadion Maßfelder Weg wurde in den 1920er-Jahren angelegt. Genutzt wurde das Stadion neben dem VfL 04 auch von der SpVgg Gelb-Rot Meiningen. Diese wurde 1925 für die in Meiningen dienenden Soldaten ins Leben gerufen. 1929 und 1933 qualifizierte sich Gelb-Rot für die Mitteldeutsche Meisterschaft. Elf Jahre nach der Gründung verschwand der Verein aus den Tabellen. Herausragender Spieler in der letzten Saison 1935/36 war Torhüter Ernst Tzschach, der später von Reichstrainer Sepp Herberger mehrfach zu Lehrgängen der Nationalmannschaft eingeladen wurde.

Ende der 1950er-Jahre erhielt der Hauptplatz Traversen mit Sitzplätzen. Nachdem 1962 mit Vorwärts Meiningen erneut eine Armeesportgemeinschaft in der Garnisonstadt spielte, erhielt das Stadion den Namen von Rudi Arnstadt. Die Kompanie von Hauptmann Arnstadt war in Wiesenfeld stationiert. Am 14. August 1962 wollten die Soldaten einen neuen Grenzzaun errichten und es kam zum heftigsten Schusswechsel, den es je zwischen Ost und West gegeben hat. Arnstadt starb durch einen Kopfschuss des Grenzoberjägers Hans Plüschke, der 35 Jahre später acht Kilometer vom damaligen Tatort entfernt erschossen wird. Der Mord ist bis heute nicht aufgeklärt.

Einer der erfolgreichsten Spieler im Rudi-Arnstadt-Stadion war Stürmer Günter Kluge. Er wechselte 1964 von Görlitz zu Vorwärts und bestritt in sieben Spielzeiten als Stammspieler 196 von 202 Ligaspielen, in denen er 134 Tore erzielte. Vier Mal gewann Kluge die Torjägerkrone der DDR-Liga. Im Sommer 1972 kehrte er nach Görlitz zurück.

Unvergessen bleibt auch der in Meiningen geborene Lutz Otto, der bei Lok begann und über Kali Werra Tiefenort im Mai 1974 als Wehrpflichtiger zu Vorwärts kam. Im Mai 1975 wechselte Otto aus Plauen zum Oberligisten FC Vorwärts Frankfurt. Bis 1984 traf der Angreifer, der wegen seines Übersteiger-Tricks berühmt und gefürchtet war, in 164 Oberliga-Partien 23-mal ins Netz, kam insgesamt auf 233 Pflichtspiele und 39 Treffer.

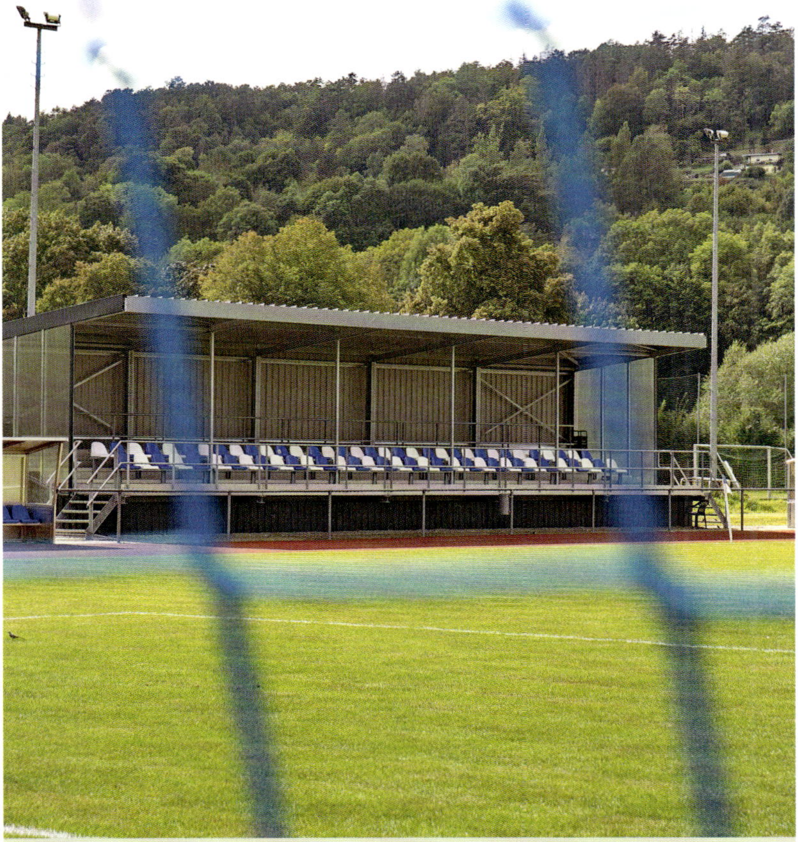

HARTE 4 FAKTEN

Ernst Tzschach: 17. 12. 1911 – 14. 10. 1971
Rudi Arnstadt: 3. 9. 1926 – 14. 8. 1962
Günter Kluge: geb. am 28. 10. 1938
Lutz Otto: 5. 9. 1954 – 14. 6. 2010

Waldstadion Merkers

Punkrock statt Oberligafußball

Auch wenn die 1.400 Einwohner zählende Gemeinde Merkers kein Aushängeschild des Fußballs im Freistaat Thüringen ist, lohnt sich ein Besuch des Salzbergwerks, aber auch des Waldstadions Merkers. Für den Fall, dass die Fußballer aus Tiefenort den Sprung in die Oberliga geschafft hätten, wären in Merkers die Waldhänge vom VEB zu respektablen Tribünen fertig gebaut worden. Die Treppenaufgänge und ein riesiger Sprecherturm waren schon vorbereitet und sind noch heute vorhanden.

Wer nun glaubt, es handelte sich um einen Lost Ground, der irrt. Im Waldstadion spielt die Ü35 des Handballvereins Merkers, der am 1. Januar 1990 als Nachfolgeverein der Sektion Handball der damaligen BSG Kali Werra Tiefenort gegründet wurde. Aus einem Einspartenverein entwickelte sich eine Gemeinschaft mit mehreren Abteilungen, zu der auch eine Ü35-Fußballmannschaft zählt. Gespielt wird in der Altherrenliga auf Kleinfeld mit 7 Spielern sowie zwei Halbzeiten mit einer Dauer von jeweils 30 Minuten. Hinzu kommen im Frühsommer stets Sportfeste des HV Merkers und eine gehörige Portion Punkrock, wenn „Rock am Berg Merkers" gut 1.000 Besucher beschallt.

Die breite Aufmerksamkeit in der Groundhopper-Szene erhielt das Stadion aber erst zu Beginn der Saison 2020/21. Dem SV Blau Weiss 09 Kieselbach fehlte aufgrund von Modernisierungsarbeiten ein Sportplatz. So wurde das Waldstadion hergerichtet und bespielbar gemacht. Am 6. September 2020 gab es in der 1. Kreisklasse gegen die Reserve der SG FSV Diedorf/Rhön II mit einem 3:1-Sieg die erfolgreiche Punktspielpremiere im Waldstadion.

Die eigentliche Heimspielstätte der Kieselbacher ist das 1954 eingeweihte „Stadion am Krayenberg" am Südwestrand der Gemeinde, welches zu DDR-Zeiten sowohl eine Heimat für die Leichtathleten als auch die Fußballer der BSG Aktivist Kieselbach war. Der 1. Fußballmannschaft gelang in dieser Zeit der Aufstieg von der 2. Kreisklasse (1958) bis zur Bezirksliga Suhl (1961), in der die Kieselbacher zwei Jahre spielten.

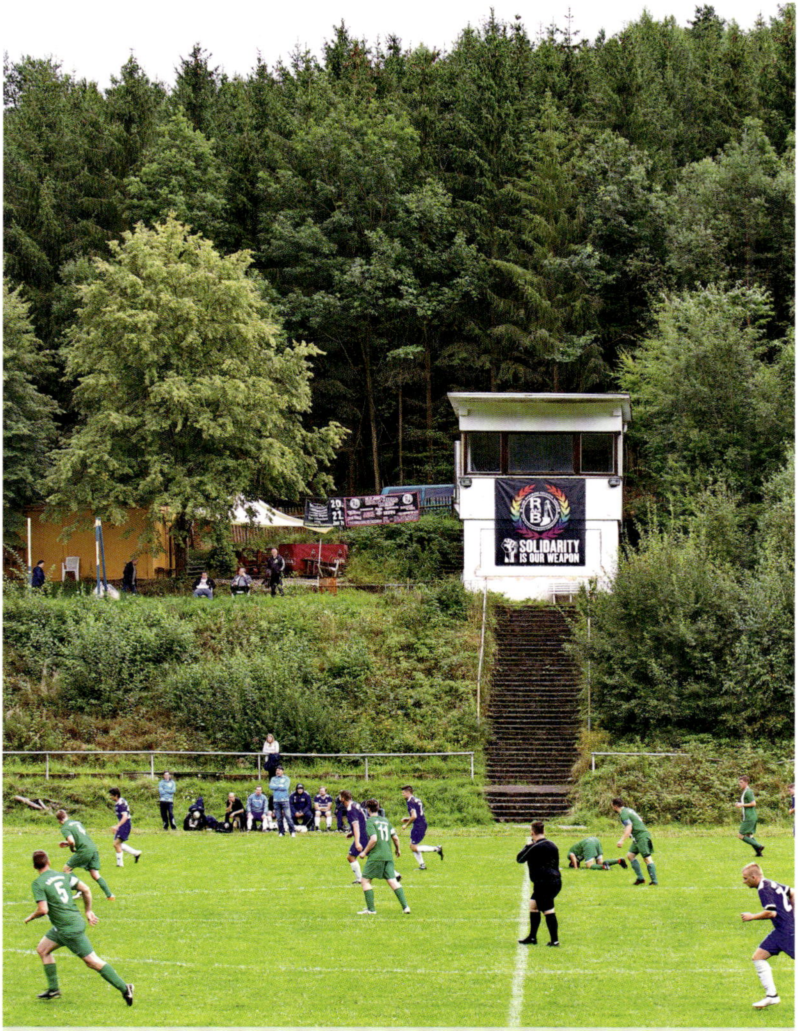

HARTE 4 FAKTEN

Adresse: Am Waldstadion 1

Hingucker: Kampfrichterturm

Heutiger Betreiber: Rock am Berg Merkers e.V.

Besuchenswert: Erlebnis Bergwerk Merkers

Glaserkuppe Zipsendorf

Aufstiege im Eilzugtempo

Zehn Wochen lang hielt sich 2005 der Song „Schnappi, das kleine Krokodil" auf dem 1. Platz der Charts. In der Regionalliga Nordost ist Zipsi, das Krokodil im Logo des ZFC Meuselwitz, seit 2009 präsent. Es war der 1993 neu gewählte Vorsitzende Hubert Wolf, der ein Gegengewicht zu den schwarz-gelben Logos der regionalen Vereine – so auch der BSG Aktivist Zipsendorf – bilden wollte. So entschieden sich die ZFC-Verantwortlichen für ein Logo mit einem Krokodil, das auf seinem Maul einen Fußball tanzen lässt, mit dem Stadtwappen und der Farbe Rot, die für das Herzblut stehen soll, und benannten den FV Zipsendorf in ZFC Meuselwitz um.

Seit 1973 ist die Gemeinde Zipsendorf Teil der Stadt Meuselwitz. Die Fußballer spielten in erster Linie auf Ebene des Kreises Altenburg und von 1956–58 in der Bezirksklasse Leipzig. Nach der Wende zählte Meuselwitz zum thüringischen Landkreis Altenburg und die Fußballer stiegen mit Hubert Wolf und seiner EDV-Firma als Hauptsponsor in den Folgejahren im Eilzugtempo Liga für Liga auf. Der Aufstieg in die Oberliga als auch in die Regionalliga gelang mit dem DDR-Nationalspieler Damian Halata als Trainer. Seine überraschende Entlassung im Mai 2011 nach insgesamt acht Trainerjahren sorgte für überregionale Schlagzeilen. Ein zerrüttetes Vertrauensverhältnis lautete die Begründung.

Die sechs Aufstiege machten auch einen Stadionumbau erforderlich. So wurde das im Juni 1954 eröffnete Ernst-Grube-Stadion zur neuen „bluechip-Arena" umgebaut. 2.800 Besucher waren nach zwei Jahren Bauzeit bei der Einweihung am 23. Juli 2004 auf der Glaserkuppe dabei, als in der 85. Minute das Eröffnungsspiel gegen den Zweitligist FC Energie Cottbus beim Stand von 0:3 wegen Gewitters beendet werden musste. Aktuell hat das Stadion eine Kapazität von 5.000 Zuschauern. Zweimal mussten Zusatztribünen aufgebaut werden: Am 15. August 2010 sahen 9.018 im DFB-Pokal eine 0:2-Niederlage gegen den 1. FC Köln. Ein Jahr später waren 7.707 Besucher beim Pokalspiel gegen Hertha BSC zu Gast.

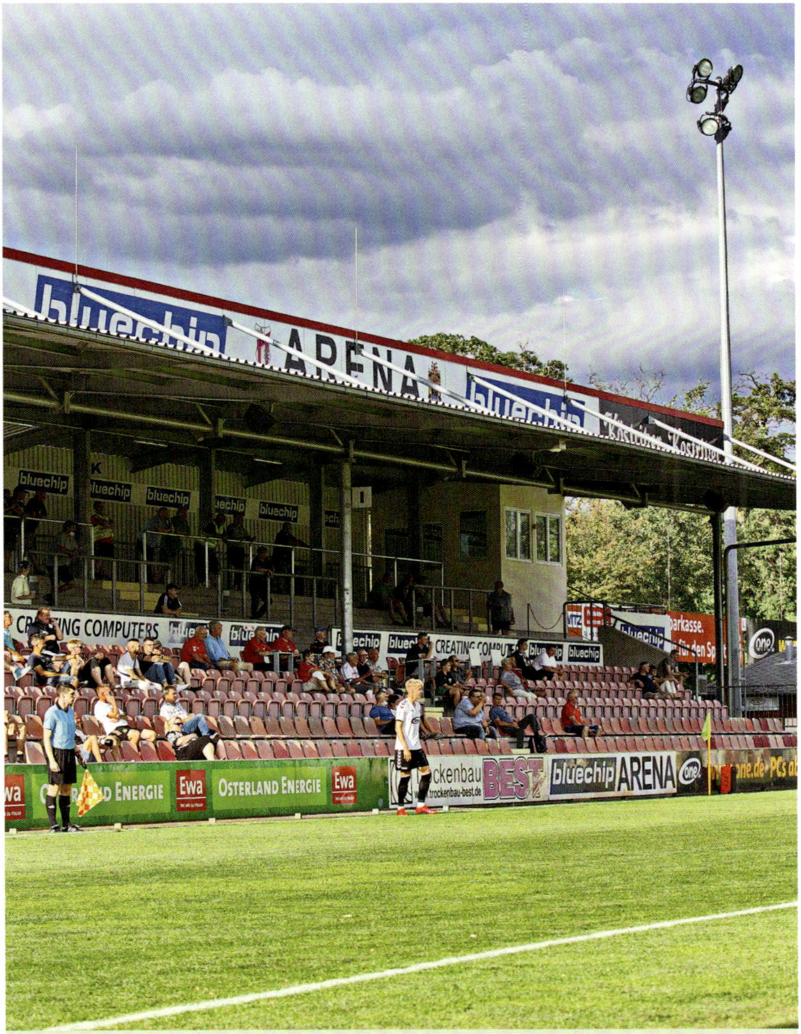

HARTE 4 FAKTEN

4. Oktober 1948: BSG Aktivist Zipsendorf

25. Juni 1994: ZFC Meuselwitz

Bekannte Trainer: Konrad Schaller, Heiko Weber

Fußballhelden: René Weinert, Frank Müller

FSV Meuselwitz

Versinkende Erinnerungen

Im Altenburger Land wurde 1952/53 mit dem Helmut-Just-Stadion eine Sportstätte erbaut, um die man Meuselwitz beneidete. 12.000 Zuschauer passten rein. Bei der Eröffnung am 23. Mai 1953 waren es 6.000 Fans, die das 5:5-Remis der BSG Motor Meuselwitz gegen die BSG Motor Nordhausen West sahen. Die gastgebende BSG spielte seit der Saison 52/53 in der Bezirksliga Leipzig. 1956 folgt der Abstieg in die fünftklassige Bezirksklasse. Anschließend spielten die Fußballer mit kurzen Unterbrechungen im Kreisbereich in der inzwischen wieder viertklassig gewordenen Bezirksklasse Leipzig und ab 1984 in der Kreisliga.

Mit dem 1. Juli 1991 wurde aus Motor der FSV Meuselwitz. Bis 1992 blieb das Helmut-Just-Stadion die Heimat des FSV, ehe die Spätfolgen des Kohlebergbaus und die auftretenden Bodenabsenkungen das Ende des Stadions besiegelten. Die Tiefschächte sind inzwischen verfüllt, doch eine Nutzung des verwilderten Geländes ist kaum vorstellbar.

Aber der Verfall einer Sportstätte mit dem Namensgeber Helmut Just ist kein Einzelfall. In Krauschwitz in der Oberlausitz gab es ebenfalls ein Helmut-Just-Stadion, welches derzeit als ein Freizeitpark revitalisiert wird. Das Helmut-Just-Stadion in Gröditz musste Mitte der 1990er-Jahre einer Musterhaussiedlung weichen.

Helmut Just war Mitglied der Ost-Berliner Volkspolizei und führte Kontrolldienste an der Grenze zwischen dem sowjetischen und dem französischen Sektor durch. Er wurde am 30. Dezember 1952 im Alter von nur 19 Jahren an der Sektorengrenze von zwei aus West-Berlin kommenden Männern hinterrücks erschossen. Er wurde zwei Tage lang in der Volkskammer aufgebahrt. Tausende Menschen kamen zu seiner Beerdigung. Genau wie seine Grabstelle verwildert auch das Andenken. Dies mag auch daran liegen, dass Just von der DDR als Märtyrer missbraucht wurde.

Der FSV spielt in der Zwischenzeit in der Kreisoberliga Ostthüringen (8. Liga). Die Heimspiele werden auf dem Sportplatz am Penkwitzer Weg in unmittelbarer Nähe zum Hainbergsee ausgetragen.

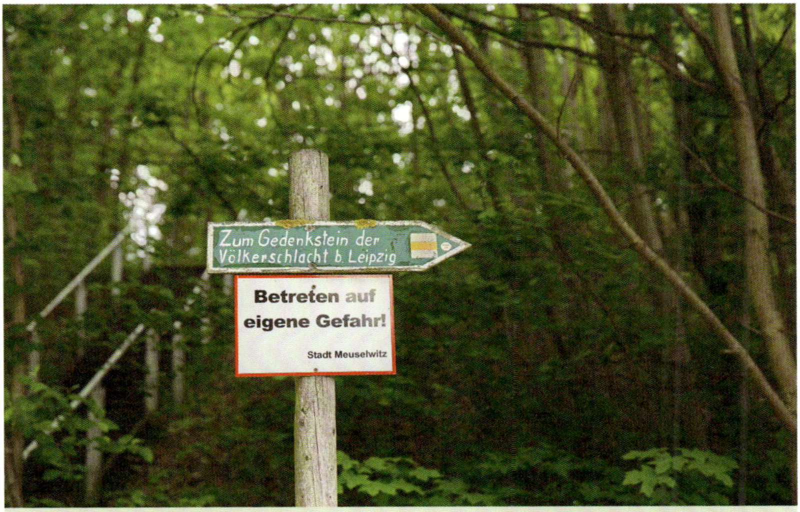

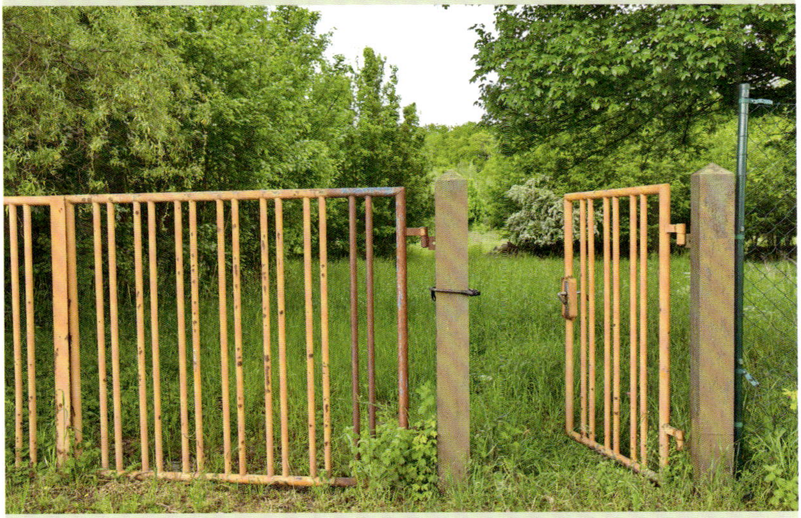

HARTE 4 FAKTEN

Vorgänger: SV 1910; SG & BSG Motor Meuselwitz
Trägerbetrieb: VEB Maschinenfabrik John Schehr
Anzahl der Mitarbeiter im VEB: 2.600
Vereinsfarben: Rot & Weiß

Stadion „An der Aue“

Das historische Jahr 1989

Das Mühlhausener Stadion „An der Aue“ wurde in den 70er-Jahren angelegt, Ende der 90er erfolgte eine umfangreiche Modernisierung und im Dezember 2014 kam noch ein Kunstrasen hinzu. Markantestes Detail und Hoppertraum ist der Sprecherturm mit seinen 14 Stufen. Den größten Zuschauerzuspruch gab es am 4. Juni 1996, als der SV 1899 Mühlhausen in einem Freundschaftsspiel gegen Borussia Mönchengladbach vor 5.500 Zuschauern mit 2:9 verlor.

Unmittelbar vor der Wende feierte „Eisern Union“ die größten Erfolge. Der langjährige Oberligaspieler Rainer Trölitzsch übernahm im Sommer 1986 die BSG als Trainer in der Bezirksklasse. Bereits ein Jahr später, zum 15-jährigen Bestehen der BSG Union, die durch die Fusion von Post und Motor entstanden war, gelang der Aufstieg in die Bezirksliga. Doch dort war nicht Schluss. Im Sommer 1989 gewann Union neben dem FDGB-Bezirkspokal auch die Meisterschaft in der Bezirksliga Erfurt mit drei Punkten Vorsprung auf die BSG Funkwerk Kölleda. Somit erreichte „Eisern Union“ in der Aufstiegsrunde punktgleich mit dem Sieger BSG Chemie IW Ilmenau den 2. Platz und spielte in der folgenden Saison zum einzigen Mal in der DDR-Liga.

Historisches gelang auch in der 1. Runde des FGDB-Pokals am 26. August 1989 vor 4.100 Zuschauern. Nach zwei Treffern innerhalb einer Minute legte Oberligist BSG Wismut Aue die Beine hoch. So kamen die aufopferungsvoll kämpfenden Unioner in der 86. Minute zum verdienten 2:2-Ausgleich. In der Verlängerung war kein Klassenunterschied mehr zu erkennen. Eine Entscheidung fiel jedoch nicht, so kam es zum Elfmeterschießen. Doch als alle 22 Spieler ihren Versuch absolviert hatten, stand es 8:8. Jürgen Gallerach hatte verschossen, Aue-Keeper Jörg Weißflog zweimal, Gerd Sachs sogar dreimal gehalten. Das nächste Paar sorgte für Klarheit: Roland Fast scheiterte an Weißflog. Andreas Langer traf ins Netz. Damit war Wismut weiter und das Mühlhäuser Stadion war Gastgeber für das mit 10:11 torreichste Spiel in der Geschichte des FDGB-Pokals.

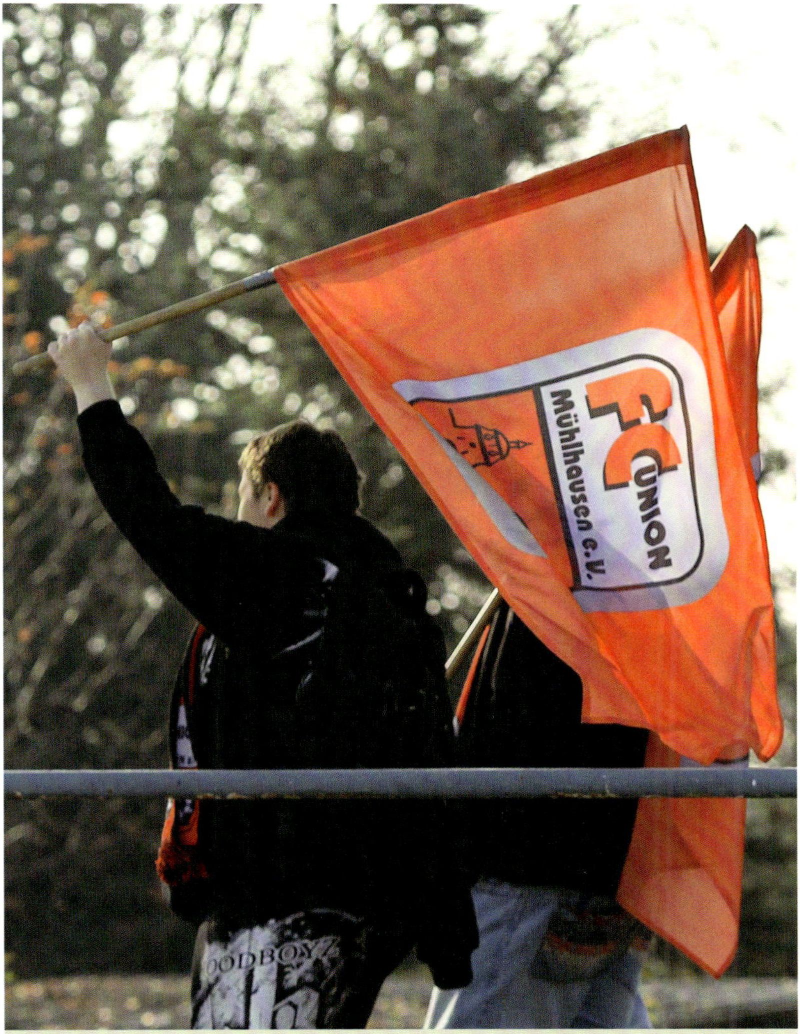

HARTE 4 FAKTEN

1989/90 | DDR-Liga: 18. Platz (von 18)
Ewige Tabelle der DDR-Liga: 163. Platz
Ewige Tabelle der Thüringenliga: 19. Platz
Bekannter Spieler & Trainer: Bernd Nemetschek

Münchenbernsdorf 057

Günter-Fricke-Spielfeld

Elfmetertreffer gegen Croy vor 4.000 Zuschauern

Begonnen hatte alles 1924 mit der Spielvereinigung Münchenbernsdorf, die zunächst nur aus einer Fußballabteilung bestand. Nach dem Krieg wurde zuerst die „Olympia“ gegründet. Doch als die Teppichfabrik den Verein unterstützte, hieß dieser fortan BSG Fortschritt Münchenbernsdorf. Die Fußballer spielten überwiegend in der Bezirksklasse. Von 1971 bis 1979 und nochmals 1981/82 gab es sogar drittklassigen Bezirksligafußball. Der größte Erfolg gelang 1977 mit dem Bezirkspokalsieg und dem damit verbundenen Spielrecht im FDGB-Pokal, wo dann aber gegen den Erfurter Bezirksligisten BSG Umformtechnik Erfurt in der 1. Runde mit 1:4 Endstation war.

Stolz sind die Münchenbernsdorfer auf eine Tradition von besonderen Testspielen. Die Ankündigung auf den Plakaten wurde zunächst noch als Scherz abgetan, aber am Mittwoch dem 24. Mai 1972 war es dann Wirklichkeit. Um sich auf ein Länderspiel gegen Uruguay in Leipzig vorzubereiten, trat die DDR-Nationalmannschaft um 16 Uhr zum Übungsspiel gegen den damaligen Bezirksligisten an. 4.000 Zuschauer sahen ein spannendes Spiel und einen 5:1-Erfolg der Mannschaft von Georg Buschner. Die beiden Fortschritt-Keeper Limberger und Wittersheim hielten je einen Elfmeter und Sportfreund Bohmann erzielte in der 90. Minute mit einem Foulelfmeter den Ehrentreffer. Auch die Nationalmannschaft Äthiopiens gehört zu den Gästen. Im September 1981 verlor die Fortschritt-Elf den Test mit 1:10.

Nach der Wende spielte der SV 1924 anfangs in der Kreisliga. Von 1996 bis 1998 und seit 2014 sind die Blau-Roten in der Bezirksliga bzw. heute Kreisoberliga Ostthüringen aktiv. Ebenfalls seit 2014 trägt der Spielplatz des SV 1924 den Namen „Günter-Fricke-Spielfeld“. Damit wird das unermüdliche Engagement von „Frickus“ für den Münchenbernsdorfer Sport und Fußball gewürdigt. Die Benennung des Spielfeldes war der Kompromiss, nachdem ursprünglich die Umbenennung der gesamten Sportstätte vorgeschlagen war, die auch weiterhin den Namen „Willi-Sänger-Sportstätte“ trägt.

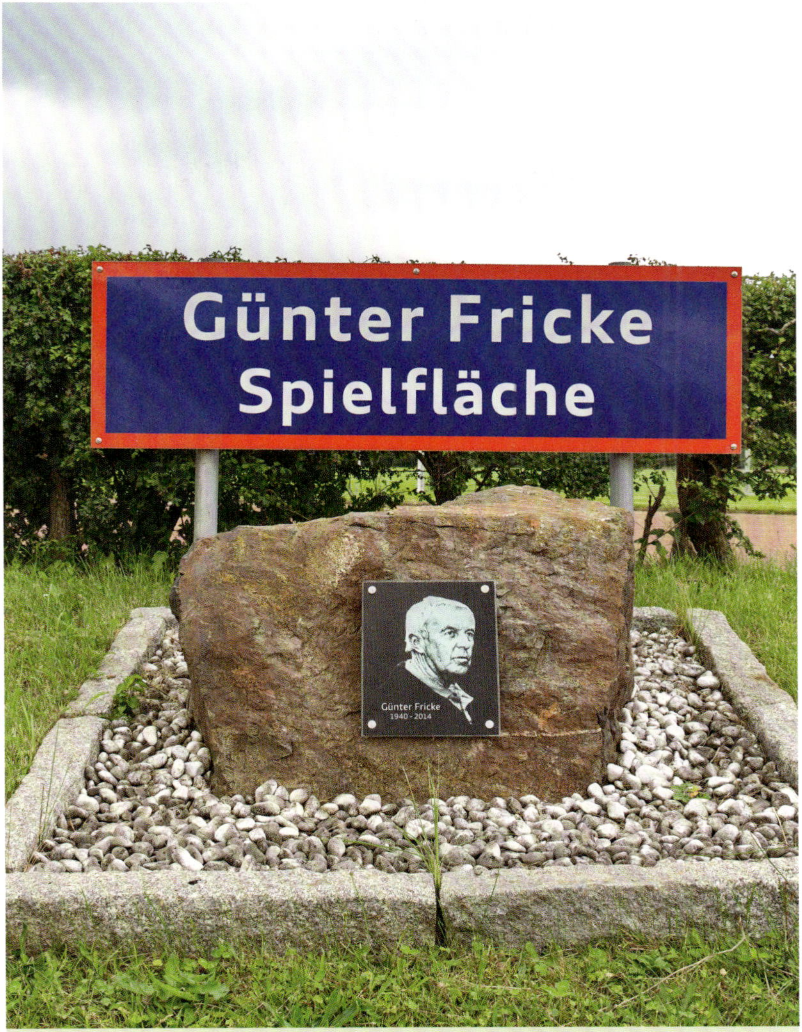

HARTE 4 FAKTEN

Bekannter Spieler vor 1990: Norbert Schumann
Delegiert zum: FC Carl Zeiss Jena
Bekannter Spieler nach 1990: Daniel Schumann
Wechsel zu: Bayer Leverkusen

Stadion in der Goethestraße & Sportplatz Rote Erde

Wilhelm Pieck und die Rote Erde

Ein bemerkenswertes Spiel wurde am 4. Juni 1952 in Neustadt ausgerichtet. Die Fußballer der BSG Motor trafen auf den VfB Alemannia Dortmund, jene Mannschaft, die am 15. Januar 1911 erster Gegner von Borussia Dortmund bei einer 3:9-Niederlage war und an die noch heute ein Stern vor dem Haus Borsigplatz 9 erinnert. Dortmund gewann in Neustadt mit 3:0, doch das war angesichts der damit verbundenen Einweihung des Stadions in der Goethestraße Nebensache. Das Stadion befindet sich auf dem Gelände hinter dem heutigen Orlatalgymnasium. Einst war es landwirtschaftlich genutzte Fläche. Schon zur NS-Zeit sollte ein Vorzeigeobjekt entstehen. 1937 wurden das HJ-Heim (heutige Goetheschule) und 1938 zwei Turnhallen für die Wehrertüchtigung gebaut. Doch der Sportplatz fehlte. Nach Abzug der Sowjets wurde mit dem Auffüllen und Planieren des Geländes begonnen. Auch Schüler mussten mit Hacke, Schaufel und Schubkarre helfen und erhielten als Dank die Aufbaunadel in Bronze, Silber und Gold. 16 Jahre nach der Eröffnung erhielt das Stadion den Namen Wilhelm Pieck. Der Platz wurde für Betriebs- und Schulsportfeste sowie Spartakiaden genutzt und gehörte der BSG Einheit. Noch heute nutzen neben den Schulen auch die Leichtathleten des Nachfolgervereins TSV „Germania 1887“ den Platz sowie die 2011 erneuerte Laufbahn. Die Sportstätte der Freundschaft wurde 1972 mit einem Sportlerheim in der Karl-Liebknecht-Straße eingeweiht. Der heutige Name „Rote Erde“ stammt von der roten Schlacke, die im Zuge der Platzbauarbeiten aufgebracht wurde.

Seit dem politischen Umbruch wurde das Gelände eigenverantwortlich durch den SV betreut. Im Sommer 2003 wurde das neue Sportlerheim bezugsfertig, im Jahr darauf folgte die Eröffnung der neuen Sportgaststätte, die ebenfalls den Namen Rote Erde trägt. Ein wichtiger Schritt gelang 2008, als der neue Kunstrasenplatz eingeweiht wurde. Mit dem Trainings- und Bolzplatz (2018) sowie einem Basketballfeld (2020) wurde das Gelände weiter zum zentralen Anlaufpunkt ausgebaut.

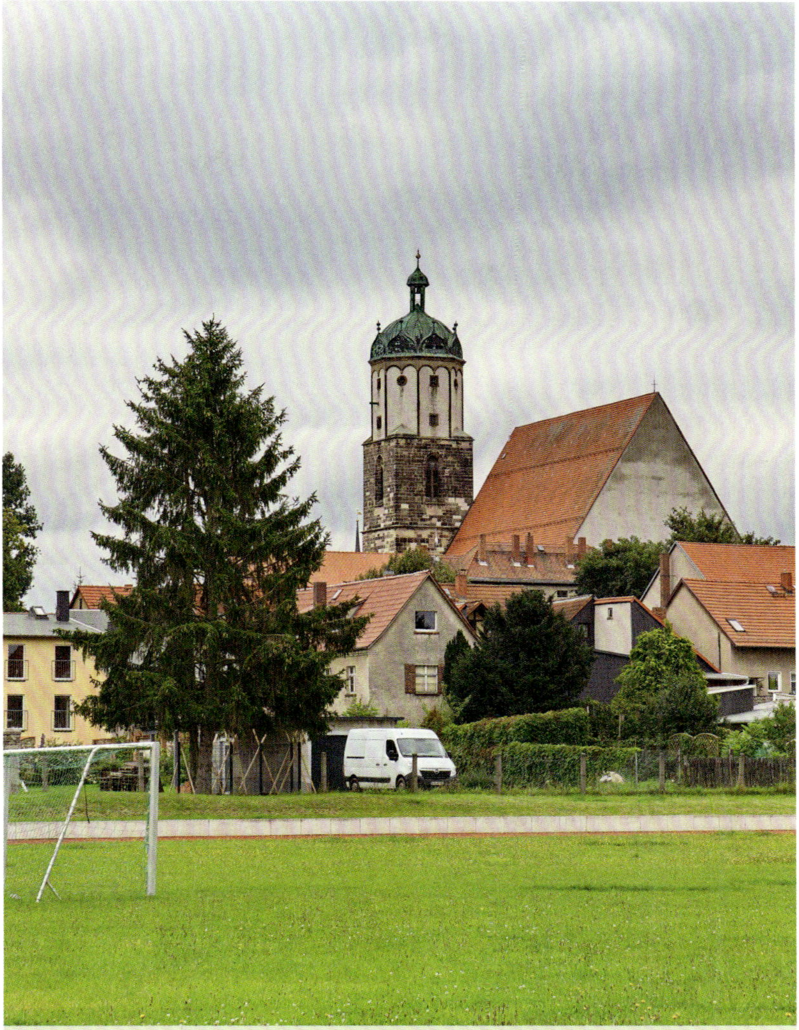

HARTE 4 FAKTEN

Bis 1946: Germania Sportplatz | Ludwig-Jahn-Straße

Bis 1950: Fußballplatz der „SpVgg 1914“ | Quendelweg

Bis 1970: Schlacke in der Rodaer Straße

Bis 2006: Sportplatz „Brille“ | Oberhalb von Döhlen

Neustadt (Orla) 059

Sport- und Speisegaststätte Rote Erde

Blau-Weiße Erfolge

Die Neustädter Fußballer spielten nach dem Krieg in der Landesklasse und verpassten zwei Mal – 1949/50 als Tabellendritter mit nur einem Punkt Rückstand auf die BSG Carl Zeiss Jena sowie 1950/51 als Tabellenzweiter mit vier Punkten hinter der SG Volkspolizei Weimar – knapp den Aufstieg in die DDR-Liga. Die 2018 verstorbene Fußballlegende Heinz Linke stand damals im Team der BSG, später wurde dem Pionier des Fußballs für seine Verdienste das Bundesverdienstkreuz am Bande verliehen.

Im Sommer 1952 wurden die Landesligen durch 14 Bezirksligen ersetzt. Mit dem 9. Platz in der Landesklasse 1951/52 qualifizierte sich die BSG für die drittklassige Bezirksliga Gera. Später entwickelte sich Motor zu einer „Fahrstuhlmannschaft" zwischen Bezirksklasse und Bezirksliga. Mit dem Ende der Saison 89/90 – Motor landete auf dem 4. Platz in der Bezirkslasse – fielen die Zuwendungen des VEB Draweba weg und so begann ein neues Kapitel als Blau-Weiß. Mit der Einführung des DFB-Spielbetriebes 1991 stieg Neustadt in die damals siebtklassige Bezirksliga auf. Der größte Vereinserfolg gelang im Sommer 2010 mit dem Aufstieg in die Thüringenliga, der ausgiebig in der im Jahr zuvor eröffneten Gaststätte „Am Sportplatz" gefeiert wurde. Als Trainer arbeitete mit Matthias Liebers der wohl prominenteste Vereinszugang an der Linie. Zehn Jahre später stand der Verein mit Trainer Rene Grüttner wieder auf dem 1. Platz der Landesklasse, verzichtet aber auf den Aufstieg.

Der prominenteste Vereinsabgang dürfte als Beleg für die erfolgreiche Nachwuchsarbeit im Verein gelten. Malik Talabidi durchlief seit dem 5. Lebensjahr die unterschiedlichsten Nachwuchsstationen der Neustädter. Im Februar 2013 wechselte der damalige D-Junior nach Erfurt. Von dort ging es 2016 zum Nachwuchs von RasenBallsport Leipzig und 2020 zum FC Wil 1900 in der Schweiz. Der Thüringer ist Teil der DFB-Nachwuchsnationalmannschaften. Beim 3:1 der U20-Auswahl gegen die Schweiz am 7. Oktober 2020 erzielte er sein erstes Länderspieltor.

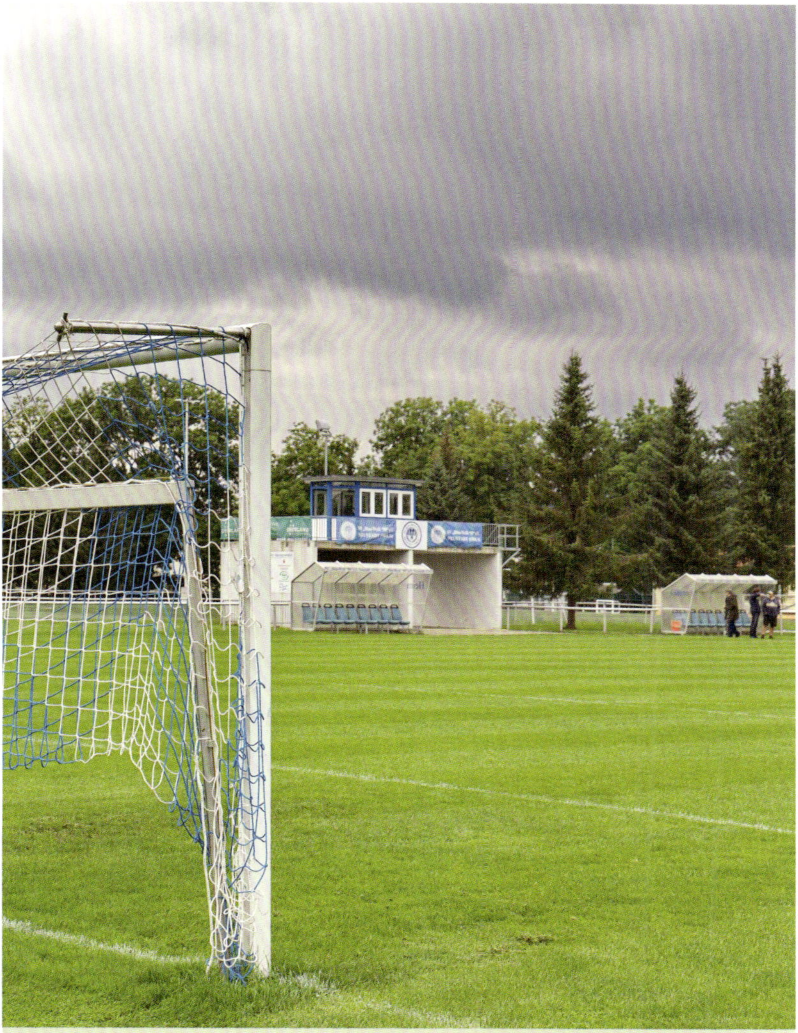

HARTE 4 FAKTEN

9. Juni 1949: BSG „Blau-Weiß“ Neustadt/Orla
1950/51: BSG Fortschritt Neustadt/Orla
28. April 1952: BSG Motor Neustadt/Orla
19. Juli 1990: SV Blau-Weiß 90 Neustadt/Orla

SSV Traktor Nöbdenitz

Ein Leben für den Fußball

Der Nöbdenitzer Fußball ist fest mit dem Namen „Junghanns" verbunden. So gilt Alfred Junghanns, der 1920 eine erste Mannschaft zusammenstellte, als einer der Gründer des Nöbdenitzer Fußballsports. Später spielten die Fußballer des „TV Nöbdenitz" auf der „Nemzer Delle", einem unebenen Sportplatz. Mit Ziehharmonika und Plakaten kamen die Zuschauer zu den Spielen. Nach Zerschlagung des Faschismus wurde der Sportverein am 5. Oktober 1945 neu gegründet und der Fußball auf dem verlegten Sportplatz wiederbelebt. Am 2. November 1951 wurde die BSG Traktor Nöbdenitz gegründet, deren Trägerbetrieb die BHG Nöbdenitz war.

Als 1952 im Zuge einer Reform der Bezirk Leipzig gegründet wurde, umfasste dieser auch den Kreis Schmölln. In der zugehörigen Kreisklasse gewann die BSG Traktor 1957 und 1958 den Meistertitel. Teil der Mannschaft war Rolf Junghanns, der 1957 mit 18 Jahren seinen Einstand bei der BSG gab und über zwei Jahrzehnte in der 1. Herrenmannschaft spielte. Nach 24 Spieljahren gewann die BSG in der Saison 1981/82 erneut den Schmöllner Kreismeistertitel. Hinzu kam ein doppelter Pokalerfolg: Am 2. Mai 1981 bezwang Traktor Nöbdenitz im FDGB-Kreispokalendspiel Traktor Ponitz mit 2:1 nach Toren von Andreas Bromme und Stefan Jakubek. Im Mai 1982 wiederholte Nöbdenitz diesen Pokalsieg mit einem 3:1 im Finale gegen Motor Gößnitz.

Nach der Wende wurde der Kreis Schmölln dem Land Thüringen zugeteilt. Der SSV Traktor Nöbdenitz spielte zunächst auf Kreisliga-Niveau. Das erfolgreichste Nachwendejahr war 2003: Die erste Mannschaft wurde Meister in der Kreisliga des Altenburger Landes und Aufsteiger in die Bezirksliga Staffel 4. Zusätzlich holte sich die Mannschaft auch den Kreispokal. Doch nach vielen erfolgreichen Jahren führten personelle Probleme im Sommer 2018 zum Verzicht auf das Startrecht in der Kreisoberliga des KFA Ostthüringen und somit zum freiwilligen Abstieg in die Kreisklasse. Seit 2019 treten die „Nemzer" dort gemeinsam mit dem SV Weißbach 1951 als Spielgemeinschaft an.

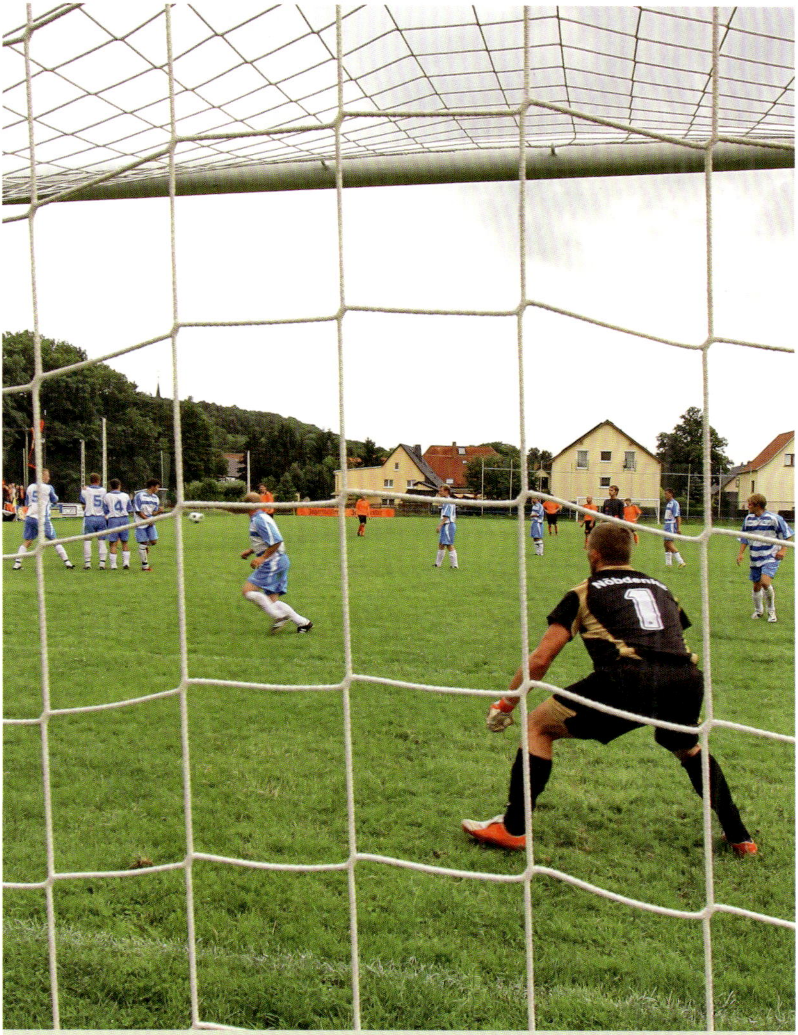

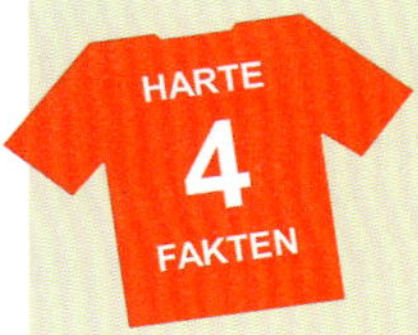

Gründung: 1951/1990
Torjägerlegende: Andreas Bromme
Trainerlegende: Wolfram Hofmann
Vereinsfarben: Orange-Schwarz

Albert-Kuntz-Sportpark

Auf großer Spur

In der 1. Runde des DFB-Pokals 2019/20 bekam der Thüringenpokalsieger aus Nordhausen den Zweitligisten FC Erzgebirge Aue zugelost. Es war das letzte Spiel des FSV Wacker mit überregionaler Aufmerksamkeit, bevor das LKA die Wacker-Geschäftsstelle durchsuchte und sowohl die Spielbetriebs GmbH als auch später der Verein Insolvenz anmelden mussten. Schon bei der Auslosung in der ARD erklärte Nico Kleofas, der von März 2010 bis Mai 2020 den Verein als Präsident führte, großspurig: „Wie ich es gesagt habe, wir sehen uns in der 2. Runde bei der Auslosung wieder."

Die Medien hofften auf weitere Peinlichkeiten, doch Aue-Chef Helge Leonhardt reagierte kühl: „Ich kenne Wacker Nordhausen nicht, nur Motor. Da habe ich in der DDR-Liga mal gespielt." Tatsächlich traf in der einzigen Ligasaison 1977/78 von Dynamo Gera die Mannschaft mit Helge Leonhardt auf Motor und verlor im AKS mit 1:8 und am Geraer Steg mit 1:3. Doch 20 Jahre später, am 10. August 2019 ging vor 4.347 Zuschauern das Erzgebirge Aue-Team von Präsident Leonhardt im DFB-Pokal als 4:1-Sieger vom Platz.

Doch auch zuvor gab es auf dem 1923 eingeweihten, 1951 in Albert-Kuntz-Sportpark umbenannten und 1980 modernisierten Sportplatz mit dem kultigen Kassenhäuschen und einer Anzeigetafel mit Glühbirnen-Technik große Spiele. Am 22. September 1987 trat die DDR-Auswahl in der Qualifikation zu den Olympischen Sommerspielen 1988 vor 5.400 Zuschauern gegen die niederländische Auswahl an. Damian Halata, Hans Richter, Markus Wuckel und Heiko Peschke sorgten mit ihren Treffern für einen 4:2-Erfolg. Doch am Ende hatten die Italiener zwei Punkte Vorsprung vor der DDR und qualifizierten sich für Seoul.

Eindrucksvolle Zuschauerzahlen gab es ebenfalls am 16. August 1997, als auch dank eines Tores von Hasan Salihamidžić der HSV vor 7.500 Zuschauern im DFB-Pokal mit 3:1 gewann. Der Rekord liegt bei 10.000 Besuchern, die am 30. August 1953 eine 0:4-Niederlage gegen Dynamo Dresden und am 7. Mai 1967 ein 1:1-Remis gegen Rot-Weiß-Erfurt sahen.

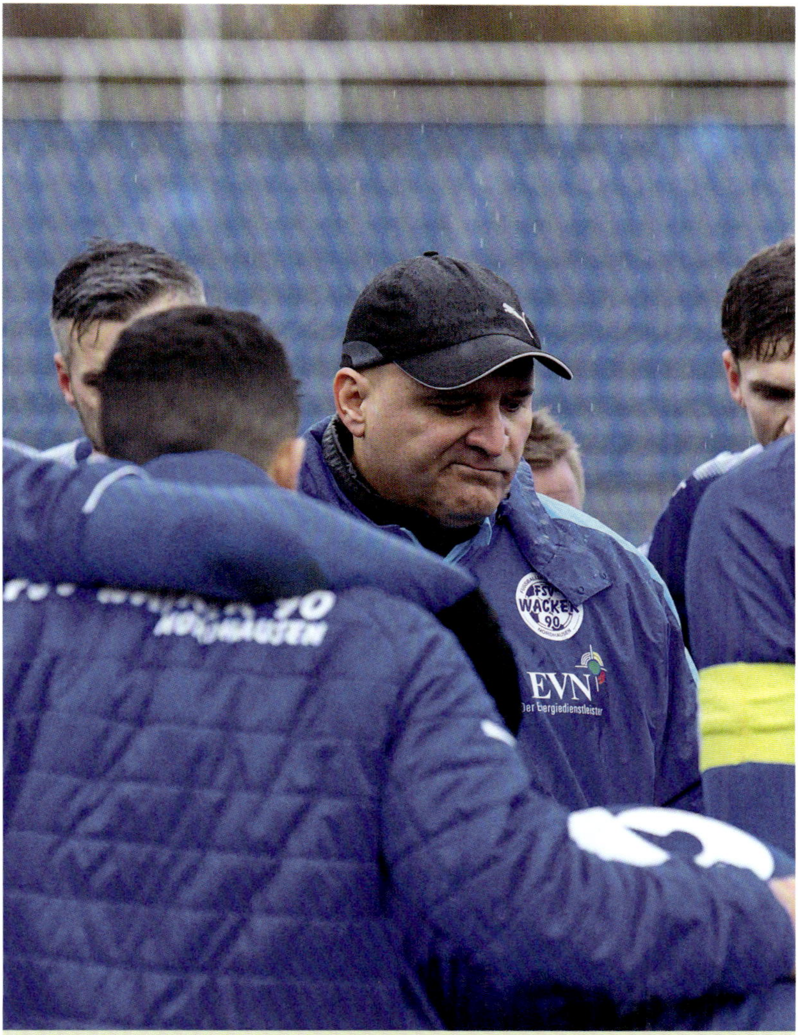

HARTE **4** FAKTEN

11. März 2021: Start der Modernisierung
Ziel: Sanierung von Haupttribüne und Funktionsgebäuden
Geplante Baukosten: 7,6 Millionen Euro
Plan: Nov. 2022 – Haupttribüne mit 1.158 Plätzen

Ernst-Thälmann-Stadion

Das Ex-Stadion als Autodrom

Die positive wirtschaftliche Entwicklung nach dem I. Weltkrieg wurde in der Stadt Nordhausen auch durch viele Baumaßnahmen sichtbar. So entstand nach dem Stadttheater auch das Nordhäuser Stadion, welches im Sommer 1925 eingeweiht wurde.

Die Anlage mit vielen Möglichkeiten für Spiel und Sport umfasste rund 22 Hektar. Dazu zählte ein Stadion mit einer Radrennbahn, einer 400-Meter-Laufbahn und 2.000 Sitz- und 5.000 Stehplätzen.

Die Radrennbahn blieb im II. Weltkrieg unbeschadet und so fanden in Nordhausen nach dem Krieg Steherrennen statt. Mit Gründung der DDR erhielt das Stadion zu Ehren des im KZ Buchenwald ermordeten Vorsitzenden der KPD einen neuen Namen, wurde aber kaum gepflegt. Eine Ausnahme bildete das Schwimmbecken. So konnten hier im Juli 1972 die XXI. Jugendmeisterschaften der DDR im Wasserball stattfinden.

Auch Fußball wurde gespielt. Während im Albert-Kuntz-Sportpark die Spielfläche verbreitert wurde, trafen die von Max Hofsommer trainierten Fußballer der BSG Motor West Nordhausen in der letzten lokalen Qualifikationsrunde auf die BSG Motor Gotha. Vor 5.000 Zuschauern wurde Nordhausen als DS-Ligist seiner Favoritenrolle lange Zeit nicht gerecht. So konnte die Landesklassemannschaft aus Gotha zweimal in Führung gehen. Walter Möller sorgte mit seinem Tor zum 3:2 in der Verlängerung für den Einzug von Nordhausen in das Achtelfinale des FDGB-Pokals 1951/52. Dieses konnte die Motor-Elf am 24. August 1952 zwar wieder im renovierten AKS austragen, doch nach der 2:6-Niederlage gegen Lok Stendal war die Pokalsaison beendet.

Mit der Zeit wurde das Betonoval brüchiger und der Sanierungsbedarf im gesamten Areal größer. Nach der Wende gab es weder Geld noch Bedarf. So wurde das Stadion zum erweiterten Autodrom ausgebaut. 2018 schaffte es das Stadion nochmals in die Schlagzeilen. In der Diskussion um die Modernisierung des AKS wurde von Seiten der Stadt ein Neubau am Standort des einstigen Thälmann-Stadions ins Gespräch gebracht, was beim Verein auf wenig Gegenliebe traf.

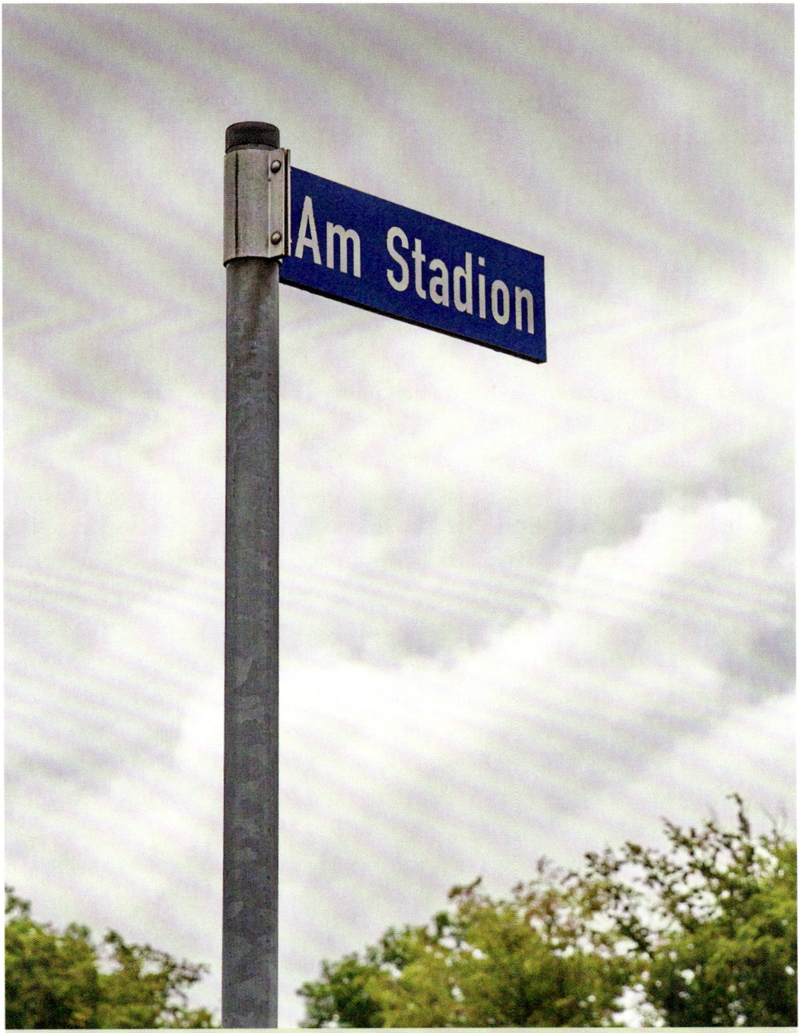

HARTE 4 FAKTEN

Sehenswert 1: Traditionsbrennerei

Sehenswert 2: IFA Museum

Sehenswert 3: Harzquerbahnhof

Sehenswert 4: Petersberggarten

Geschäftsstelle des FSV Wacker 90 Nordhausen

Das Weißhaupt-Quartett

Was in Nordhausen möglich gewesen wäre, wenn die BSG Motor Nordhausen 1972 nicht ihrer Lieferverpflichtung an den FC Rot-Weiß Erfurt hätte gerecht werden müssen, lässt sich nur spekulieren. Mit Horst und Jörg Weißhaupt verlor der DDR-Ligist gleich zwei leistungsstarke Spieler in die Bezirkshauptstadt. Der Ärger war groß und dies bekam auch die Erfurter Delegation zu spüren, die beide Spieler abholte. In den folgenden sechs Jahren kam Jörg auf 82 Oberliga-Einsätze und erzielte achtzehn Tore. Sein Zwillingsbruder Horst wurde mit 55 Toren der achtbeste Torschütze in der Geschichte des FC Rot-Weiß Erfurt. Zur Saison 1977/78 wechselten beide Brüder zurück und beendeten 1985 ihre Laufbahn.

Jörg trainierte später die 1. Mannschaft und war bis 2005 dessen sportlicher Leiter. Durch die vorzeitige Beendigung einer Fördermaßnahme der Agentur für Arbeit musste der Arbeitsvertrag gekündigt werden, was Präsident Forberger wüste Beschimpfungen einbrachte. Erst das Gespräch mit den Fans beendete im Jubiläumsjahr den Streit um Jörg, aber auch seinen Sohn Marco Weißhaupt.

Der begann ebenfalls im Nachwuchs bei Motor und spielte später in Erfurt. Über den Hamburger SV kam Weißhaupt nach Freiburg und bestritt zwischen 1997 und 2001 unter Trainer Volker Finke 79 Bundesligaspiele (9 Tore) und 33 Zweitligaspiele (16). Danach spielte Weißhaupt letztmalig für den FC Hansa in der Bundesliga.

Im Sommer 2005 kehrte Weißhaupt noch einmal nach Nordhausen zurück. Vier Monate später sperrte Wacker den ehemaligen Bundesligaprofi aufgrund der Abwesenheit im Ligaspiel gegen Jena II. Weißhaupt wollte zum aufstrebenden 1. FC Gera 03, doch Wacker gab ihn nicht frei und so traf man sich vor Gericht, welches die Auffassung des FSV bestätigte und so wechselte Weißhaupt erst im Mai. Auch in Zukunft wird der Name Weißhaupt im Fußball präsent sein. Sohn Noah ist U20-Nationalspieler und seit Sommer 2021 im Profi-Kader des SC Freiburg.

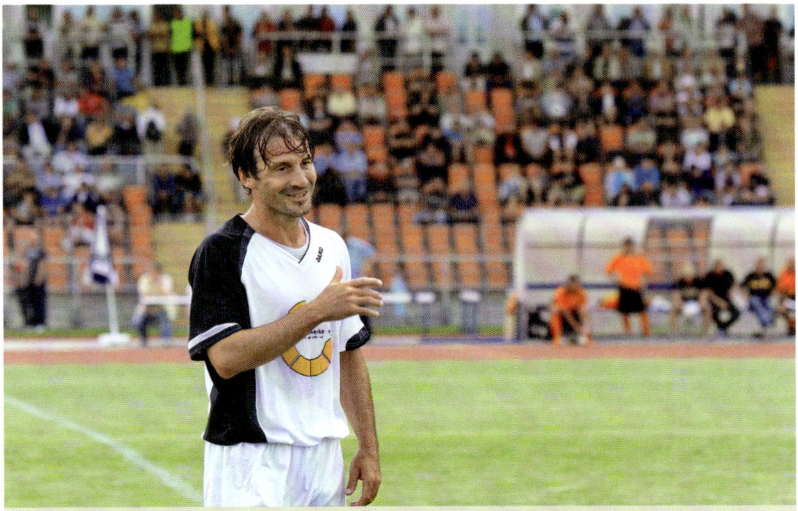

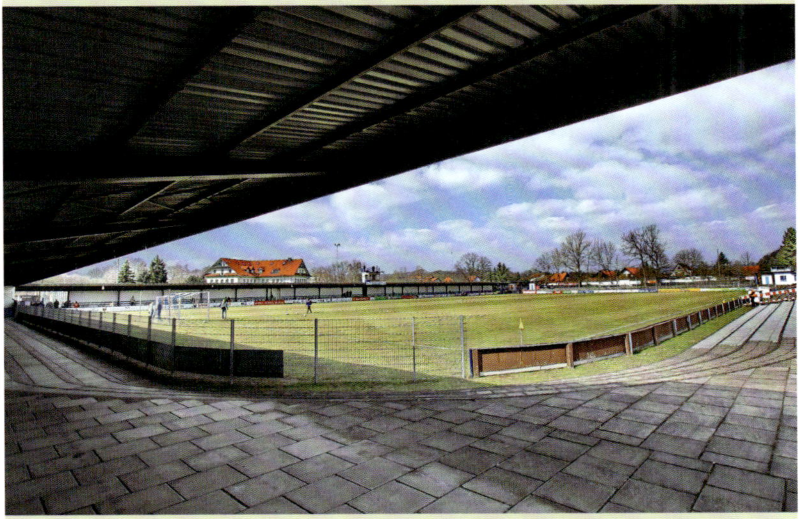

HARTE 4 FAKTEN

23. Juli 1949: Horst Weißhaupt
23. Juli 1949: Jörg Weißhaupt
24. Juni 1972: Marco Weißhaupt
20. September 2001: Noah Weißhaupt

Oberdorla 064

Sportplatz am Gunzelhof

Das Manchester von Thüringen

Als im Frühjahr 2021 die Protest-Bewegung der Anhänger von Manchester United gegen die Eigentümer mit einem Platzsturm und damit verbundener Spielabsage einen vorläufigen Höhepunkt erreichte, sorgte dies für weltweite Aufmerksamkeit. „Die Straße holt sich den Fußball zurück", lautete ein Kommentar. Tatsächlich gelang es, die Pläne für eine europäische Super League zu stoppen. Doch bis zu möglichen strukturellen Änderungen und einer Begrenzung des Einflusses von Investoren mit der Einführung einer 50+1-Regel nach dem deutschen Vorbild, dürfte es noch ein weiter und steiniger Weg sein.

Und was hat dies bitte schön mit Oberdorla zu tun? Auch hier – in unmittelbarer Nähe des geographischen Mittelpunkts Deutschlands – gab es einen Investor, der zwar nicht einen Verein übernehmen wollte, aber dafür auf dem ehemaligen Sportplatz von Oberdorla einen weiteren Einkaufsmarkt plante. Doch unter den mehr als 2.000 Einwohnern herrscht eine Sport-Euphorie. Verantwortlich dafür sind die kreativen Köpfe der VSG 1882 Oberdorla, die unter der Marke „Dorf-Club" für Sport und Bewegung sorgen. Die Handballer spielen auf Landesebene, die „Dorf-Club-Freizeitfußballer" nehmen (noch) nicht am Spielbetrieb teil. Um dies zu ändern, soll der Sportplatz am Gunzelhof wieder nutzbar gemacht werden. Und während die United-Fans ins Old Trafford stürmten, zogen die Jugendlichen aus Oberdorla in die Sitzung des Gemeinderates und verliehen ihrem Wunsch nach besseren Möglichkeiten für das Fußballspiel Ausdruck.

Auch wenn der aktuelle Zustand des „Lost Grounds" dies nicht vermuten lässt, so hat der Fußball in Oberdorla eine lange Tradition. Lehrer Robert Druselmann verbreitete 1913 das Fußballfieber. Später stellte die Gemeinde den Platz am Gunzelhof zur Verfügung, der zum Sportplatz hergerichtet wurde und so konnte am 13. Mai 1926 das erste Spiel ausgetragen werden. Bleibt zu hoffen, dass 100 Jahre nach der Premiere auf dem Sportplatz in Oberdorla wieder die Fußbälle und nicht die Einkaufswagen rollen.

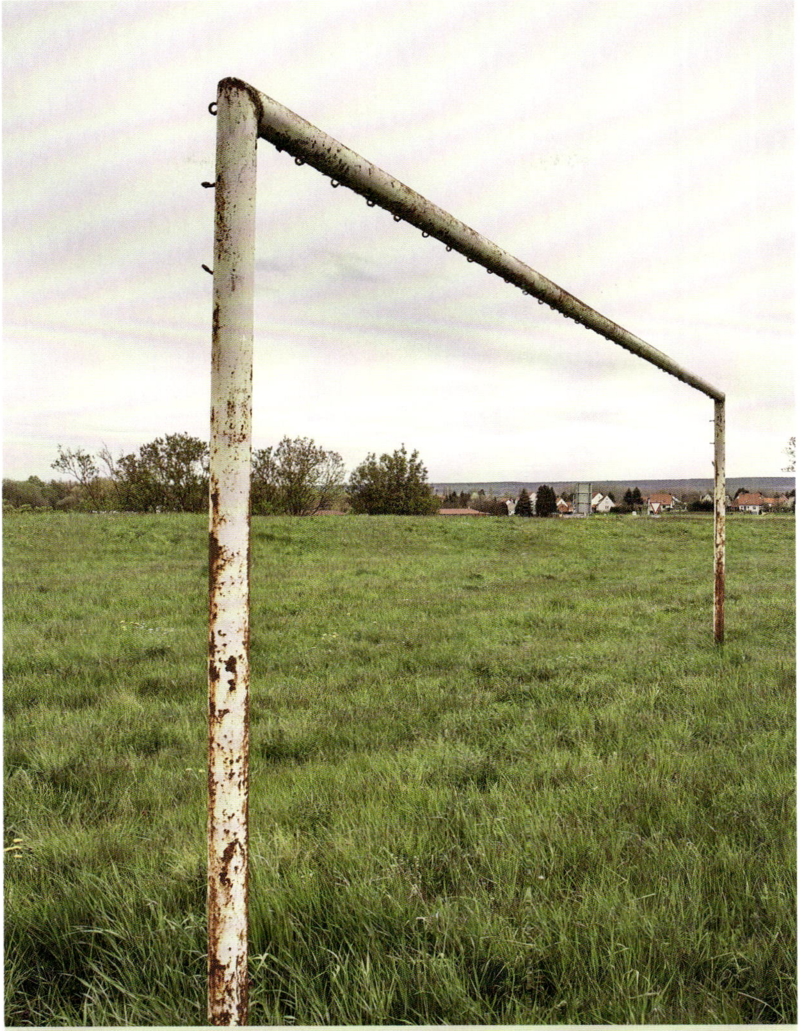

HARTE 4 FAKTEN

Landkreis: Unstrut-Hainich-Kreis
Oberdorla: Ortsteil der Landgemeinde Vogtei
3. Mai 1913: Gründung eines Fußballvereins
Sehenswert: Erdfallquellen

Obermaßfeld-Grimmenthal 065

Rudolf-Harbig-Sportanlage

Der Goldene Traktor

Als im März 1921 der SC 1921 Obermaßfeld gegründet wurde, ahnte niemand, dass 2015 der Verein nur noch zwei aktive Fußballer in seinen Reihen haben würde. Bereits in der Winterpause begann der Zerfall des Teams, manche Spieler hängten die Fußballschuhe an den Nagel, viele Spieler wechselten zu anderen Vereinen. Das vermeintlich letzte Spiel gewannen zehn Obermaßfelder mit 5:2 gegen die Albrechts-Reserve. Als der Vorstand schließlich zurücktrat, macht sich der neue Vorsitzende Steffen Wirthwein auf die Suche. Die Idee einer SG mit dem VfL Meiningen platzte und so organisierte Trainer Jan Rommel einen Kader und fing in der 2. Kreisklasse neu an. Seitdem feierte der Verein drei Aufstiege und spielt aktuell in der Kreisoberliga.

Vor der Wende spielte die BSG von 1957 bis 1967 – mit Ausnahme von 1963/64 – in der Bezirksliga Suhl. Zu den Erfolgen jener Zeit zählt der Sieg im Wettbewerb Goldener Traktor. Dieser Pokal wurde von der Gewerkschaft gestiftet und sowohl auf Kreis- und Bezirksebene als auch überregional ausgetragen. 1960 fanden die Vorschlussrunde und das Finale in Schwerin statt, wo sich 2.500 Sportler zum III. Zentralen Landsportfest trafen. Für die Fußballendrunde hatten sich die BSG Traktor Obermaßfeld (Bezirk Suhl), Lenzen, Herzberg und Rebesgrün qualifiziert. In der Vorschlussrunde führte Traktor Rebesgrün 22 Minuten vor Spielende bereits mit 4:1, doch den Thüringern gelang der Ausgleich und dank besserer Kondition noch der 7:4-Sieg nach Verlängerung.

Das Finale dominierte die Mannschaft aus dem Bezirk Suhl, die das Spiel gegen Traktor Herzberg dank zweier Tore von van Hove mit 2:0 gewann. „Dabei erlebten wir nicht nur eine ausgezeichnete Kondition, sondern auch das Bemühen, neben den kämpferischen Momenten ein technisch gutes Spiel zu pflegen. Ein Zeichen dafür, dass sich der früher etwas geringschätzig angesehene Dorffußball dank der Unterstützung durch unseren Staat spielkulturell bedeutend entwickelt hat“, schrieb die Zeitung über das Finale.

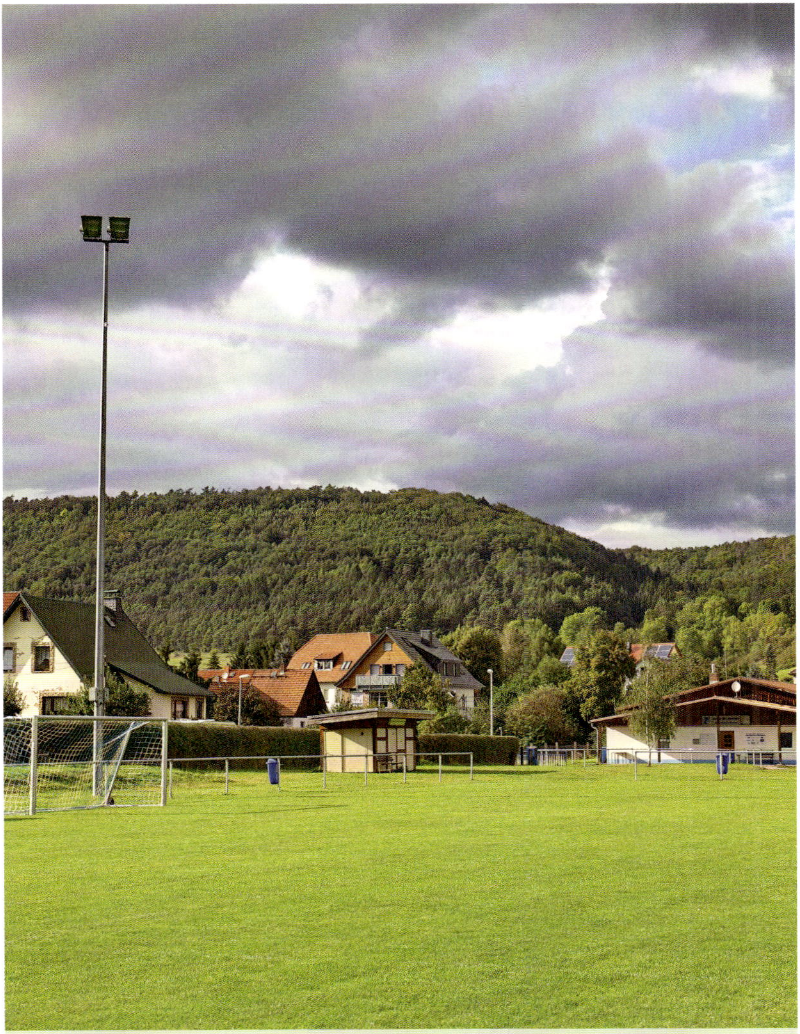

HARTE 4 FAKTEN

Adresse: Rudolf-Harbig-Straße 11

Landkreis: Schmalkalden-Meiningen

Einwohner: 1.300

Gründungsort SC 1921: Gasthaus „Zur Linde“

Goldbergstadion

Die Aufsteiger vom FSV 06 Ohratal

Das Ohratal liegt mitten im Thüringer Wald. Umgeben von Felsen befindet sich die Ohratalsperre inmitten eines Naturschutzgebietes. Dieses Gebiet ist sehr unberührt und aktuell noch ein echter Geheimtipp.

Dies trifft auch auf das lokale Fußballzentrum zu. Dabei bieten die 2004 modernisierten Sportanlagen am Goldberg mit Stadion, Kunstrasen, Ausweichplatz, Turnhalle mit Fitnessraum und einer guten Ausrüstung nahezu perfekte Rahmenbedingungen. Es mag wohl an der „06" im Namen FSV 06 Ohratal liegen, dass der Verein bisher noch unbekannt ist. Schließlich steht die Zahl für das Gründungsjahr 2006 und nicht etwa 1906. Zu diesem Zeitpunkt bündelten die Fußballabteilungen des Ohrdrufer SV und der SV Fortuna Hohenkirchen ihre Kräfte und seitdem geht es – bis auf kleine Ausnahmen – aufwärts.

Nach dem Aufstieg in die Bezirksliga im Sommer 2008 folgte zwei Jahre später die Qualifikation zur Regionalklasse, was heute der Kreisoberliga Westthüringen entspricht. Im Juli 2014 kannte dann die Freude keine Grenzen. Nicht nur, dass die erste Mannschaft vor 260 Zuschauern mit einem 2:0-Heimsieg gegen den FSV Waltershausen den Aufstieg in die Landesklasse perfekt machte. Auch die 2. Mannschaft kehrte von ihrer Auswärtsfahrt als neuer Meister zurück. Als einige Tage danach auch noch die dritte Mannschaft nachzog und der FSV den Dreifachtriumph bejubeln durfte, organisierte der Verein eine große Party. Für thüringenweite Aufmerksamkeit sorgten die Ohrataler zudem im Frühjahr 2015, als der damalige Landesklassist bis ins Halbfinale des Thüringenpokal vordrang und knapp mit 0:2 gegen den Regionalligisten ZFC Meuselwitz verlor.

Drei Jahre nach dem letzten Aufstieg erfolgte der Sprung in die 1. Liga des Thüringer Fußballs. Durch den Verzicht der SpG Borsch gelang der Aufstieg als Zweiter der Landesklasse Staffel 3. Die Zielstellung „gesichertes Mittelfeld" wurde allerdings verfehlt und so folgte der direkte Abstieg. Zwei Jahre später gelang – nach dem Corona-bedingtem Abbruch – der erneute Sprung in die Thüringenliga.

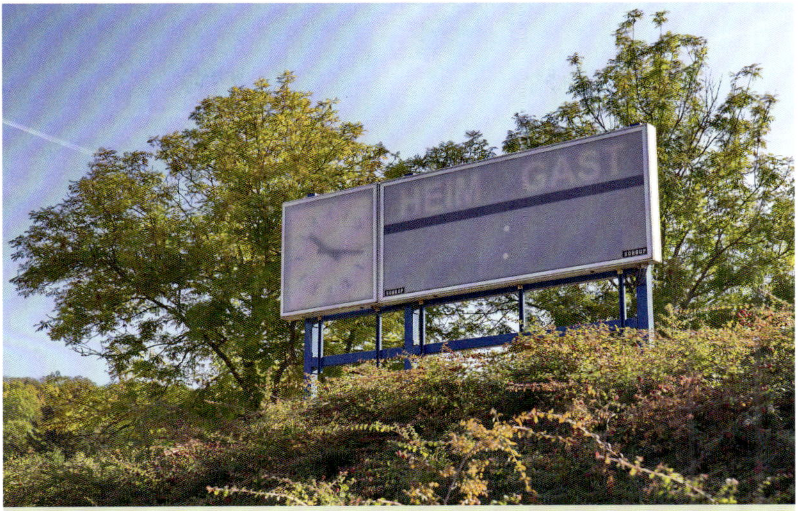

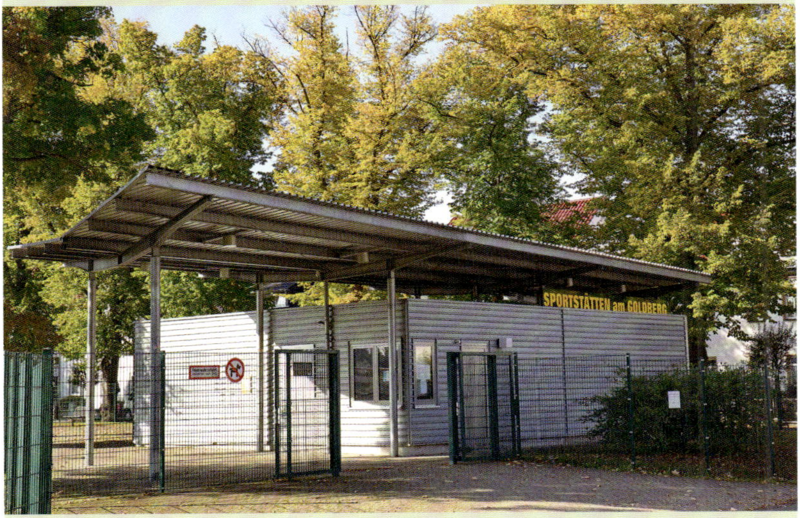

HARTE 4 FAKTEN

Kreis: Landkreis Gotha
Einwohner (2019): 9.735
Industrie: Zwieback Brandt und Süßwaren Storck
Sohn der Stadt: Johann Sebastian Bach

Sportpark an der Warthe

Der Retter aus Erfurt

Zwölf Jahre stand Rolf Rombach als Präsident des FC Rot-Weiß Erfurt an der Vereinsspitze, bevor er im November 2017 durch ein Fax des Aufsichtsrates abberufen wurde. In dieser Amtszeit dürfte der Insolvenzverwalter die bittersten Stunden im Pößnecker Sportpark „An der Warte" erlebt haben. 2007 verloren seine Erfurter das Thüringer Pokalfinale gegen den 1. FC Gera 03 und drei Jahre später scheiterten sie im Halbfinale am Oberligisten VfB Pößneck mit 1:2. Undenkbar war zu diesem Zeitpunkt, dass Rombach im Jahr 2018 zum 14. Ehrenmitglied des Rotasym-Nachfolgevereins ernannt werden würde.

Der Grund war ein Schuldenberg von etwa einer halben Million, den die Pößnecker in den 2000er-Jahren anhäuften. Der VfB war 1996 mit Trainer Jürgen Raab in die Landesliga aufgestiegen. Die Vizemeisterschaften in den Jahren 1997, 1998, 1999 und 2000 krönte der VfB im Sommer 2002 mit der Thüringenliga-Meisterschaft und dem Oberliga-Aufstieg. Aufstiegstrainer war Tino Vogel, der Sohn von Fußballlegende Eberhard Vogel, der 1997 ebenfalls Trainer in Pößneck war. Der gebürtige Pößnecker stand bis 2003 an der Linie und übernahm 2009 den neugegründeten Verein RaBa Leipzig. Während Vogel die Leipziger souverän zur Oberliga-Meisterschaft führt, stieg in der gleichen Saison der VfB nach acht Spielzeiten mit 12 Trainern aus der Oberliga bis in die Kreisoberliga ab. Am 10. August 2012 zog der Verein die Notbremse und startete in der 1. Kreisklasse neu. Seitdem geht es kontinuierlich aufwärts. In der Zwischenzeit spielt der VfB auf dem am 17. Mai 1925 eingeweihten Platz an der Warthe wieder in der Landesklasse.

Auch wirtschaftlich steht der Verein wieder auf soliden Füßen. Zunächst konnten parallel zum sportlichen Niedergang die Schulden nicht abgebaut werden. Daher zog 2017 der neue Vorstand um Marco Lucanus die Reißleine und eröffnete das Insolvenzverfahren. In weniger als neun Monaten konnte Insolvenzverwalter Rolf Rombach das Verfahren der nun schuldenfreien Pößnecker zum Erfolg führen.

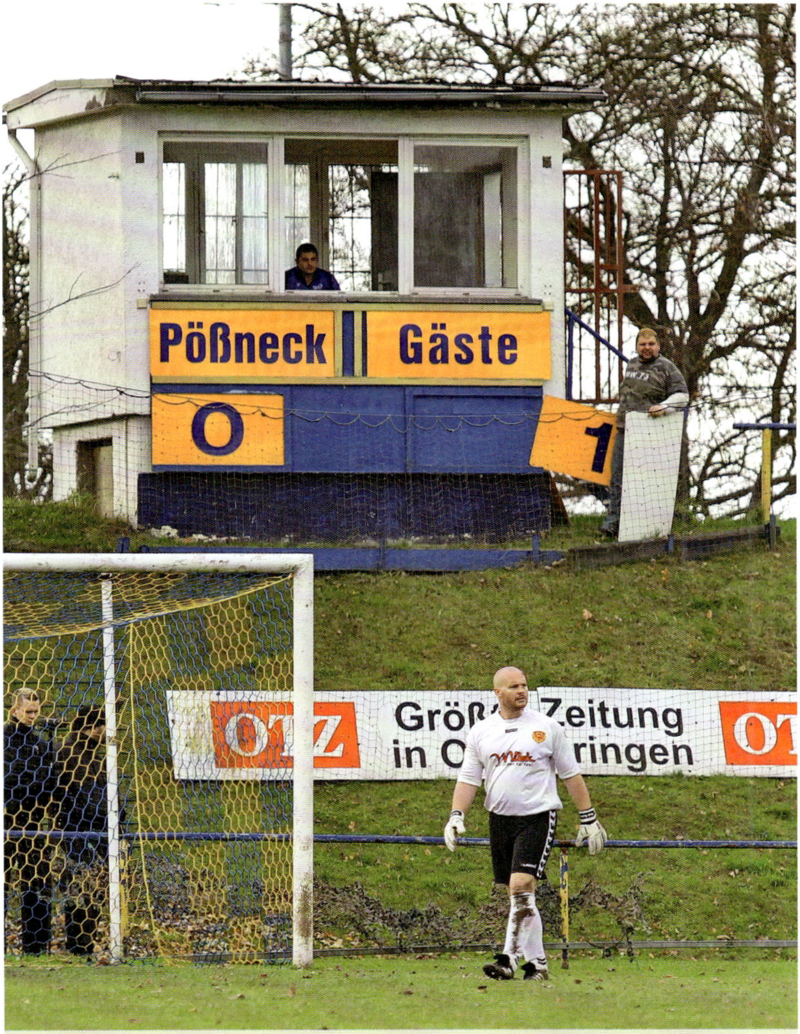

HARTE 4 FAKTEN

1909–1945: VfB Pößneck

1950–1980: BSG Fortschritt Pößneck

1980–1990: BSG Rotasym Pößneck

Seit 1994: VfB 09 Pößneck

Sportstätte Rosatal

Luthers Bart

Der heutige SV Jahn 07 Rosatal wurde im Jahr 1907 als Turnverein Rosa gegründet. Ab dem Jahr 1920 nahm eine erste Fußballmannschaft regelmäßig am Spielbetrieb der B-Klasse teil.

Nach dem II. Weltkrieg stand der Rosaer Sportverein genau wie viele andere vor dem Neubeginn. Zunächst wurde ein Sportplatz gesucht. Erst im Geiersgraben, dann im Flading, bis schließlich von 1955 bis 1957 durch viele freiwillige Aufbaustunden der neue Sportplatz am Teich geschaffen wurde.

Auch sportlich schaffte die BSG Aufbau Rosa, wie sie sich bis zur Wende nannte, 1970 den Aufstieg in die erste Bezirksklasse des Kreises Schmalkalden und bestimmte somit das Niveau im Fußballkreis mit. Sechs Jahre später folgte der größte Erfolg der Rosaer Vereinsgeschichte. Rosa wurde Kreismeister und schaffte in den Spielen gegen Vacha, Zella-Mehlis Ost und Sülzfeld mit 8:4-Punkten und 14:10-Toren erstmals den Aufstieg in die Bezirksklasse Suhl.

Noch heute wird sich in diesem Zusammenhang die Geschichte des Bartes von Landrat Ralf Luther erzählt. Am Vorabend des entscheidenden Spiels rang der damalige Kapitän Conny Hartleib dem Mitspieler und späteren Landrat Ralf Luther ein Versprechen ab. Wenn wir aufsteigen, fällt der Bart. Um die Rasur auch erfolgreich vollziehen zu können, fertigte Hartleib Handschellen an. Auf diese Art gefesselt und wehrlos gab es für Ralf Luther kein Zurück: Der Bart fiel und existiert noch heute. Gemeinsam mit den Handschellen gehört er zu den Reliquien des Vereins. Beides befindet sich in der Vitrine der Vereinsgaststätte.

Nach dem politischen Umbruch wurde unter neuem Namen weiter Fußball gespielt. Mit der Übernahme der Sportstätte Rosatal, der Eröffnung der vereinseigenen Gaststätte sowie dem Bau der Rosatalhalle wurde die Grundlage für die wirtschaftliche Stabilität geschaffen. Somit ist der Sportplatz auch heute ein echtes Schmuckstück in Thüringen. Die Männermannschaft des Vereins ist aktuell als Spielgemeinschaft mit dem TSV Roßdorf 08 in der Kreisklasse Rhön-Rennsteig aktiv.

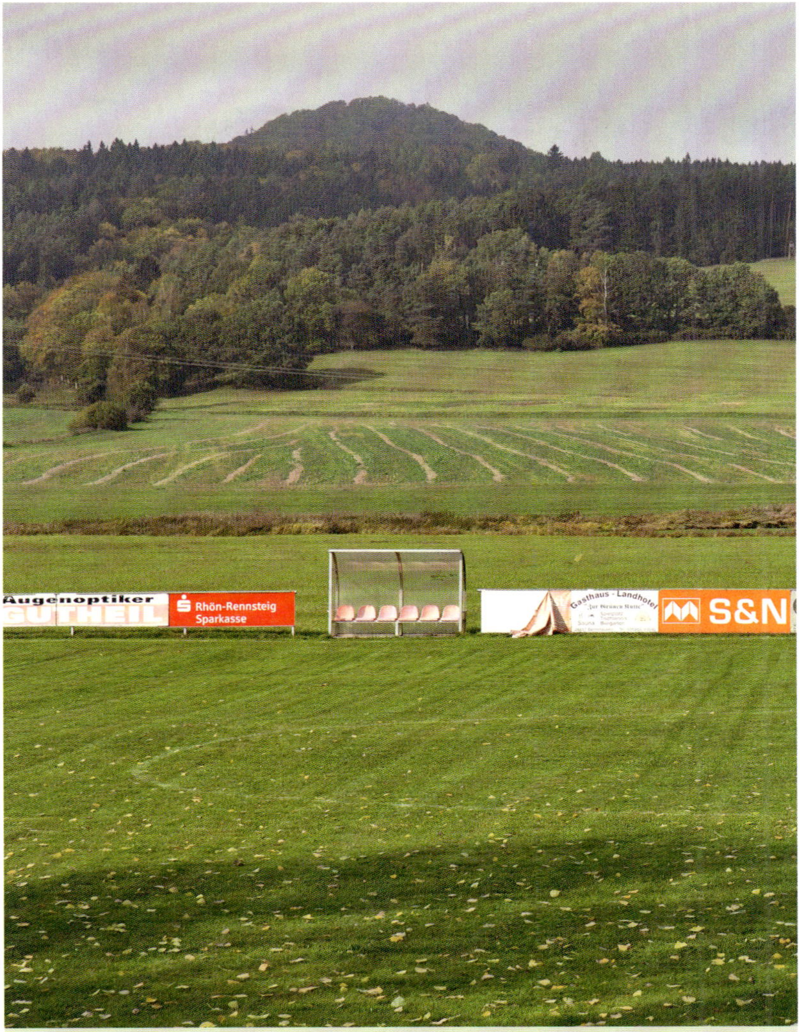

HARTE 4 FAKTEN

Urkundliche Ersterwähnung: 825

Einwohner: 674

Landkreis: Schmalkalden-Meiningen

Aufstiege: 1976; 1979; 1983; 1987; 1989; 1993 & 2018

Sportplatz Fichtenhainichen

Die Flucht aus der DDR

Hunderte Sportler flüchteten in den Jahren der deutschen Teilung in den Westen, mit Rolf Fritzsche und Jens König gelang auch zwei Thüringer Fußballern die Flucht.

Als Nachwuchsspieler auf dem 1932 errichteten Sportplatz Fichtenhainichen und mit 17 Jahren bereits in der 1. Mannschaft: Rolf Fritzsche spielte in seiner Geburtsstadt Rositz erfolgreich Fußball und fiel den Funktionären ins Auge. So wurde er zu Vorwärts Berlin delegiert. Dort wurde „Rolli" 1958 DDR-Meister. 1955 trug er beim 3:2-Sieg gegen Rumänien und beim 0:1 gegen Bulgarien das DDR-Auswahl-Trikot. 1959 packte Fritzsche seine Koffer und fuhr mit der S-Bahn vom Osten Berlins in den Westteil der Stadt. Das war zwei Jahre vor dem Bau der Mauer noch möglich. Von West-Berlin führte Fritzsches Weg über Pirmasens, wo er seine Frau kennenlernte, zum HSV, bei dem er zwei Jahre lang neben Uwe Seeler stürmte, der Fritzsches Trauzeuge ist. Mit dem KSV Hessen Kassel wurde Rolli 1964 Süddeutscher Meister vor dem FC Bayern München, scheiterte jedoch knapp am Aufstieg zur Bundesliga.

Der in Schmölln geborene Jens König wurde in den Nachwuchsabteilungen von Lok Leipzig und Motor Altenburg ausgebildet. Nach zwei Jahren beim DDR-Ligisten Motor Weimar wechselte König 1986 für nur 12 Spiele zum Oberligisten FC Rot-Weiß Erfurt, um über Weimar zur BSG Wismut Aue wechseln zu können. Dies gefiel den Funktionären nicht, so folgte nach vier Spielen der Einberufungsbefehl. 18 Monate später kehrte König zurück.

Als Aue im Sommer 1989 am Intertoto-Cup in Göteborg teilnahm, gelang die Flucht, vier Tage nachdem Rostocks Axel Kruse in Kopenhagen geflüchtet war. Man wolle steuerfrei einkaufen, war der Vorwand, um sich bei der Delegationsleitung die Pässe zu besorgen, und damit ging es direkt zum Konsulat der Bundesrepublik. Doch Aue gab König nicht frei und so nahm er nach dem Fall der Mauer das Angebot aus Aue zur Rückkehr an. Später absolvierte der Mittelfeldspieler 108 Zweitligapartien für Blau-Weiß 90 Berlin, Jena und Chemnitz.

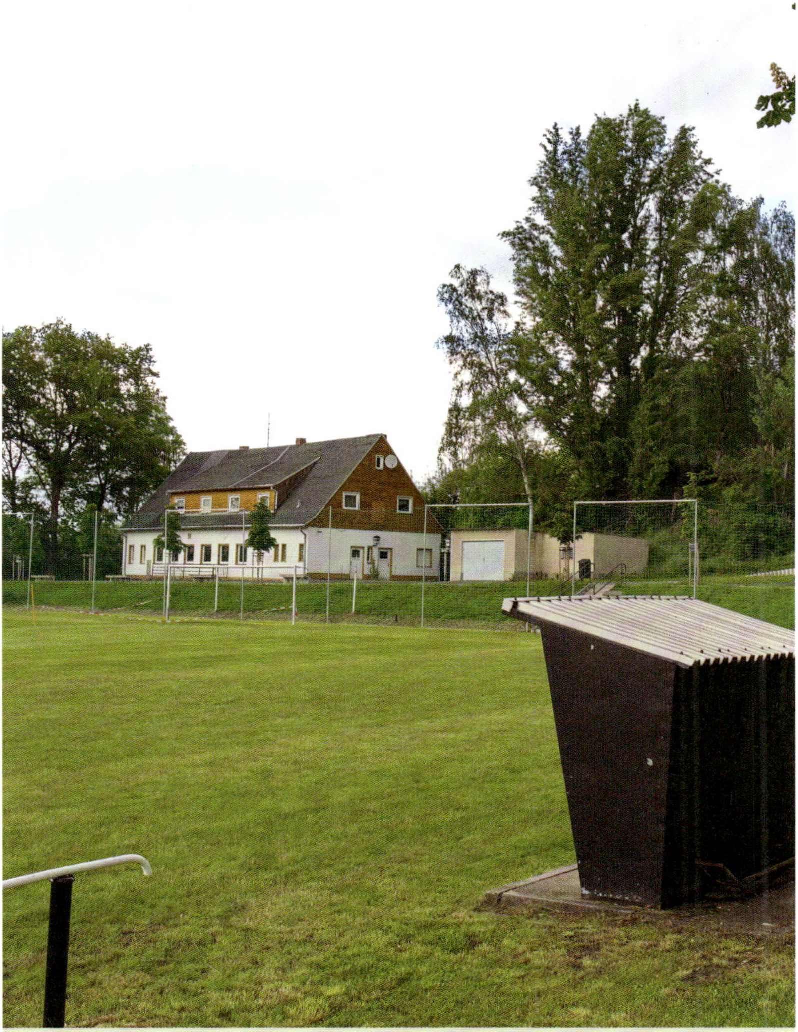

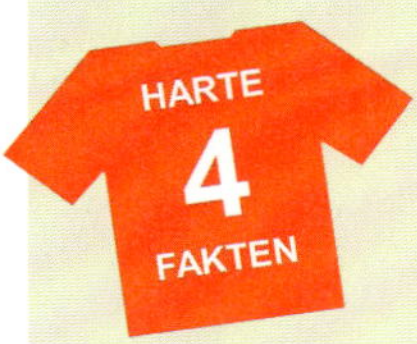

1976: Flucht von Norbert Nachtweih

1979: Lutz Eigendorf

1983: Falko Götz

1986: Frank Lippmann

LSS-Sportpark

Der Ex-Präsident als linker Läufer

Den Anfang mit dem Fußball in Rositz machte der am 4. September 1919 gegründete SC „Maiblümchen" Gorma. Daraus entstand 1921 die Freie Spielvereinigung Gorma und ab 1923 die Freie Spielvereinigung Rositz. Diese nahm an der vom Arbeiter-Turn- und Sportbund (ATSB) ausgerichteten deutschen Meisterschaft teil. Als Thüringer Meister qualifizierte sich der FSV zweimal für die Mitteldeutsche Meisterschaft. Dort erreichte Rositz 1931 das Finale (TuS Pegau 2:5) und 1932 das Halbfinale (VfK Südwest Leipzig 1:2). Einflussreiche NSDAP-Mitglieder verhinderten – trotz Verbot der Arbeitersportvereine – eine Auflösung. Unter dem Namen „Fußballsportverein" spielte Rositz weiter und gewann 1942 die Osterlandmeisterschaft nach dem Finalsieg gegen den FC Wacker 1910 Gera.

Am 10. März 1950 wurde BSG „Paraffin" Rositz gegründet, die wenig später in BSG Chemie umbenannt wurde und dem VEB Otto Grotewohl Teerverarbeitungswerk Rositz unterstellt war. Den Fußballern gelang 1952 und 1959 der Aufstieg in die drittklassige Bezirksliga Leipzig, aus der Chemie 1956 bzw. 1960 wieder abstieg. Als Fußballhelden dürften der spätere Oberliga-Spieler Rainer Trölitzsch und auch Wolfhardt Tomaschewski gelten, der in der Bezirksklasse als „linker Läufer" spielte und von 2011 bis 2021 Präsident des Thüringer Fußball-Verbandes war.

Der am 4. Juli 1990 gegründete SV Rositz feierte den größten Erfolg im Sommer 2015. Innerhalb von zwei Spielzeiten gelang der direkte Durchmarsch von der Kreisoberliga in die Verbandsliga. Der 7. Platz in der Premierensaison zeigte, dass der Aufstieg in die Thüringenliga kein Zufall war. Doch nach der zweiten Spielzeit zog sich Rositz aus personellen Gründen zurück und begann in der Kreisliga mit dem direkten Kreisoberligaaufstieg neu.

Die Spielstätte für die Herren ist der LSS-Sportpark, der 1921 als Sportplatz Gorma entstand und am 18. September 1994 nach Sanierungsarbeiten mit einer 0:5-Niederlage gegen den Drittligisten FC Sachsen Leipzig vor 800 Zuschauern eröffnet wurde.

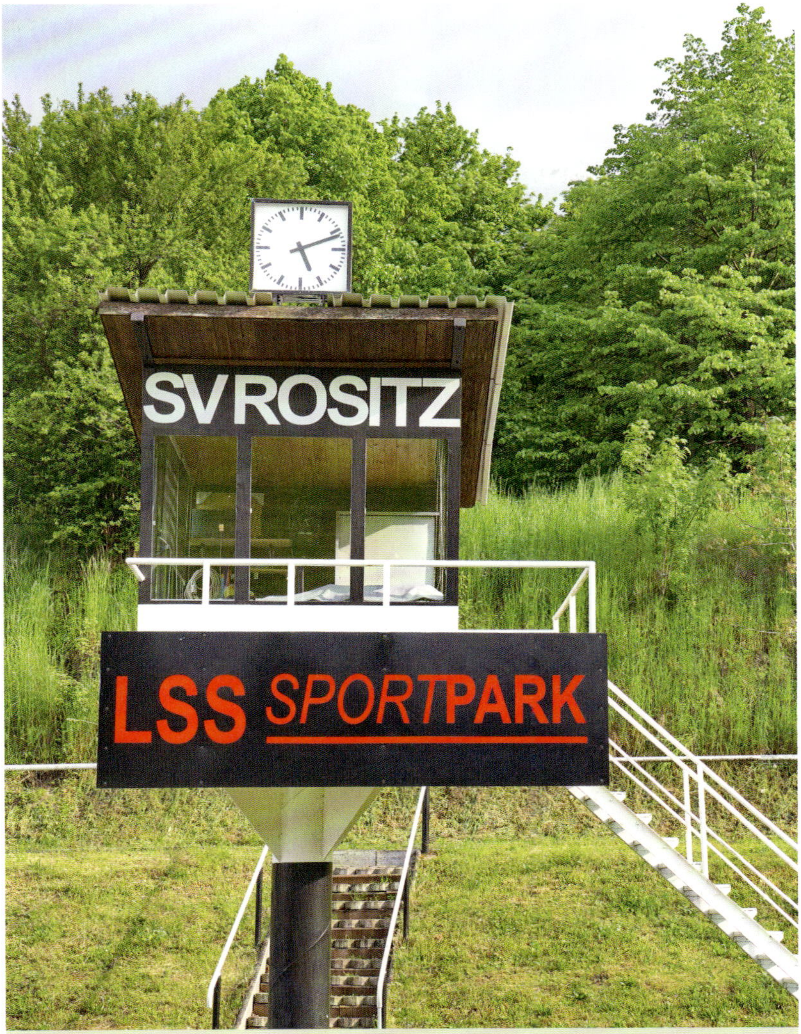

HARTE 4 FAKTEN

Thüringenmeister: 1931; 1932

Meister KOL Ostthüringen: 2014

Kreismeister: 1962; 1972; 1975; 1978; 1983; 1996; 2006; 2008; 2018

Kreispokalsieger: 1958; 1996; 2008

Sportplatz Roßleben

Die Perle im Revier

Auf mehr als 100 Jahre Fußballtradition kann die Gemeinde im Kyffhäuserkreis zurückblicken. Die Roßleber Zeitung verwies am 19. Februar 1920 darauf, dass am Sonntag zwischen den Klosterschülern und einer Mannschaft des VfB, der im Herbst davor gegründet wurde, das erste Fußballspiel im Ort stattfinden wird. 1949 wurde dann die BSG Aktivist als Mehrspartenverein mit dem Kaliwerk als Trägerbetrieb gegründet. Erfolgreichster Fußballer des Ortes ist Werner Heine (geb. am 14. August 1935 in Roßleben), der es als Aktivist-Nachwuchsfußballer bis zum Erstligisten SC Dynamo Berlin schaffte und als Abwehrspieler 29 A-Länderspiele bestritt.

1989 konnte Aktivist noch das 40-Jährige feiern, doch dann kam die Wende. Die BSG löste sich auf und zeitgleich endetet die Ära des Kali-Bergbaus im Südharz, was für Roßleben eine Halbierung der Einwohnerzahl bedeutete. Das Kali-Werk, der VEB „Heinrich Rau“, verfällt. Die Schächte wurden mit Betonpfropfen und Kies verschlossen, um als potenzielle Konkurrenz vom Markt zu verschwinden.

So ist bis heute in der Region die Freude über die Einheit stets mit einem „aber“ verbunden. Schließlich ist gerade die Lagerstätte unter Roßleben nach Ansicht vieler Experten die Perle des Reviers, weil das Rohsalz eine große Vielfalt an Mineralien aufweist. Neueste Technik kann diese Mischung trennen und somit nicht nur Kali, sondern auch hochwertiges Kochsalz, teuren Kaliumsulfatdünger oder sogar Gips gewinnen. Damit würden die Halden aus Restsalz, aus denen bei Regen viel Lauge in die Böden gespült wurde, der Vergangenheit angehören. Ein australisches Konsortium hat sich die Kali-Vorkommen mit ca. fünf Milliarden Tonnen Rohsalz auf einer Fläche von 500 Quadratkilometern gesichert.

Und so könnte das Salz wieder Arbeitsplätze und Wohlstand in den Norden Thüringens bringen. Vielleicht ist dies auch eine Chance für die Fußballer des 1990 gegründeten SV Kali Roßleben, die seit 2018 als Spielgemeinschaft mit Wiehe und Bottendorf in der Kreisliga spielen.

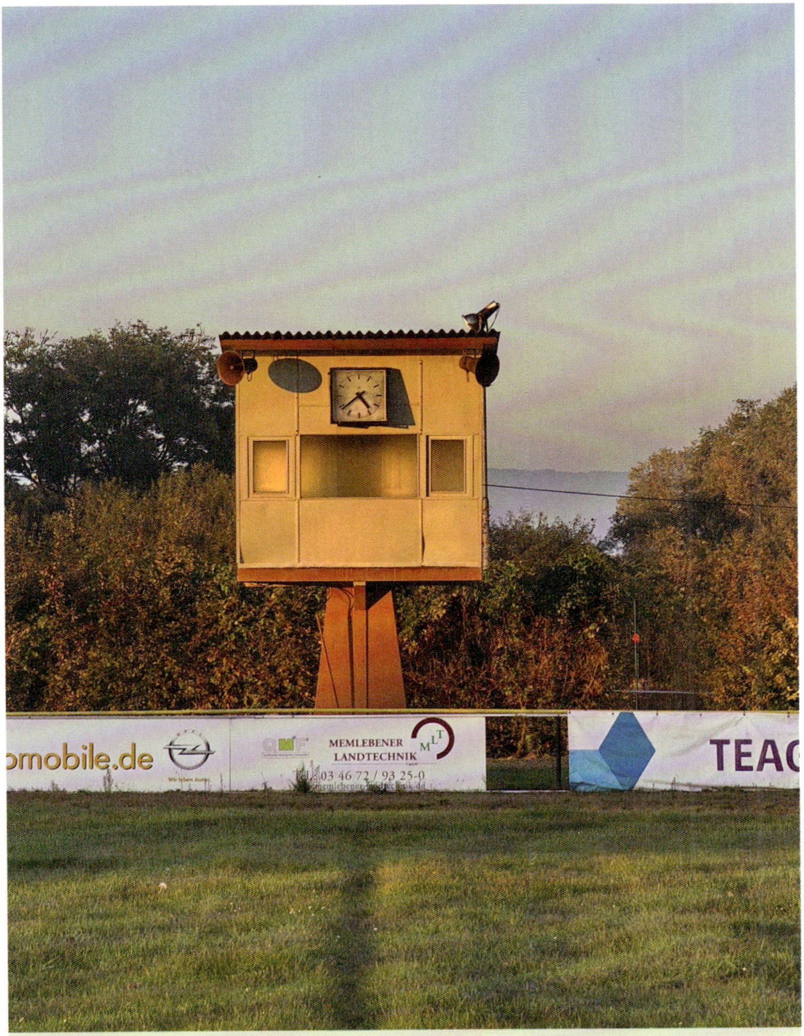

HARTE 4 FAKTEN

22. Februar 1920: 1. Spiel

1928: SC Einheit 1928 Roßleben

19. Juni 1990: Neugründung SV Kali Roßleben

Ehrenpräsident: Norbert Simon

Stadion Mittelwiese

Der Erbstromtaler Fußballclub

Mit dem VEB Uhren- und Maschinenenkombinat als Trägerbetrieb und der Fusion der beiden BSGs „Motor Nord“ und „Motor Süd“ zur „TSG Ruhla“ wurde 1965 die Grundlage für erfolgreichen Fußball gelegt. Die Turn- und Sportgemeinschaft bestritt am 17. August 1966 einen Test gegen die DDR-Nationalmannschaft, die ihre Leistungsfähigkeit vor einem WM-Vorbereitungsspiel in Malta überprüfen wollte. 6.000 Zuschauer sahen auf dem Sandplatz im Stadtteil Thal „nur“ eine 0:3-Niederlage der mit einigen Leihspielern von Motor Gotha verstärkten Kreisklasse-Elf.

Der eigentliche Heimplatz der Ruhlaer Fußballer wurde nach dem Ausbau am 7. Oktober 1969 als „Stadion der Fahrzeugelektriker“ eröffnet, erneut war die Nationalmannschaft zu einem Test gegen Vasas Budapest vor 8.000 Zuschauern zu Gast. Heute trägt der 1928 erbaute Sportplatz den Namen „Stadion Mittelwiese“. Mit dem Gedenkstein, der zu Ehren der im I. Weltkrieg gefallenen Sportkameraden aufgestellt wurde und sämtliche Umbaumaßnahmen überstand, ist noch heute ein Relikt aus der Anfangszeit vorhanden.

Im Sommer 1974 gewann die TSG den Meistertitel der Bezirksliga Erfurt und schaffte den Aufstieg in die zweitklassige Liga. Zum ersten Heimspiel gegen Wismut Gera kamen 1.900 Zuschauer ins Stadion und schafften somit einen historischen Punktspielrekord. Am Ende der Premierensaison standen gerade mal drei Siege zu Buche. Der letzte Tabellenplatz war mit der sofortigen Rückkehr in die Bezirksliga verbunden. Im Sommer 1982 gelangen erneut die Bezirksliga-Meisterschaft und der Aufstieg. Diesmal reichte der 8. Platz zum Liga-Klassenerhalt. Der 6:0-Sieg am 20. Spieltag bei Motor Steinach ging als höchster Liga-Sieg der TSG in die Geschichte ein. Bedingt auch durch die Ligareform musste Ruhla als Tabellenzehnter am Saisonende 83/84 wieder in die Bezirksliga.

Nach der Wende spalteten sich die Fußballer von der TSG ab und spielen seither unter dem Namen EFC Ruhla 08. Namensgeber ist der Fluss Erbstrom, welcher in Ruhla seine Quelle hat.

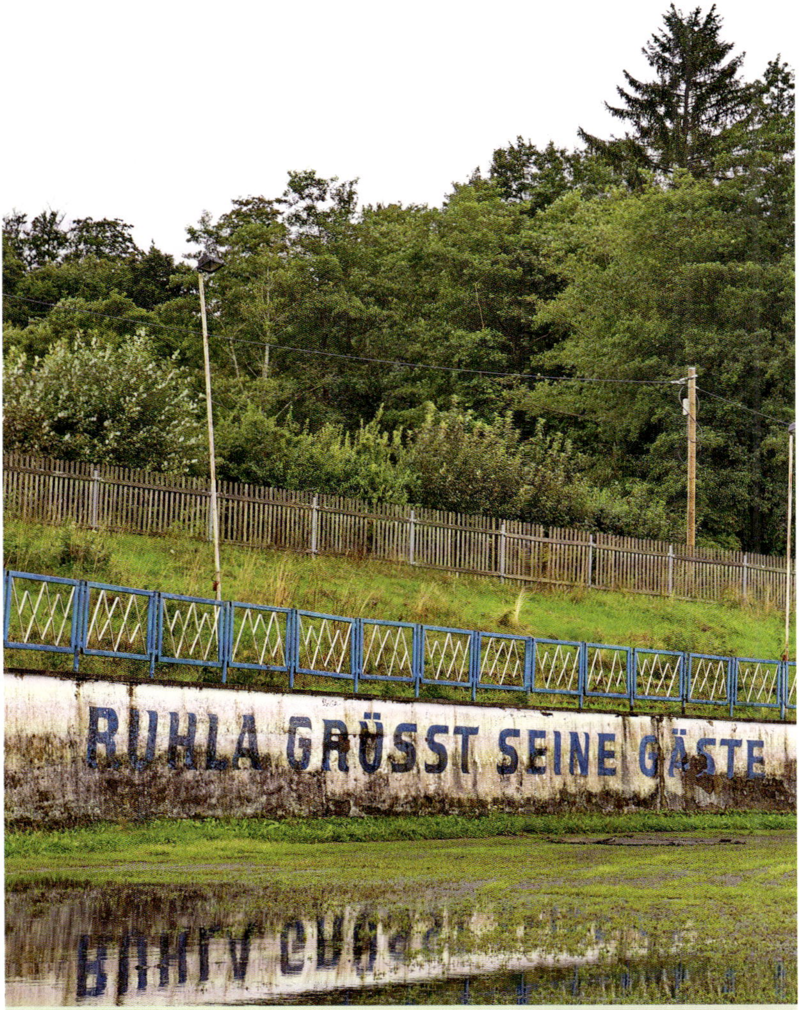

HARTE 4 FAKTEN

Für den Groundhopper: Torbogen & Rostbratwurst

Besonderes Pokalspiel: Ruhla – Suhl 2:1 n.V. (84/85)

TSG-Held: Jürgen Heitmann

Ewige Tabelle der DDR-Liga: 127. Platz

Rudolstadt 073

Städtisches Stadion im Heinepark

Die Einheit als Wendegewinner

„Die Kreisstadt erhält heute ihre Betriebssportgemeinschaft", titelte die Zeitung „Das Volk" am 11. November 1950. An diesem Tag wurde die BSG Einheit Rudolstadt im damaligen KWU-Hotel „Zum Löwen" gegründet. Von einem „starken sportlichen Faktor im Friedenskampf" sowie einem „bedeutsamen Fortschritt in der sportlichen Entwicklung der Kreisstadt" war in den Medien zu lesen. Doch auf die überregionale Fußballbühne schaffte es die Einheit vor der Wende nur einmal und nur für eine Saison. 1957 landeten die BSG-Kicker auf dem 3. Platz der Bezirksliga Gera und stiegen somit in die II. DDR-Liga auf, da diese auf fünf Staffeln aufgestockt wurde. Aus dieser Zeit ist Torhüter Gerhard Günter, der mit dem Spitzenamen der „Blaue" zu den Vereinslegenden zählt, noch heute Gast im Stadion. Nach dem Abstieg aus der Bezirksliga im Sommer 1978 wurde es ruhiger bei der Einheit, die mit Nationalspieler Peter Rock, Andreas Krause sowie den Brüdern Ullrich (alle Jena) und Michael Oevermann (Erfurt) zahlreiche Oberligaspieler hervorbrachte.

Mit dem Aufstieg in die Bezirksliga 1989 und dem politischen Umbruch begann ein kontinuierlicher Aufwärtstrend des Fußballs unterhalb der Heidecksburg. Mit regional gebündelten Kräften feierte die SG Rudolstadt/Schwarza/Volkstedt 1995 die Bezirksligameisterschaft und den Aufstieg in die Landesliga. Nach dem sofortigen Abstieg wurde die Ehe mit Schwarza aufgelöst und als FC Einheit Rudolstadt ein neuer Anlauf genommen, der mit der Meisterschaft in der Landesklasse Ost 2001 und dem damit verbundenen Verbandsligaaufstieg zum Erfolg führte. 2012 gelang mit Trainer Holger Jähnisch der Sprung auf die überregionale Bühne. Als Tabellendritter stieg die Einheit in die Oberliga auf, in der sie mit dem 3. Platz 2019/20 das beste Ergebnis der bis dahin achtjährigen Zugehörigkeit erzielte.

Wer ein Heimspiel der Einheit besucht, sollte ein Stadionheft mitnehmen. Dies gibt es seit 1990 und wird vom engagierten Stadionsprecher und Aufstiegstrainer Hartmut Gerlach herausgegeben.

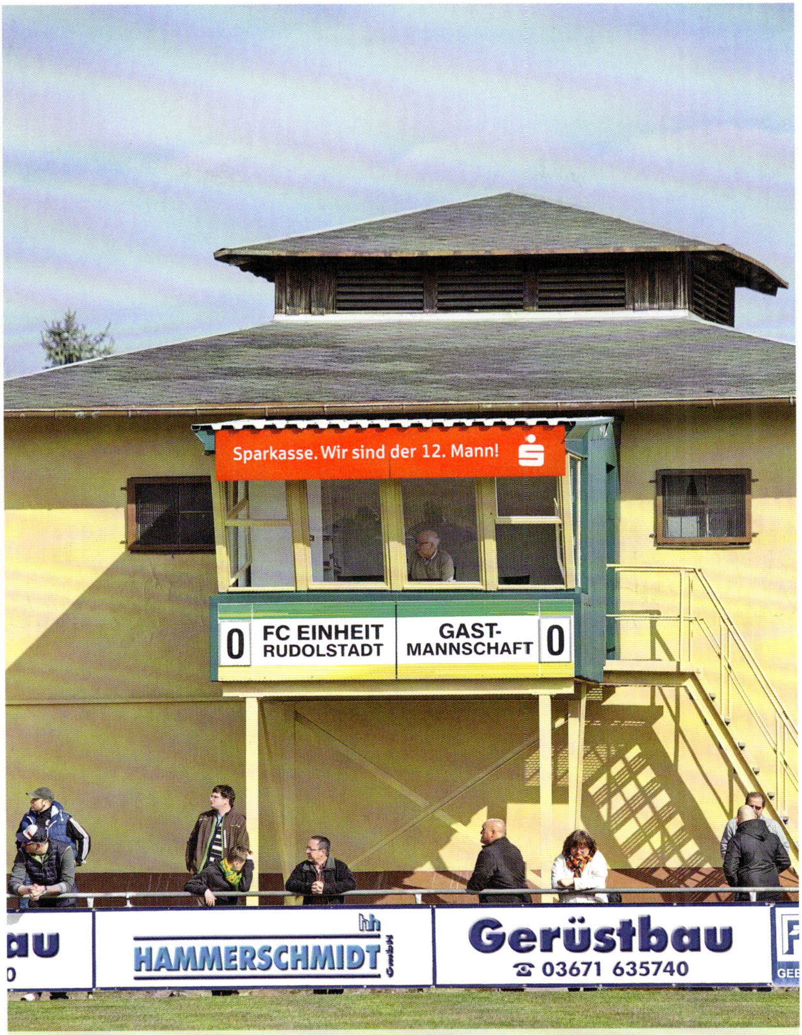

HARTE 4 FAKTEN

1925 & 1927: Gauliga-Vizemeister VfB Rudolstadt

1927: Fertigstellung Sportplatz am Heinepark

Trainer: Max Wollenschläger, Richard Oevermann

Spieler: Sören Eismann, Marco Riemer

Sportanlage im Gemeindetal

Die BSG „Andreas-Granowski" Schwarza

Auch wenn Schwarza seit 1950 „nur" ein Ortsteil der Stadt Rudolstadt ist, wurde im Sportpark des „VEB Chemiefaserkombinat Schwarza Wilhelm Pieck" das fußballerische Niveau im Bezirk Gera mitbestimmt. Der Trägerbetrieb gründete zunächst die BSG Chemie Rudolstadt, die 1958 in BSG Chemie Schwarza umbenannt wurde und sich überregionale Aufmerksamkeit erspielte.

Nach der Bezirksmeisterschaft 1960 spielte die BSG zwei Jahre in der II. Liga und in den 1970er-Jahren folgten drei Saisons in der zweitklassigen Liga verbunden mit einer großen Euphorie. Lange Zeit gab es im Kaufhaus keinen grünen und weißen Fahnenstoff mehr, da die Fans diesen aufgekauft und sich zahlreiche 3x3 Meter große Fahnen genäht hatten.

Einer dieser Chemie-Fans war und ist der heutige Abteilungsleiter Andreas Granowski, der wie kein Zweiter mit dem Fußball im Gemeindetal verbunden ist. Im Juni 1981 pachtete der damals 20-Jährige die Gaststätte „Sportlerheim". Doch 1990 schien es, als würde der Sportpark zukünftig ohne Fußballer auskommen müssen, weil sich die Sektionen von „Chemie" Schwarza und Einheit Rudolstadt im Juli 1990 zum FC Rudolstadt/Schwarza zusammenschlossen. Somit hatte der Chemie-Nachfolgeverein zunächst keine Fußballabteilung. Dies änderte sich 1993, als Granowski mit Achim Evensen den Fußball zurück ins Gemeindetal holte. Beim ersten Auftritt gelang dem SV 1883 im Chemie-Sportpark ein 3:1-Sieg gegen die SG Hesseln. Das Premierentor erzielte Thomas Hartig. In der Zwischenzeit ist der SV in allen Altersklassen im Spielbetrieb aktiv und die Herren spielen in der Kreisoberliga Mittelthüringen. Auch die Herausforderungen wie das Hochwasser 1994 und die Zerstörung der Anlage durch Wildschweine 2020 konnten die Schwarzaer gemeinsam bewältigen.

In der Zwischenzeit hat Granowski seinen Pachtvertrag für das Sportlerheim bis 2040 verlängert und ist seit 2019 Namensgeber für die neue Tribüne, auf der 160 Zuschauer Platz finden und via Monitor über aktuelle Themen informiert werden.

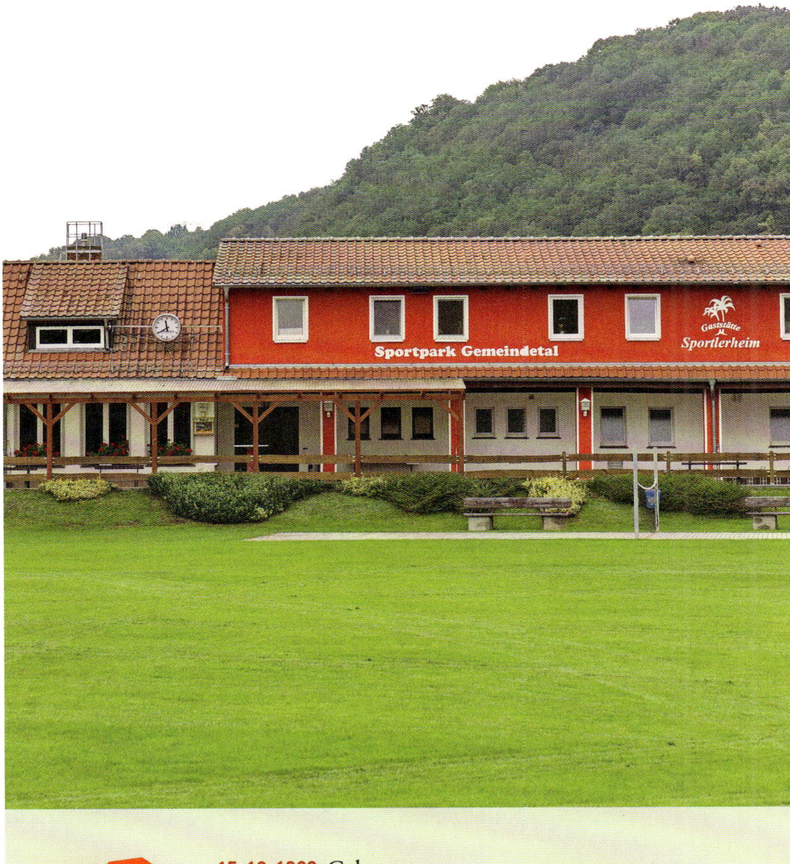

HARTE 4 FAKTEN

15. 10. 1960: Geburt

1. 6. 1981: Pacht des Sportlerheims

1. 4. 2011: Pacht des Sportparks im Gemeindetal

22. 6. 2019: Einweihung Andreas-Granowski-Tribüne

Lok-Sportplatz & Platz an den Saalewiesen

Frauenfußball in der Feengrottenstadt

Mit der Gründung des 1. FFC Saalfeld am 18. Juni 2011 gab es in der Region erstmals einen reinen Frauen- und Mädchenfußballverein. Nach zwei Vizemeisterschaften erspielten sich die Saalfelderinnen vom Lok-Sportplatz drei Jahre nach der Gründung die Meisterschaft und damit die Chance auf den Regionalligaaufstieg. Nach einer 4:6-Heimniederlage gegen Beelitz hoffte das Team nach dem Führungstreffer im Rückspiel auf ein Wunder. Doch am Ende verlor der 1. FFC nicht nur die Relegation mit 1:3, sondern in der Sommerpause eine gesamte Mannschaft.

Differenzen mit dem Vorstand führten zum Austritt vieler Spielerinnen, die als Abteilung Frauenfußball bei den Saalfeld Titans eine neue Heimat fanden. Der 1. FFC musste in der Landesklasse neustarten, was mit zwei Meisterschaften und dem Aufstieg 2017 gelang. Die Titans durften erst in der Saison 2015 in der Kreisliga beginnen und waren nach einem Doppelaufstieg nur ein Jahr nach dem FFC in der Verbandsliga zurück.

350 Zuschauer sahen am 4. November 2017 das erste Verbandsliga-Stadtderby auf dem Platz an den Saalewiesen und einen 3:1-Sieg der Titans. Bis zum Sommer 2019 gab es noch drei weitere Punktspiele gegeneinander, die allesamt der FFC gewinnen konnte. Als im Oktober 2019 der erste Pokalderby auf dem Spielplan stand, spielten die Titans nach dem Rückzug wieder in der Landesklasse und sorgten mit dem 5:3-Sieg gegen den FFC für eine Überraschung. Doch der TFV gab einer Beschwerde des FFC wegen des unberechtigten Einsatzes einer Spielerin statt und wandelte das Ergebnis in einen 2:0-Sieg für den FFC um.

Nachdem 2019 Gespräche über eine Bündelung der Kräfte erfolglos blieben, gab es im Sommer 2020 den nächsten Knall. Während der 1. FFC Saalfeld freiwillig von der Verbandsliga Abschied nahm und in der Kreisoberliga eine SG mit dem SV Greifenstein bildete, stiegen die Titans durch die Auflösung der Landesklasse wieder in die höchste Spielklasse des Freistaates auf und sind seitdem die Nr. 1 im Saalfelder Frauenfußball.

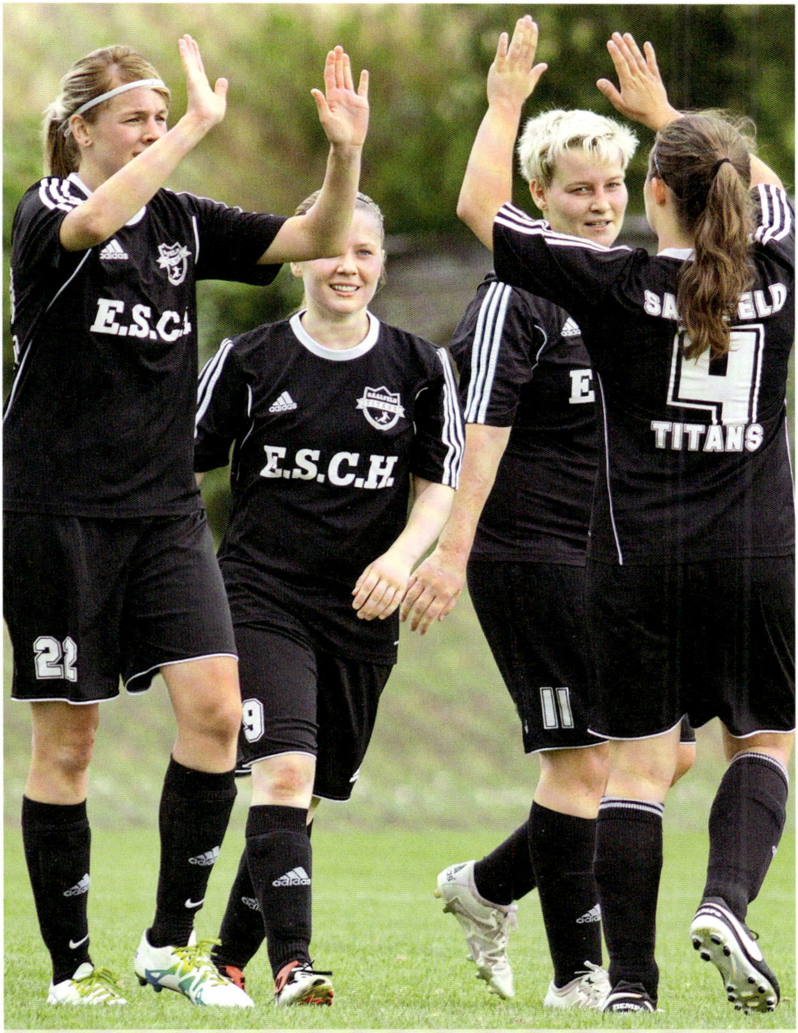

HARTE 4 FAKTEN

4. 11. 2017: Saalfeld Titans vs. 1. FFC Saalfeld 3:1
27. 5. 2018: 1. FFC Saalfeld vs. Saalfeld Titans 6:3
20. 10. 2018: Saalfeld Titans vs. 1. FFC Saalfeld 1:3
12. 5. 2019: 1. FFC Saalfeld vs. Saalfeld Titans 5:1

Stadion an der Weberstraße

Abmeldung nach 112 Jahren

Im Jahr 1907 begann die Fußballgeschichte in Schlotheim. 1920 entstand aus den Vereinen FC Teutonia und VfB Olympia die Spielvereinigung Schlotheim, die sich von der 3. in die 1. Klasse spielte. War Schlotheim zwischen 1928 und 1938 nahezu durchweg in der höchsten Liga des Gaus Wartburg vertreten und dort 1932 und 1933 sogar Vizemeister, scheiterten die Nachfolgevereine zu DDR-Zeiten am Versuch, nach dem jeweiligen Aufstieg in die Erfurter Bezirksliga sich dort zu etablieren.

Zunächst spielt die SG Schlotheim lange in der Bezirksklasse Erfurt. 1965 gelang sogar für eine Saison der Sprung in die Bezirksliga, was 1980 wiederholt wurde. Doch auch mit den oberligaerfahrenen Erfurtern Gerd Stieler, Thomas Menge und Harald Schramm betrug der Abstand der ZSG in der Saison 1980/81 zum rettenden Ufer acht Punkte. So spielten Lok, ZSG, Sponeta oder der SSV 07 zumeist in der Bezirksklasse oder Kreisklasse.

Besser machten es die Seilerstädter zum Jahrtausendwechsel. 2000 verzichtete die Nordhäuser Reserve auf den Aufstieg in die Landesklasse. Schlotheim rückte nach und schaffte im Folgejahr den Aufstieg in die Thüringenliga. Der SSV 07 brachte es mit zweijähriger Unterbrechung bis 2010 auf insgesamt sieben Spieljahre Zugehörigkeit zur höchsten Thüringer Spielklasse. Ein Erfolgsgarant war Trainer Harald Fritz, der als Fußballer für den FC Rot-Weiß Erfurt und die BSG Motor Suhl in der DDR-Oberliga spielte.

Das Ende der Landesklassesaison 2018/19 war gleichbedeutend mit der Abmeldung der 1. Herrenmannschaft aus der Landesklasse aufgrund Spielermangels. Seitdem spielen die Herren in einer Spielgemeinschaft mit Maroldérode in der 1. Kreisklasse Unstrut-Hainich. Vom Rückzug der Männer war die Nachwuchsarbeit nicht betroffen. Hier hat der Verein ein Fußballinternat etabliert.

Wie weit es Fußballer aus dem Internat bringen können, zeigt Nils Butzen. Der Drittliga-Spieler von Hansa Rostock trainierte in Schlotheim und wechselt dann über den 1. FC Magdeburg an die Ostseeküste.

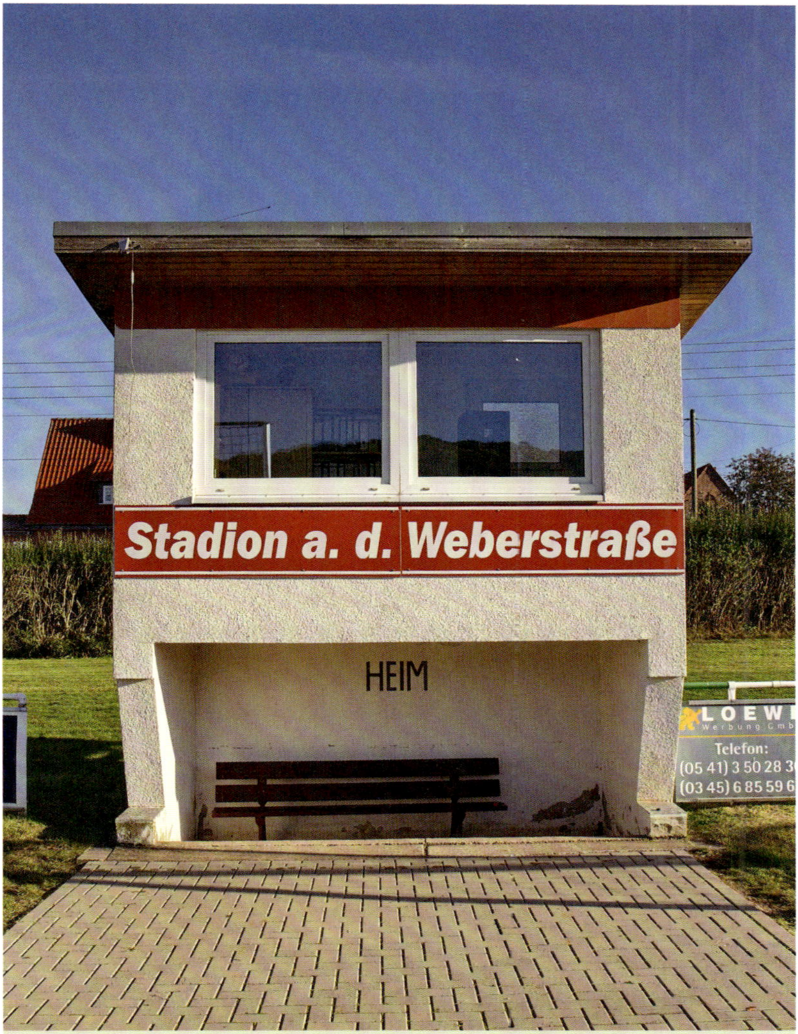

HARTE 4 FAKTEN

Urkundliche Ersterwähnung: 974
DDR-Trägerbetrieb: VEB Kombinat Sponeta
Einwohner: 3.500
Landgemeinde: Nottertal-Heilinger Höhen

Stadion „Am Walperloh"

Neuer Schwung für Walperloh?

Bei oberflächlicher Betrachtung scheinen die besten Jahre für die Wohnsiedlung „Walperloh" vorbei. Ähnlich geht es dem Stadion. Von den 6.000 Zuschauern, die das Spiel zur Einweihung am 7. Oktober 1954 zwischen Motor Mitte Schmalkalden und der BSG Einheit Ost Leipzig (3: 9) sahen, oder den 10.000 Fußballfans, die zuvor beim Testspiel des SC Turbine Erfurt gegen Guinea anwesend waren, fehlt jede Spur.

Dabei war Schmalkalden einer der ersten Orte in Südwestthüringen, in dem Fußball mit dem SV 04 organisiert und höherklassig gespielt wurde. Zunächst wurde im Gau Westthüringen und später (1947) als SG Fortuna in der Bezirksliga Suhl gekickt. Auf ZBSG, BSG Feinprüf und BSG Motor Mitte folgte ab 1954 der Name BSG Motor Schmalkalden. Durch die Unterstützung des Werkzeugkombinates wurden die sportlichen Rahmenbedingungen verbessert. So gelang Motor Schmalkalden 1979 der Aufstieg in die zweitklassige DDR-Liga. Die inzwischen in Werkzeugkombinat Schmalkalden umbenannte BSG war zu dieser Zeit eine Fahrstuhlmannschaft. Den insgesamt drei Aufstiegen in die DDR-Liga folgte jeweils unmittelbar der sofortige Wiederabstieg.

Nach dem politischen Umbruch gelang der Aufstieg in die 1. Liga Thüringens. Sieben Spielzeiten spielte der FSV dort. Mit der Unterstützung durch Sponsoren und Politik sowie einem Kunstrasenplatz war die Zielstellung, Südthüringens Nummer 1 sein zu wollen, verbunden. Sommer 2003 kam der erste Rückschlag. Elf Spieler verließen den Verein, von der gescheiterten „Söldnerpolitik am Walperloh" war zu lesen. Der Neubeginn in der Bezirksliga 2005 schien erfolgreich, vier Jahre später gelang der Aufstieg in die Landesklasse. Doch ohne Nachwuchs fehlte jegliche Perspektive und so gibt es seit Sommer 2018 – also nach 114 Jahren – keine Männermannschaft mehr in der Kernstadt Schmalkalden.

Demnächst sollen Stadtteil und Stadion unter dem Motto „Neuer Schwung für Walperloh" aufgewertet werden. Zu hoffen ist, dass von diesem Schwung auch der Fußball profitiert.

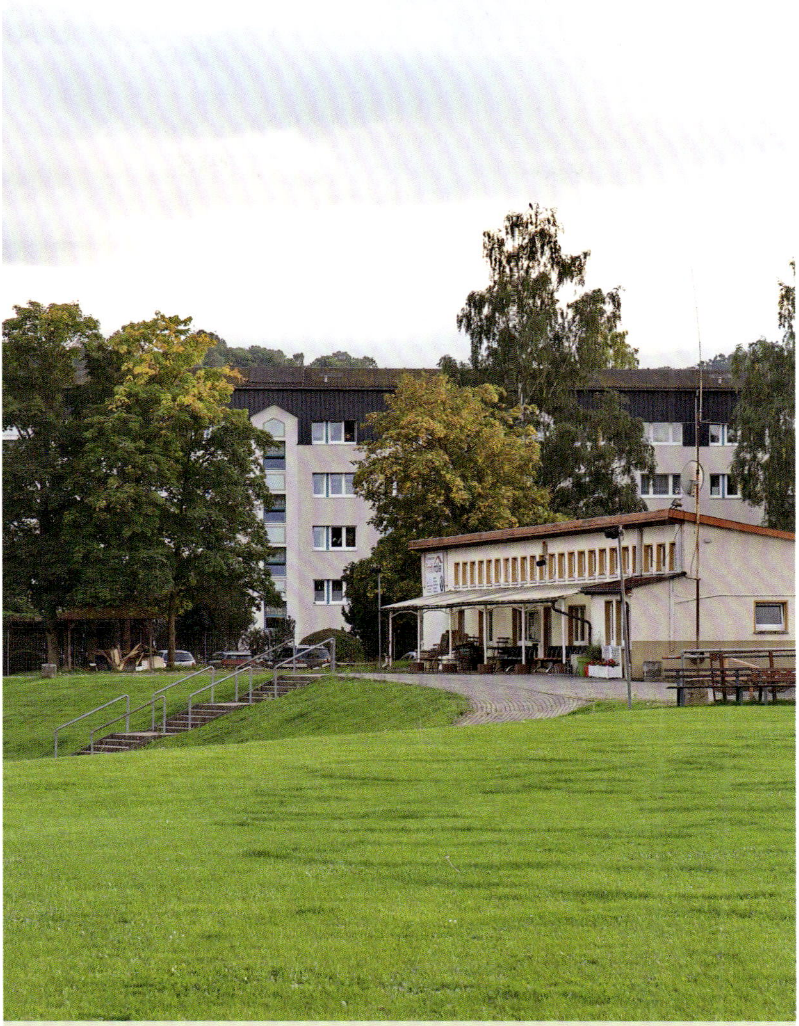

HARTE 4 FAKTEN

Letztes Punktspiel der Männer: 26. Mai 2018

Gegner: SV 01 Dreißigacker (1:1)

Letzter FSV-Torschütze: Andy Nummer-Wolf

Zuschauer: 66

Sportplatz Sommeritzer Straße

Der wechselunwillige Torjäger

Der 2. September 1846 gilt als Gründungsdatum für den ersten Turnverein in der Sprottestadt, der zugleich einer der ältesten in ganz Thüringen sein soll. Der „Schmöllner SV" wurde 1913 gegründet und spielte zwischen 1927 und 1934 in der höchsten Spielklasse des Gaues Osterland, dies allerdings ohne Spitzenplatzierung. Am 22. Februar 1952 wurde die BSG Motor gegründet, die Schmöllner waren zunächst in der Bezirksklasse zuhause. Vor allem Mitte der 70er-Jahre waren 3.000 Zuschauer keine Seltenheit in der Sommeritzer Straße, denn 1976 gelang der dauerhafte Aufstieg in die drittklassige Leipziger Bezirksliga. Die beste Platzierung war der 3. Platz 1980.

Im Nachwuchs von Motor wurde Jürgen Pfefferkorn ausgebildet, der bis 1967 in Schmölln auflief und später mit dem FC Vorwärts Berlin Vizemeister und Pokalsieger wurde. Eine ähnliche Karriere hatte Andreas Weinert vor sich, der zwischen 1980 und 1989/90 sechsmal die Trophäe des Torschützenkönigs der Bezirksliga Leipzig gewann. So war es nicht verwunderlich, dass Lok Leipzig großes Interesse hatte.

Weinert wollte aber aus persönlichen Gründen nicht, was zu Verstimmungen führte. Als dann Rot-Weiß Erfurt anklopfte, drohte Lok mit einer Sperre. Weinert wechselte nach Zwickau und durfte auf Betreiben der Leipziger zunächst weder in erster noch zweiter Liga spielen. Nach dem Ende der Sanktionen wurde der Fußballer zur Armee eingezogen, dass dies zufällig geschah, ist schwer vorzustellen.

Der Höhepunkt in der Vereinshistorie nach der Wende war der Aufstieg in die Landesliga im Sommer 2004. Das Fundament für die sechsjährige Zugehörigkeit in der 1. Liga Thüringens schaffte der tschechische Stürmer Petr Bartejs mit insgesamt 100 Treffern. Ein Höhepunkt dieser Epoche war das Pokalviertelfinale gegen Carl Zeiss Jena. 1.050 Zuschauer sahen im April 2005 eine 0:6-Niederlage gegen den damaligen Oberligisten. Die zwischenzeitliche SG mit Großstöbnitz wurde 2018 aufgelöst und die SV-Männer spielen aktuell in der Kreisoberliga.

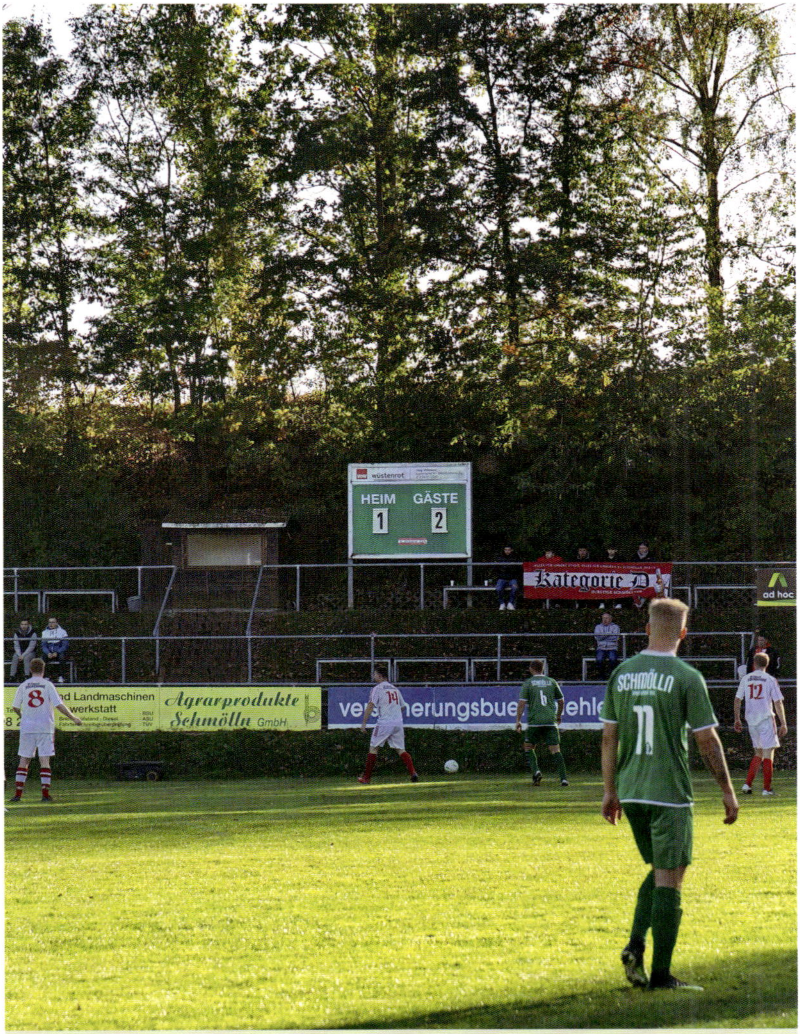

HARTE 4 FAKTEN

Aktuelle Knopfprinzessin: Constanze I
Fußballheld: René Neumaier
Exportschlager: René Weinert (ZFC Meuselwitz)
Fluss Sprotte: Slawisch „die Stinkende“

Sportplatz Seelingstädt

Wo die Fußballkarriere von Helge Leonhardt begann

Bis zum Umbruch war die SDAG Wismut ein Staat im Staate. Die besondere Stellung war eng verknüpft mit dem Kalten Krieg. Uran war ein militärstrategisch wichtiger Rohstoff. Das moderne Aufbereitungswerk Seelingstädt wurde 1961 in Betrieb genommen. Die Anlage verarbeitete Erze aus allen Lagerstätten. Endprodukt war ein Urankonzentrat, welches als „Yellow Cake" in Stahlfässern in die Sowjetunion per Bahn versandt wurde. 1.688 Beschäftigte arbeiteten 1989 in der SDAG Wismut Aufbereitungsanlage.

Entsprechend groß war auch der Zuspruch für den lokalen Sportverein. 1957 als Traktor Seelingstädt gegründet, spielte die BSG Wismut Seelingstädt in den 80er-Jahren in der Bezirksliga und war die Heimat zahlreicher Wismut-Helden. So wuchsen Helge und Uwe Leonhardt ab 1964 in Seelingstädt auf. Beide spielten Fußball auf dem Sportplatz vor der Haustür unter Anleitung von Günther Flache. Dieser war ab Mitte der 60er-Jahre Trainer und Betreuer in Seelingstädt und wechselte nach seiner Zeit bei Wismut Gera 1999 als Betreuer zu den Profis des FC Erzgebirge Aue. Während Uwe Leonhardt nach seiner Marinezeit bis 1989 wieder in Seelingstädt kickte, wechselte Helge Leonhardt im Sommer 1977 als Abwehrspieler zum DDR-Liga-Aufsteiger SG Dynamo Gera. Später rückte Helge in den Angriff und wurde mit 34 Treffern 1983 zum Torschützenkönig der Bezirksliga Gera. In der Wendezeit waren die Leonhardts kurz in der Führung des FSV Wismut Gera aktiv. Doch Lutz Lindemann, der damalige Manager und langjährige Trainer in Weida, brachte die Leonhardts 1991 als Sponsor zum FC Erzgebirge Aue.

Nach der Wende wandte sich die Wismut GmbH der Sanierung der umfangreichen Altlasten zu. Am 28. Oktober 1998 verließ der letzte Zug mit „Yellow Cake" die Fabrik. Zu diesem Zeitpunkt war der SV Wismut Seelingstädt bereits in der Kreisklasse angekommen. Im Sommer 2016 wurde die Spielgemeinschaft Braunichswalde/Seelingstädt gegründet, deren Männer aktuell in der Kreisliga spielen.

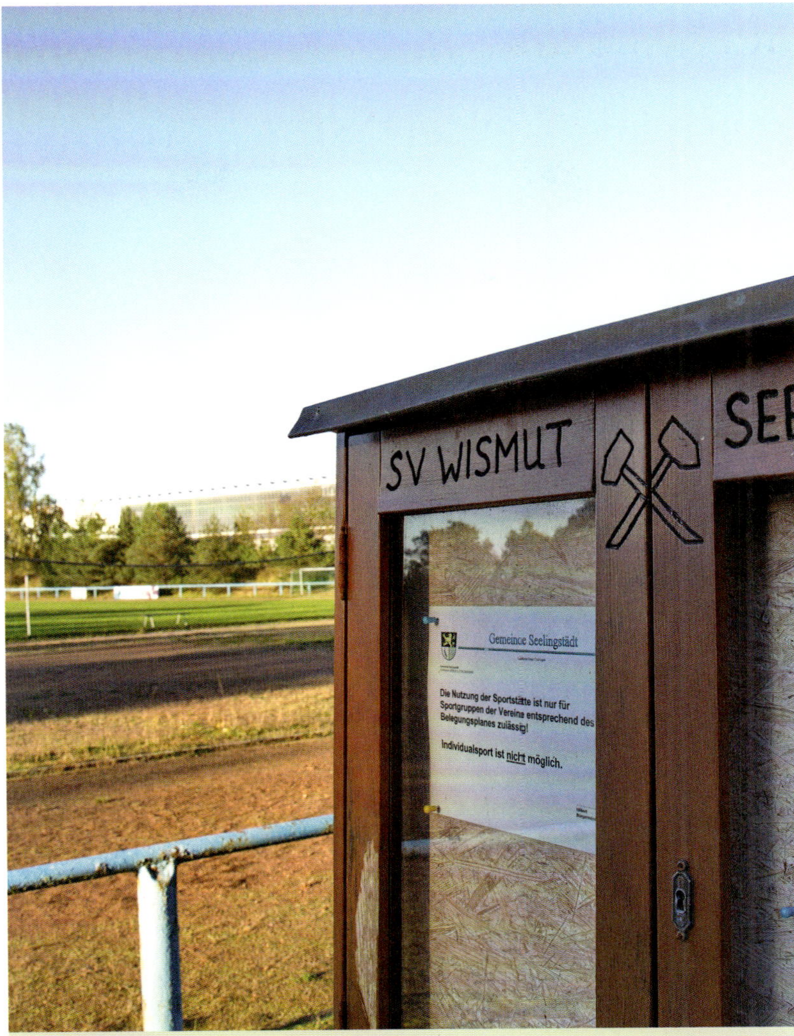

HARTE 4 FAKTEN

1952: Gemeinde im Bezirk Karl-Marx-Stadt

1958: Gemeinde im Bezirk Gera (ab 1990 LK Gera)

1994: Gemeinde im Landkreis Greiz

Einwohnerzahl: 1.278

Sportplatz Klengel-Serba

Ein Flitzer der besonderen Art

Die Gemeinde Serba mit ihren Ortsteilen Klengel und Trotz liegt am Rande des Holzlandes. Das dörfliche Leben wird durch eine sehr rege Vereinstätigkeit geprägt. Im Sportverein Klengel-Serba 09 wird die Tradition des Fußballspielens und des Spielmannszuges gepflegt.

Die Turnverein Serba-Klengel wurde 1909 als „Freie Turnerschaft“ im Arbeiterturnerbund gegründet. „Hier hat sich ein Turnerbund gebildet, der bereits 18 Mitglieder aus Klengel und Serba zählt. Weitere Beitritte sind zu erwarten. Die Turnstunden finden jeden Donnerstag im Saale des Krumholzchen Gasthofes statt“, hieß es in der lokalen Presse. Zeitgleich wurde mit den Bauarbeiten für den Sportplatz „Am Schwemmberg“ begonnen. Nach dem Krieg wurde 1946 von 34 Mitgliedern eine neue Sportgemeinschaft gegründet, die sich ab 1947 „SG Vorwärts Klengel-Serba“ nannte und ab 1952 als „BSG Empor Klengel-Serba“ spielte.

Im Jahr 1990 wurde dann der SV Klengel-Serba 09 gegründet. Anlässlich des 110-jährigen Bestehens spielte im Sommer 2019 die Traditionsmannschaft des FC St. Pauli vor rund 550 Zuschauern im Fußball-Kleinod und gewann mit 11:3.

Bundesweite Aufmerksamkeit bekamen die „Schwemmberger Jungs“ im September 2014 durch eine Unterbrechung im Regionalpokal des Kreises Jena-Saale-Orla. Nach einer ereignisarmen halben Stunde zwischen SV Klengel-Serba 09 und dem SV Gleistal sorgte ein „Flitzer“ für eine Spielunterbrechung. Ein Auto behinderte den Fortgang der Partie. Schuld war die nicht angezogene Handbremse des abschüssig geparkten Wagens. Dieser rollte während des Spiels auf das Feld und brachte alle Beteiligten zum Staunen. Gleistal-Spieler Riccardo Müller fotografierte die Szenerie und sorgt noch heute für Erheiterung in den sozialen Netzwerken. Verletzt wurde niemand, das Fahrzeug verfehlte den Schiedsrichterassistenten nur knapp. Bei den Gästen schien die Pause die Handbremse zu lösen, sodass der Favorit am Ende mit 6:0 deutlich gewann. Konsequenzen gab es weder für den Flitzer noch den Halter.

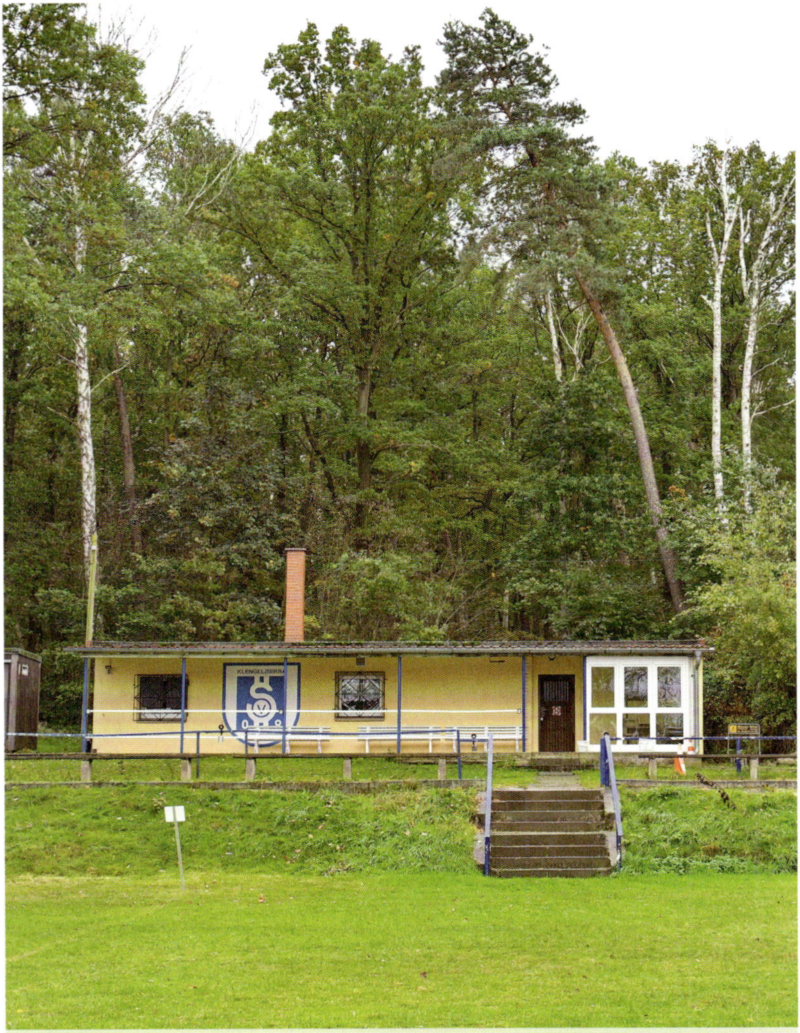

HARTE 4 FAKTEN

Urkundliche Ersterwähnung: 16. Februar 1330

Essen: Waldgasthof „Zu den grauen Ziegenböcken"

Einwohnerzahl: 707

SV-Mitgliederzahl: 151

Sportplatz An der Elster

Mit der Pioniereisenbahn über den Platz

Die Geschichte der Gemeinde Silbitz ist eng verbunden mit dem Stahlwerk. Mit der Errichtung der Gießerei 1940 in Silbitz wurden zahlreiche neue Arbeitsplätze geschaffen. Die größte Stahlgießerei der DDR war Trägerbetrieb die BSG Stahl, deren Fußballer 1957 die Bezirksmeisterschaft gewannen und bis 1962 in der II. DDR-Liga spielten.

Der größte Erfolg gelang 1981 mit der erneuten Bezirksmeisterschaft und der Qualifikation zur DDR-Liga. Zwei Siege gegen Eisenach und Schmalkalden reichten nicht und so folgte ab 1982 der Abstieg bis in die Bezirksklasse. Der bekannteste Spieler aus dieser Zeit dürfte die heutige Trainer-Legende Bernd Schröder sein, der neben seiner Lehre im Silbitzer Stahlwerk als Torwart spielte.

Nach der Wende wurde der SV Elstertal Silbitz/Crossen gegründet, der 2007 in die Bezirksliga aufstieg. Fünf Jahre später konnte das Team von Trainer Ralf Prieger den nächsten Aufstieg feiern. Die Silbitzer setzten sich 2011/12 im Fernduell gegen den SV Jena-Zwätzen mit einem Punkt Vorsprung knapp durch. Zwischenzeitlich musste die Prieger-Truppe auch einen Abzug von drei Punkten durch den Verband hinnehmen, da der Verein wiederholt nicht das Soll an aktiven Schiedsrichtern erfüllte. Sechs Jahre später zog sich der Verein freiwillig zurück.

Gespielt und trainiert wird auf dem Sportplatz An der Elster. Dort gab es seit 1964 ein Feldbahngleisoval, auf dem einmal im Jahr anlässlich des Dorffestes ein Fahrbetrieb stattfand. Diese „Pioniereisenbahn Silbitz“ wurde mit wechselnden Feldbahnlokomotiven und Eigenbaupersonenwagen auf Lorengestellen betrieben. Zum Einsatz kamen Dieselloks, die sonst die Gießerei Silbitz zu innerbetrieblichen Transportzwecken nutzte. 1992 wurde der Feldbahnbetrieb eingestellt und die Gleisanlagen abgebaut. Anlässlich der 800-Jahr-Feier der Gemeinde Silbitz wurde im August 2017 eine 100 m lange Feldbahnstrecke auf dem Sportplatz verlegt. So konnten die überraschten Silbitzer und ihre Gäste „ihre alte Pioniereisenbahn“ wieder nutzen.

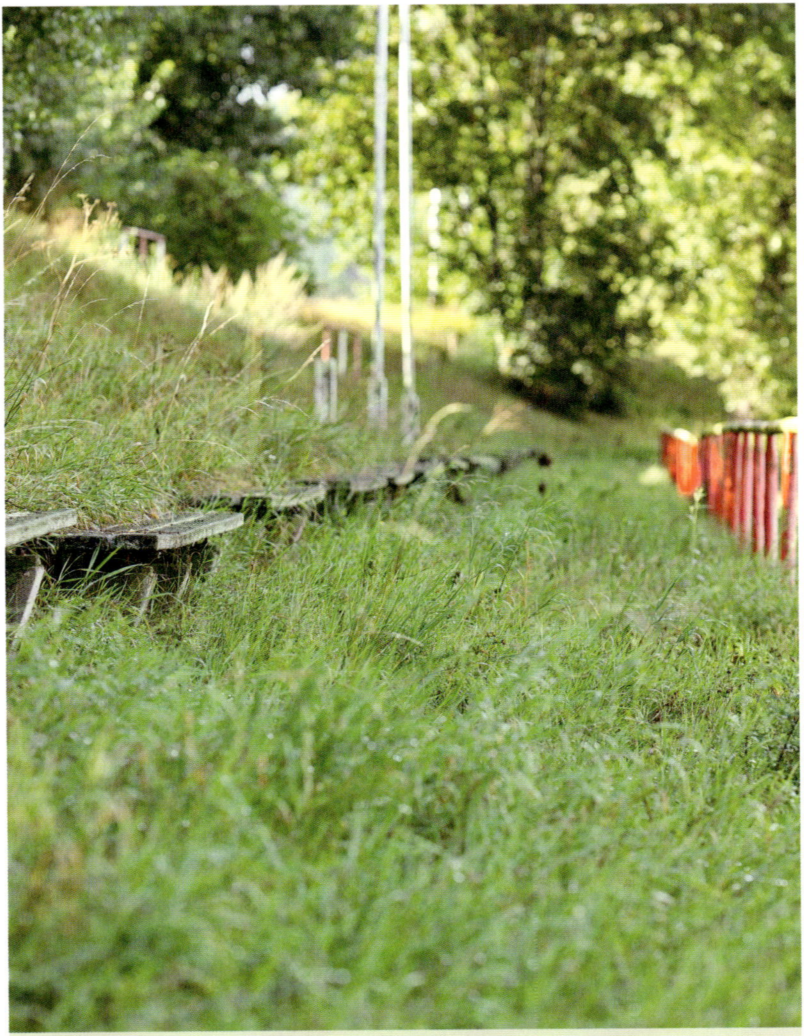

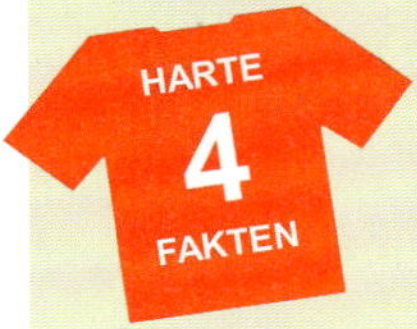

Gründung: 1950/1990

Bekannte Trainer: Siegfried Haltenhof, Manfred Kaiser

Bekannte Spieler: Harald Marquard

Fußballheld: Günter Sommer, Reymond Prüfer

Sömmerda 082

Kurt-Neubert-Sportpark

In Westtrikots gegen Dynamo

Im „Kurt-Neubert-Sportpark" erinnert seit der Sanierung 2012 nur noch ein Plattenbau an die Vergangenheit. Naturrasenplatz, moderne Zuschauertribünen, Kunstrasenplatz mit Flutlicht sowie eine neue Sprecherkabine bieten den Fußballern des FSV Sömmerda überdurchschnittliche Möglichkeiten. Doch der Ausflug in den überregionalen Fußball ist viele Jahre her. Nach der Wende spielte der zwischenzeitlich in FSV Robotron bzw. Soemtron Sömmerda umbenannte Verein ausschließlich in der Saison 1991/92 in der drittklassigen Oberliga Nordost. Auch in der Thüringenliga verlieb der Verein nur kurzfristig bis 1994. Seit diesem Zeitpunkt sind die Sömmerdaer – bis auf wenige Ausnahmen – fester Bestandteil der Landesklasse, was gleichbedeutend mit der 7. Liga ist.

Doch es gab eine Zeit, da reiften in der Kreisstadt Oberligaträume. Verantwortlich dafür war die steigende Bedeutung des Büromaschinenwerks „Ernst Thälmann" unter der Leitung von Betriebsdirektor Dieter Jordan. Im Bereich Drucker war Robotron einer der größten Hersteller in Europa. Gleichzeitig wurde mit dem PC 1715 der erste PC der DDR in Sömmerda ab 1985 produziert.

1987 stieg die BSG Robotron in die DDR-Liga auf. Als Ziel wurde der Oberliga-Aufstieg im Jahr 1989 ausgegeben. So wurden mit Josef Vlay, Michael Oevermann, Martin Busse und Uwe Becker langjährige Oberligaspieler des FC Rot-Weiß Erfurt verpflichtet und gleichzeitig oberligareife Bedingungen im Umfeld geschaffen. Direktor Jordan war vom Fußball derart angetan, dass er über die Firma Commodore ein Testspiel gegen den FC Bayern München organisierte. Doch der DTSB verbot das Spiel, da es im Jahresplan des innerdeutschen Sportverkehrs fehlte. Aber zum Liga-Punktspiel gegen Dynamo Eisleben am 12. März 1989 gelang den Verantwortlichen eine Sensation. Die Robotron-Kicker trugen Puma-Trikots mit der Aufschrift „Präsident Printer", einem Drucker, der im „Westen" verkauft wurde. Doch die Wende beendete die Aufstiegsträume sowohl des VEB Robotron als auch der zugehörigen BSG.

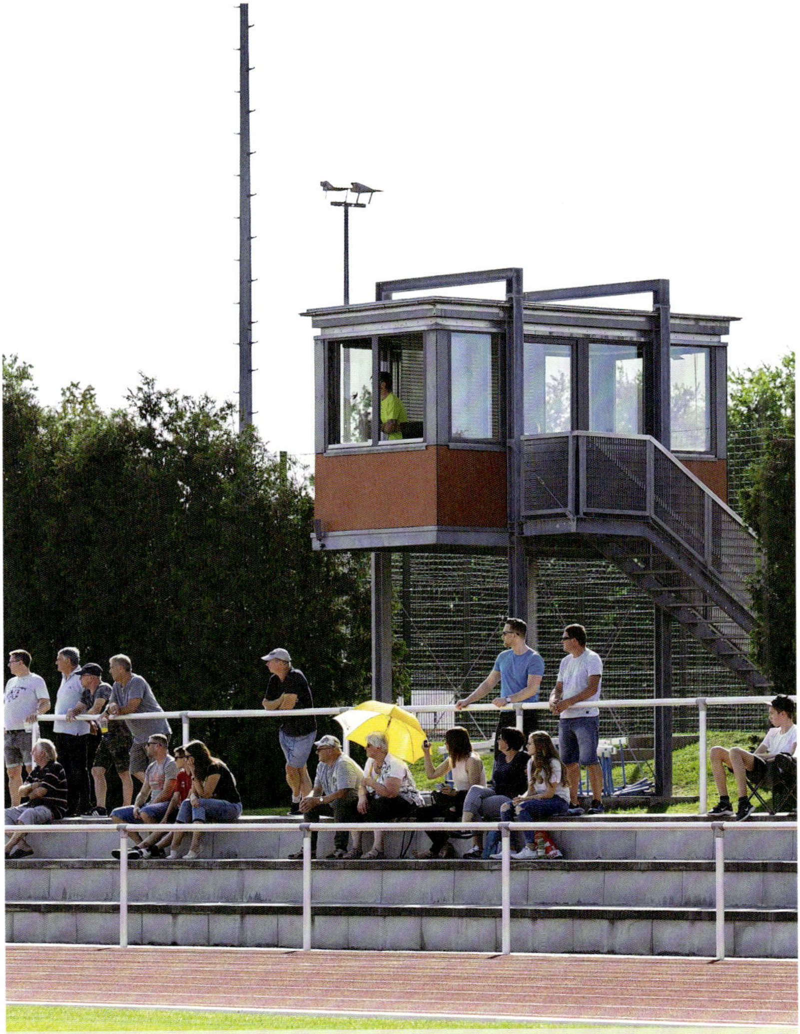

HARTE 4 FAKTEN

Gründung: 1911 als VfB Sömmerda
Spielzeiten in der DDR-Liga: 14
Bekannte Spieler: Dirk Orlishausen & Thomas Linke
Bekannter Trainer: Helmut Nordhaus

Sömmerda-Frohndorf 083

Sportplatz Frohndorf

Titelgewinn in Weltmeistertrikots

„Siehst du dein Volk jetzt fleißig schaffen, am Aufbau einer neuen Zeit – dann Freund hilft nicht dein unnütz Gaffen, greif selbst mit zu, es ist so weit“, lautete das Motto für 100 freiwillige Helfer, die in 9.054 freiwilligen Arbeitsstunden den heutigen Sportplatz in Frohndorf aufbauten, sodass dieser im Juni 1956 eingeweiht werden konnte. Sechs Jahre später – am 21.7.1962 – verschmolzen dann die beiden Sportgemeinschaften Frohndorf & Orlishausen zur BSG Traktor Frohndorf/Orlishausen.

Der größte Erfolg des Vereins gelang in der Saison 1977/78. Hatte die Mannschaft in der Vorsaison noch der 2. Mannschaft der BSG Zentronik Sömmerda den Vortritt lassen müssen, gewann die Mannschaft von Günther Göbel nun die Kreismeisterschaft. Ein wichtiger Schritt zum Titel war dabei das Spiel bei der BSG Funkwerk Kölleda II. Der heutige Präsident Manfred Matschuck – damals eigentlich knallharter linker Verteidiger – nahm den Ball aus 30 Metern auf den Latsch und hämmerte ihn zum 1:0-Erfolg unter die Latte.

Einmalig war die Spielkleidung der BSG-Kicker, die in den Weltmeistertrikots der BRD aus dem Jahr 1974 aufliefen. Ein ehemaliger Frohndorfer war vor dem Mauerbau nach München gezogen. Die Kontakte zur BSG Traktor wurden aber immer gepflegt. Mitte der 70er-Jahre entstand die Idee, die Fußballer mit Spielkleidung aus der BRD auszustatten. Nachdem der erste Vorschlag, die Kleidung des FC Bayern München zu wählen, verworfen wurde, sollten nun die DFB-Trikots in den Osten geschmuggelt werden.

Die Trikots wurden in der Verkleidung eines Pkws versteckt, über die innerdeutsche Grenze gebracht und in Frohndorf in Sicherheit gebracht. Zum nächsten Heimspiel lief die BSG in der Spielkleidung der Weltmeister von 1974 auf. Dies blieb der SED-Kreisleitung nicht lange unbemerkt und Frohndorfs Sektionsleiter musste zum Rapport. Nach den Auflagen, mit dem adidas- und DFB-Logo sämtliche Werbung zu entfernen, durfte der Verein die Trikots behalten und weiter nutzen.

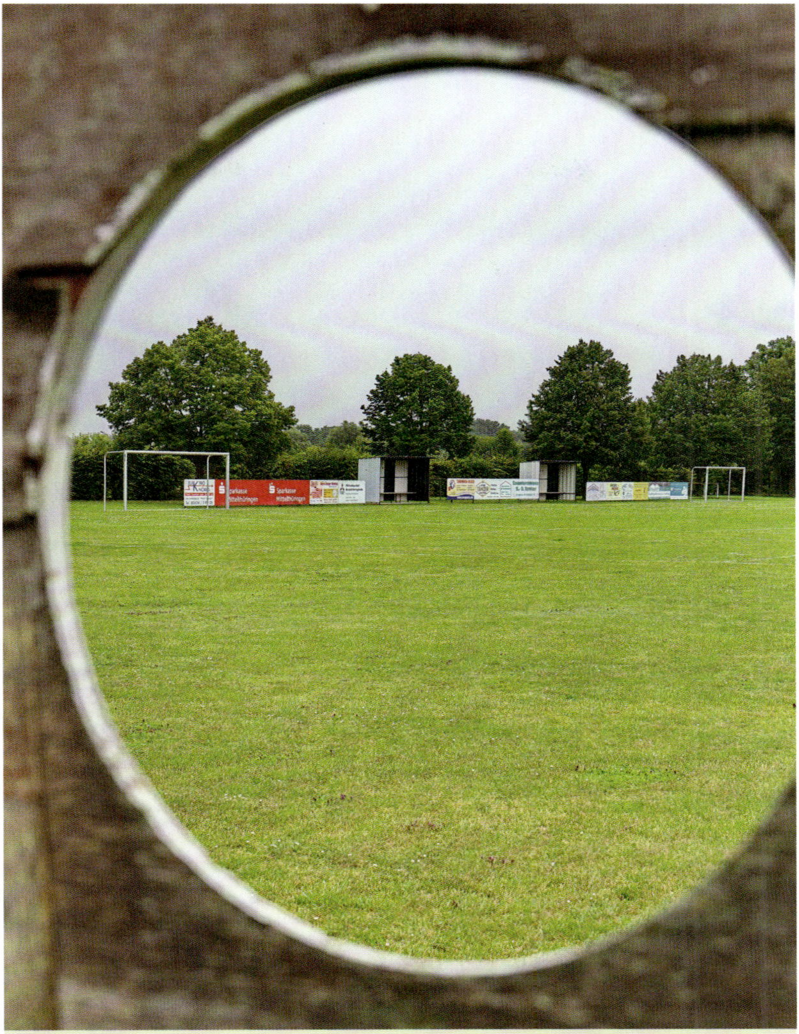

HARTE 4 FAKTEN

1930: Gründung des „Sportverein Frohndorf"

1972: Kreispokalsieg 1972

2012: Mannschaft des Jahres im Kreis Sömmerda

1998; 2012; 2015: Aufstieg in die Kreisliga

Stadion am Fellberg

Aufstieg in Grenznähe

Auf den ersten Blick mag die bis 1972 andauernde Sperrgebietsgeschichte der Stadt Sonneberg nur wenig mit den Ereignissen im 20 km entfernten und 1958 eingeweihten Stadion am Fellberg zu tun haben. Doch als am 18. August 1963 – nach einem 2:0-Auswärtssieg des Oberliga-Aufsteigers am 1. Spieltag bei Dynamo Berlin – mehr als 25.000 Menschen in die Nähe des Sperrgebiets nach Steinach mit nur 8.000 Einwohnern pilgern, um das erste Oberliga-Heimspiel der BSG Motor Steinach gegen Meister SC Motor Jena zu besuchen, herrschte Alarmstimmung bei Partei und Volkspolizei. Und es kam, wie es kommen musste: Günther Queck sowie Ulli Sperrschneider trafen für die BSG Motor, der Ex-Steinacher Helmut Müller sorgte für den zwischenzeitlichen Ausgleich – so gewannen die Blau-Weißen die Oberliga-Premiere am Fellberg und rockten die DDR-Oberliga mit einer enormen Heimstärke. Nach dem 16. Spieltag stand Steinach auf einem unglaublichen zweiten Platz. Auch der 7. Platz in der Endabrechnung war eine Sensation der Mannschaft von Trainer Ernst Leib, der seit 1956 bei Motor aktiv war.

Nach 52 Oberliga-Spielen und zwei Jahren musste Steinach wieder absteigen. Im folgenden Jahr verpasste Motor nur knapp den sofortigen Wiederaufstieg. Dies war ganz im Sinne der Parteizentralen in Kreis und Bezirk. Zum einen wurden die Steinacher von den Verantwortlichen im DTSB (Deutscher Turn- und Sportbund) zum Wintersport verpflichtet. Zum anderen sollten in Grenznähe solche Menschenansammlungen verhindert werden und der Fußball wie in der gesamten DDR in der Bezirkshauptstadt konzentriert werden. So wechselten Reiner Müller, Wolfgang Ostertag und Bernd Stickel aus Steinach nach Suhl.

Steinach blieb noch bis 1975 in der zweithöchsten Spielklasse, wurde danach zur Fahrstuhlmannschaft. Nach der politischen Wende war der SV Steinach 08 Gründungsmitglied der Landesklasse und schaffte 2003 den Aufstieg in die Verbandsliga. Nach dem Rückzug im Sommer 2009 und dem Neustart in der Bezirksliga spielt die Mannschaft aktuell wieder in der Landesklasse.

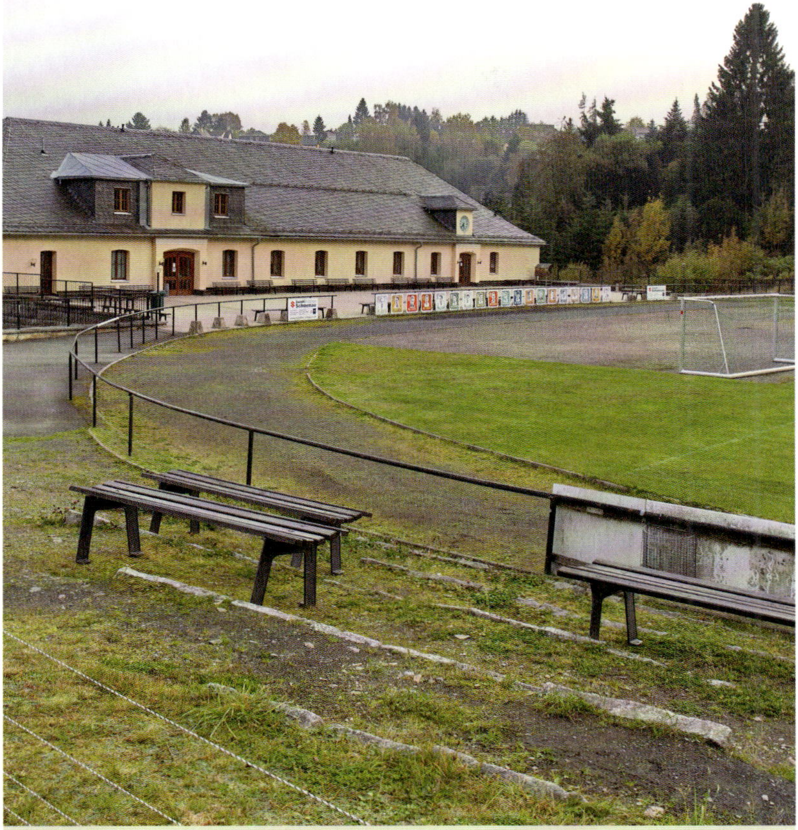

HARTE 4 FAKTEN

Ewige Tabelle der DDR-Oberliga: 31. Platz
Ewige Tabelle der DDR-Liga: 43. Platz
Ewige Tabelle der II. DDR-Liga: 14. Platz
Ewige Tabelle der Thüringenliga: 28. Platz

Sportplatz am Köpfchen

Als Willi ein neues Stadion bauen wollte

Begonnen hatte alles am 15. März 1919, als in Dölls Hotel der Arbeitersportclub gegründet wurde und die Fußballer auf der heutigen Spielwiese kickten. Später wurde die felsige Bergkuppe auf dem „Köpfchen" abgetragen und am 3. Juli 1927 der Sportplatz eingeweiht. Insbesondere die Derbys gegen Schmalkalden sorgten für großes Interesse, 1952 sollen es über 4.000 Zuschauer gewesen sein.

Fast wäre die Haseltalstadt sogar zu einem eigenen Stadion gekommen. Willi Wolff, der Direktor des VEB Werkzeugunion erhielt die Zusage für die Finanzierung. Zahlreiche Helfer wurden umgehend zu den Brunn-Wiesen hinter dem Schwimmbad geschickt. In unzähligen Arbeitsstunden machten Mitglieder der BSG Motor das Gelände zugänglich.

Als aus Berlin kein Geld kam, wurde nachgefragt. Dabei wurde klar, dass die BSG Motor in Steinach und nicht Steinbach-Hallenberg ein neues Stadion erhielt. Ob nun BSG-Chef Willi Wolff etwas falsch verstanden hatte oder ob die „Großfressen" aus Berlin schlicht Steinach mit Steinbach verwechselt hatten, konnte auch Historiker Horst König, der diese Geschichte aufschrieb, nicht endgültig klären.

Schließlich wurde der Sandplatz am Köpfchen doch modernisiert und am 7. Oktober 1975 konnte erstmals auf Rasen gespielt werden. Zu diesem Zeitpunkt war die BSG Motor die zahlen- und leistungsmäßig stärkste Gemeinschaft im Kreis Schmalkalden. Einer der erfolgreichen Fußballer der Region war Jürgen Werner, der aus dem Motor-Nachwuchs nach Jena wechselte und dort Meister sowie Pokalsieger wurde. Die Sektion Fußball spielte viele Jahre in der Bezirksliga Suhl. 1991 gelang als FSV Grün-Weiß mit dem Gewinn der Meisterschaft in der Bezirksliga Südthüringen und dem einjährigen Ausflug in die Thüringenliga der größte sportliche Erfolg.

Seit der Eröffnung am 2. November 2018 ist der Kunstrasen an den Schutzwiesen in Herges-Hallenberg die Anlaufstelle für die Fußballer:innen des FC Steinbach-Hallenberg, der 2015 durch die Fusion des FSV Grün-Weiß mit dem SV Blau-Weiß Herges-Hallenberg entstand.

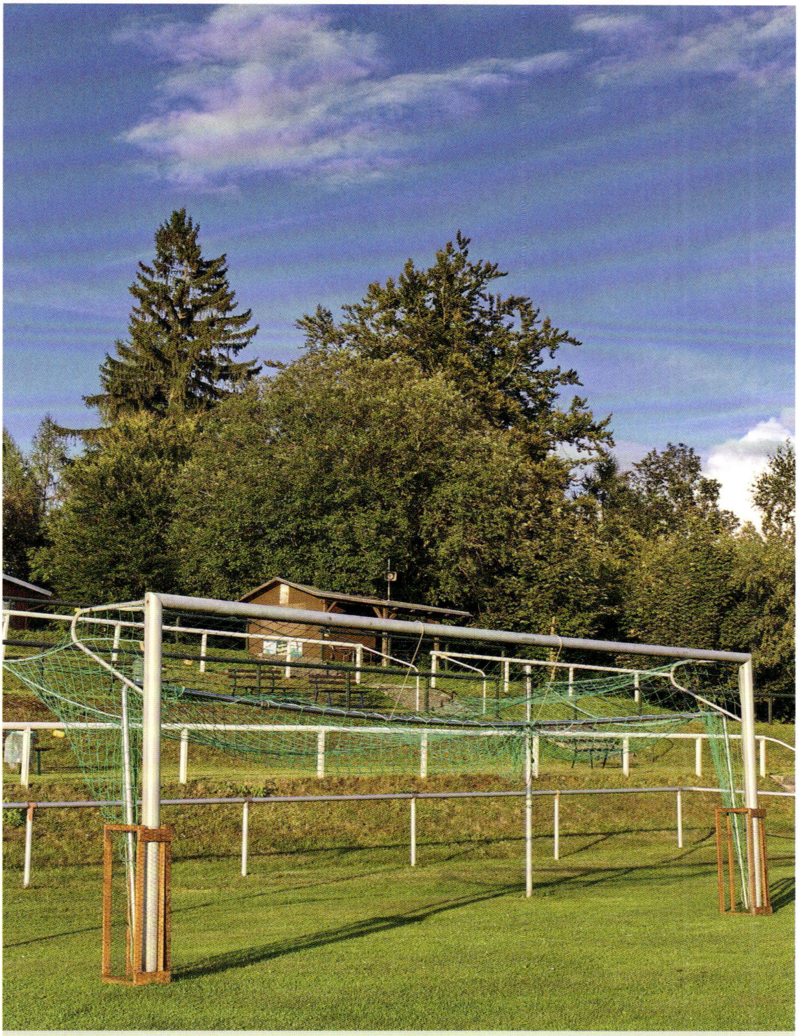

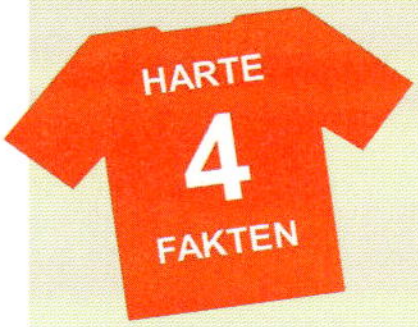

1947: SG Vorwärts | 1951: BSG Stahl

1953: BSG Motor Steinbach-Hallenberg

1990: SV Grün-Weiß Steinbach-Hallenberg (1993: FSV)

Genießertipp: Ur-Fladen in Kati Wilhelms Heimatlon

Suhl 086

Auestadion

Aufstiegsjubel in der falschen Kurve

Auch wenn einst Hans Meyer für die BSG Motor Suhl die Schuhe schnürte, war die Bezirksstadt mit knapp 55.000 Einwohnern eher durch das Fahrzeug- und Jagdwaffenwerk „Ernst Thälmann“ und den Wintersport als durch den Fußball überregional bekannt. Das änderte sich im Sommer 1984. Der BSG Motor Suhl als Sieger der Staffel E brauchte am vorletzten Spieltag der Aufstiegsrunde ein Unentschieden in Dessau, um vorzeitig in die Oberliga aufzusteigen. In der 90. Minute lag Motor 1:2 zurück, als Uwe Büchel per Kopf der Treffer zum Remis und dem damit verbundenen Aufstieg gelang. Vor lauter Freude lief der Torschütze zum Jubeln in die falsche Kurve, was bei den Vorwärts-Fans auf wenig Gegenliebe stieß.

Wirklich eingeplant war der Aufstieg nicht. Innerhalb von fünf Wochen musste der Sportpark der Freundschaft mit einer Anzeigetafel, einem Sprecherturm, dem weißen Sicherheitszaun sowie einem Sozialgebäude mit Unterwassermassage oberligatauglich gemacht werden. Der Zuschauerblock mit der besten Aussicht existierte bereits: Im 13-stöckigen Hochhaus hinter den Gegengeraden hatten nicht nur ca. 300 Zuschauer bei jedem Spiel beste Sicht, in der Wohnscheibe wurden auch Fernsehkameras aufgestellt, weil im Stadion kein Platz dafür war.

Am 18. August 1984 war es dann soweit: Mehr als 12.000 Zuschauer sahen den Oberligaauftakt gegen den FC Vorwärts Frankfurt, der am Ende mit 0:1 verloren ging. Im Schnitt sahen die Oberliga-Spiele in Suhl 5.923 Zuschauer, was eine deutliche Steigerung zur Liga war. Sportlich war die Motor-Elf nicht erstligareif und erspielte mit 5:47 Punkten, 1 Sieg, 3 Unentschieden und 22 Niederlagen das schlechteste Saisonergebnis einer Mannschaft in der Geschichte der Oberliga.

Aus der BSG wurde am 16. Februar 1990 der 1. Suhler SV, dessen Herren in der Zwischenzeit wieder in der Landesklasse spielen. Während der einstige „TV-Block“ abgerissen wurde und die Tribünen von früher mit Gras zuwachsen, sind Anzeigetafel sowie Sprecherturm noch echte Hingucker für Fußballromantiker.

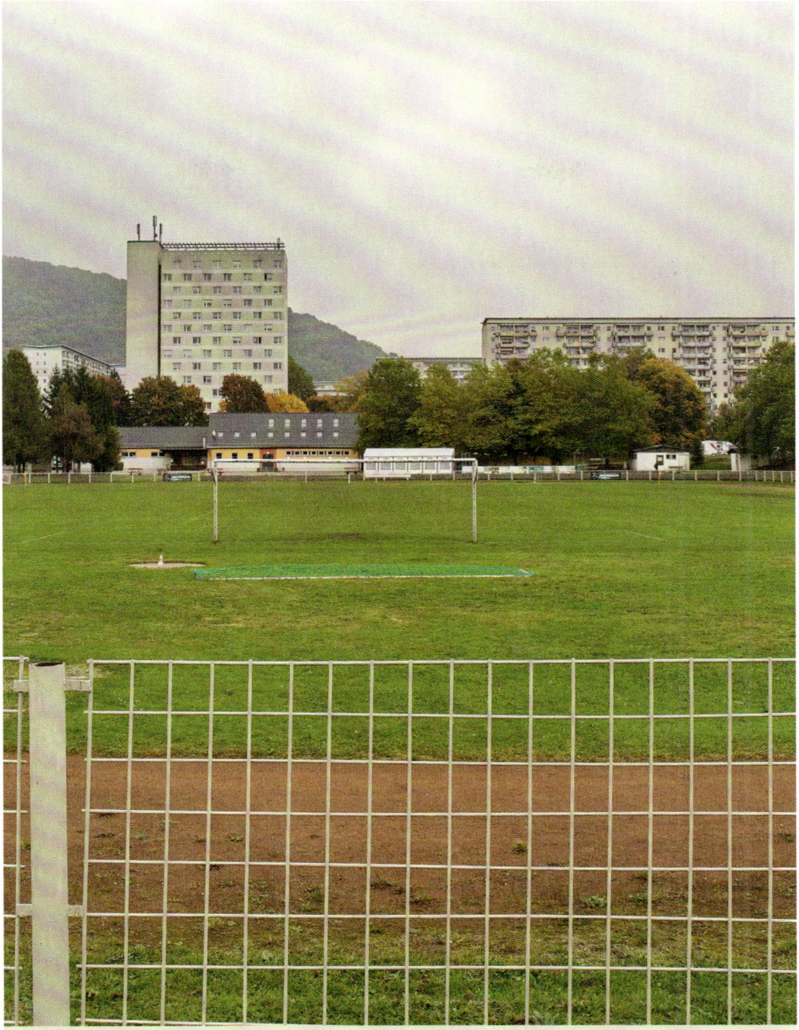

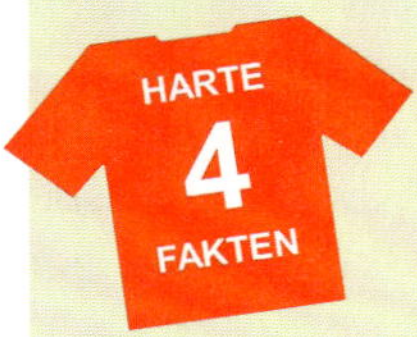

2. 9. 1984: 0:0 vs. BSG Chemie Leipzig (H)
23. 2. 1985: 2:2 vs. FC Carl Zeiss Jena (H)
13. 10. 1984: 1:1 vs. BSG Stahl Brandenburg (H)
9. 3. 1985: 3:1 vs. BSG Wismut Aue (H)

Sportplatz „Am Aschenkopf"

Mit Schlacke und Kies am Aschenkopf

Albrechts ist nicht nur ein idyllischer Suhler Ortsteil am Südhang des Thüringer Waldes, sondern war im Sommer 2003 für die Dauer von zwei Jahren auch die Heimat der ersten Spielgemeinschaft in der Geschichte Thüringens höchster Spielklasse. Spielgemeinschaften müssen beim Verband genehmigt werden und sollen bei Spielermangel die Fortsetzung des Spielbetriebes ermöglichen. Das Ziel der Leistungssteigerung würde zur Ablehnung führen, wie das die Jenaer Vereine SCHOTT und Jenapharm 2018 erleben mussten.

Tatsächlich stieg der SV Jugendkraft auf Grund von Abgängen leistungsstarker Spieler ab. Eine Spielgemeinschaft mit dem Nachfolgeverein der BSG Motor Suhl, dem Suhler SV, welche unter dem Namen SG Suhl in der Landesliga antrat, sollte die Lösung sein. Die Personalprobleme waren damit zwar behoben. Doch die Albrechtser waren unzufrieden, da nicht mehr ihre Spieler im wunderbaren Waldstadion spielten, sondern die beiden hochrangigeren Suhler SG-Mannschaften. Die neue Heimat hieß Kunstrasenplatz im Suhler Haseltal.

Zwangsläufig wurde die SG beendet und ab dem Sommer 2005 spielte wieder eine eigenständige Mannschaft unter dem Namen „Jugendkraft". Zwischenzeitlich sahen die Zuschauer im Waldstadion von 2014–2016 sogar zwei Jahre Kreisoberliga-Fußball. Aktuell spielen die Albrechtser in der Kreisliga.

Wer das Waldstadion aufsuchen will, ist in der benachbarten Ausflugsgaststätte und Pension Bergbaude Albrechts bestens aufgehoben und sollte noch etwas zur Geschichte wissen. Am 1. August 1903 gründeten 17 Sportler aus der Arbeiterschaft den Athletenverein, der zunächst die Kraftsport-Disziplinen pflegte. Am 9. Juli 1958 gründeten die Fußballer ihren Verein als Mitglied der BSG Motor Albrechts-Simson. Die Einweihung des idyllisch gelegenen Sportplatzes „Am Aschenkopf" erfolgte 1962, nachdem auf dem abfallenden Gelände Steinkohlenschlacke des Simson-Heizkraftwerkes sowie Kies aufgeschüttet wurden. Die Bereitstellung schweren Gerätes über den Aschenkopf erforderte sogar Sprengungen.

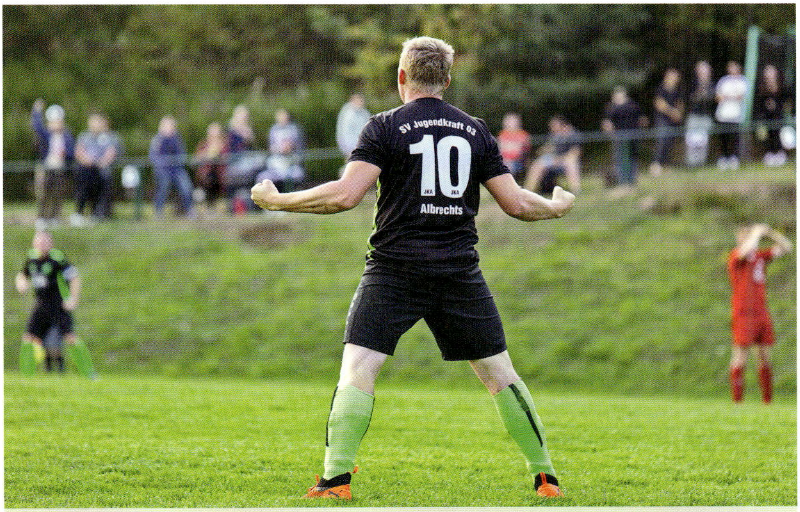

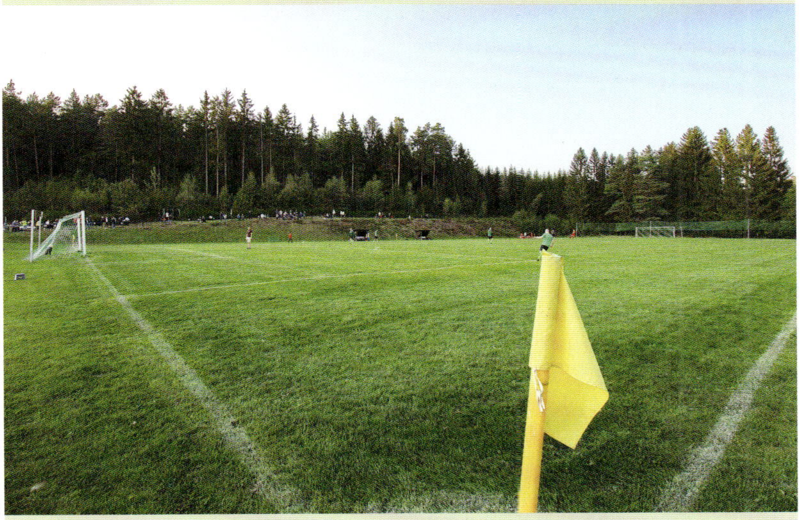

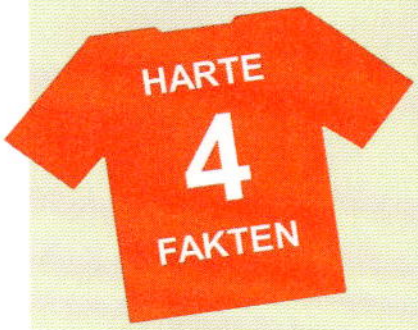

1976: Gewinn FDGB-Pokal des Bezirkes

1984: Ersatz der Holz- durch Stahltore

1997: Einweihung des neuen Rasenplatzes

2000: Gewinn des Kreispokals

Kaliwerk „Glückauf" Sondershausen

Der Verbandsliga-Krösus

Zwar begann der organisierte Fußball in Sondershausen bereits unter dem Dach des Sportklub Schwarzburg 1911, doch als wesentlich wichtiger für die Entwicklung dürfte der 1. September 1957 gelten. Dort bündelten Aktivist und Motor als BSG Eintracht Sondershausen die Kräfte, die ab 18. November 1959 als BSG Glückauf Sondershausen zunächst in der Erfurter Bezirksliga auflief.

Mit der Festlegung von Sondershausen als Sitz des Kalikombinates wurden auch die Rahmenbedingungen für die Fußballer verbessert und so gelangen 1979/80 der Gewinn der Erfurter Bezirksmeisterschaft sowie der Aufstieg in die zweitklassige Liga Staffel E. Vier Serien spielte Glückauf dort und erreichte in der Saison 1983/84 einen beachtlichen 3. Platz sowie damit verbunden die Qualifikation zur zweigleisigen DDR-Liga. Doch mit einer überalterten Mannschaft und einem Kaliwerk als Trägerbetrieb, welches die finanziellen Mittel deutlich kürzte, folgte in der Saison 1986/87 der Abstieg. Zwar holte „Glückauf" in der Saison 1987/88 erneut den Erfurter Bezirksmeistertitel, scheiterte aber an der Qualifikation zur Liga.

In der Landesliga ging Sondershausen ab dem 30. April 1991 als BSV Eintracht auf Punktjagd. Landesmeistertitel und Oberligaaufstieg im Jahr 2000 waren die Krönung einer guten Nachwuchsarbeit. Unvergessen bleibt die Oberliga-Premiere am 5. August 2000, als der 1. FC Dynamo Dresden mit 1:0 bezwungen wurde. In der fünften Oberligasaison erwischte es dann den BSV und es folgte der Abstieg in die Thüringenliga. Fünf Spielzeiten später wurde zwar der zweite Landesmeistertitel errungen, doch wirtschaftliche Gründe verhinderten den Wiederaufstieg zur Oberliga.

2016 folgte dann der Abstieg aus der Thüringenliga. Über zwei Jahre bündelten Verantwortliche und Fans die Kräfte, sodass 2018 die Eintracht in die Verbandsliga zurückkehrte. Dort ist der BSV Krösus und führt die seit 1990 laufende ewige Tabelle souverän an. In 23 Spielzeiten absolvierten die Sondershäuser 673 Punktspiele und gewannen davon 319.

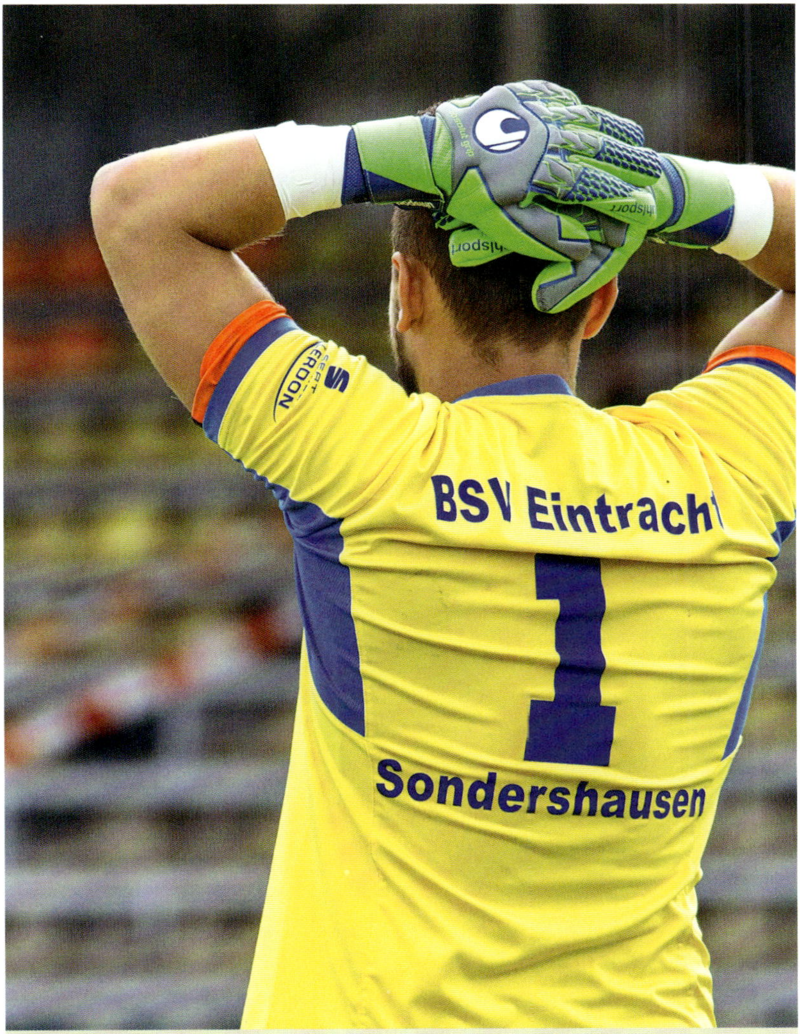

HARTE 4 FAKTEN

Gründungsdatum: 20. 10. 1911
Bekannter Spieler: Klaus Goldbach, Axel Duft
Fangruppe: Inferno Sondershausen
Rivale: FSV Wacker 90 Nordhausen

Sportzentrum „Am Göldner“

Ein 30jähriger Traum für 851.119 DDR-Mark

Schon in den 30er-Jahren gab es die Idee eines Stadionbaus „Am Göldner“. Doch bis zu den ersten Planungen sollte es noch bis 1968 dauern. Daher spielte die BSG Eintracht bzw. Glückauf auf dem Ernst Thälmann-Sportplatz und ab 1974 in Jecha. Mit dem Platzbau am Göldner glaubte man 1977 am Ziel zu sein, doch durch einen Fehler war die Spielfläche zu kurz. Daher wurden Erde und Gestein abgetragen, um den Platz zu verlängern. Als Nebeneffekt entstand der Hang für die heutige Hintertortribüne. 1978 war der Platz fertig gestellt und nun galt es Stehtraversen und Sozialgebäude zu errichten. Mit dem Liga-Aufstieg im Sommer 1980 nahm der Druck zu. Zu den ersten beiden Heimspielen kamen 2.150 Zuschauer gegen Ilmenau und 2.700 Besucher zum Spiel gegen Motor Suhl nach Jecha, wo die Spielstätte nur bedingt ligatauglich war.

Am 1. März 1981 war es dann soweit. Mit dem Ligaspiel zwischen der BSG Glückauf Sondershausen und der BSG Fortschritt Weida wurde das Stadion am Göldner eingeweiht. 2.400 Zuschauer sahen bei winterlichem Wetter einen 3:1-Erfolg der Gastgeber. Drei Jahre später gab es beim 2:1-Derbysieg gegen Motor Nordhausen mit 6.300 Zuschauern den ewigen Zuschauerrekord.

Parallel wuchs der Wunsch nach einer überdachten Sitzmöglichkeit. Zu einer ersten Beratung kam es im April 1985. Im Oktober 1986 begann die Montage der Tribüne durch Monteure vom VEB Stahlbau Staßfurt. Drei Monate später wurde in der Konsum-Gaststätte das Richtfest gefeiert. Nach der Bestückung mit Plast-Sitzschalen konnte beim Bezirksligaspiel zwischen Glückauf und FC Rot-Weiß Erfurt II die Zuschauertribüne am 12. März 1989 vor 1.100 Zuschauern eingeweiht werden. Die Schenkungsurkunde über 851.119 Mark übergab der Kaliwerk-Direktor an die Stadt.

2019 und damit 30 Jahre nach dem Bau nahm der Verein beim 2:1 im Thüringenligaspiel gegen den SC 1911 Heiligenstadt Abschied von der Tribüne. Im Rahmen der Modernisierung wird die im Fußball-Osten einmalige Haupttribüne abgerissen und dafür ein Mehrzweckbau errichtet.

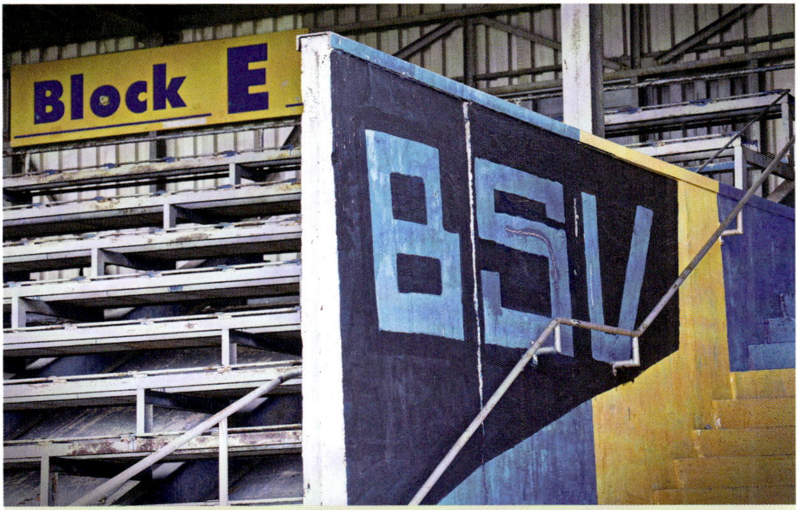

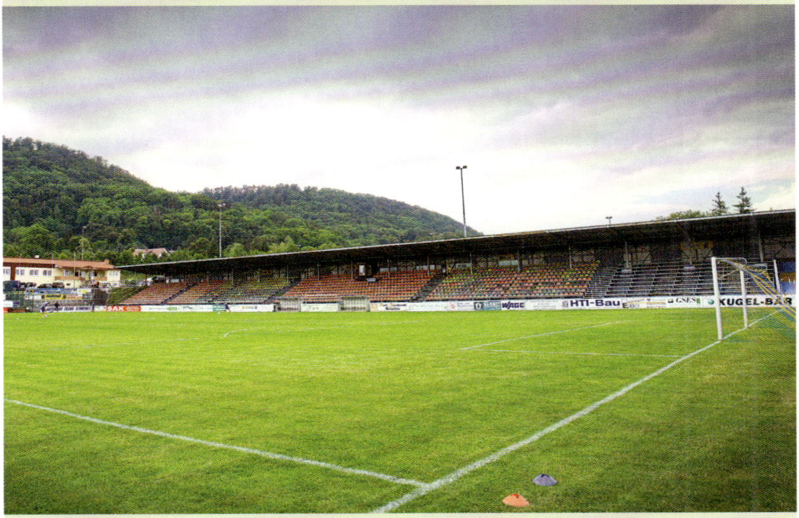

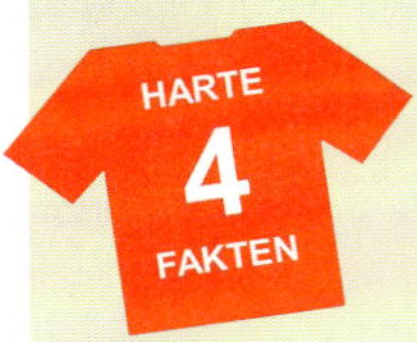

1988 | Liga: BSG – Wickerstedt 10:0 (400 Zu.)
1991 | Liga: BSV – Versco Walldorf 11:0 (200)
2000 | Liga: BSV – Dynamo Dresden 1:0 (3.170)
2016 | Pokal: BSV vs. FCC 1:0 (900)

Sonneberg 090

Friedhof

Der Olympiasieger

Am 24. Oktober 2016 verstarb mit Reinhard Häfner einer der besten Fußballer der DDR. Ohne den vermeintlichen Schutzwall wäre dem laufstarken und passsicheren Mittelfeldspieler ein Platz bei den internationalen Topclubs sicher gewesen. Häfner wurde im engsten Familienkreis in seiner thüringischen Heimatstadt Sonneberg beigesetzt. Zuvor nahmen Familie und Freunde in Dresden-Tolkewitz Abschied vom Dynamo-Ehrenspielführer. Dabei machte Sportreporter Gert Zimmermann deutlich, dass sich Häfner durch sein Tor zum 3:1-Olympiasieg unsterblich gemacht habe.

Das Finale des Olympischen Fußballturniers wurde am 31. Juli 1976 in Montreal zwischen der DDR und Polen ausgespielt. „Hartmut Schade lief in ein schlampiges Zuspiel der polnischen Abwehr, passte auf Häfner, der plötzlich nur noch den Keeper vor sich hatte, in den Strafraum eindrang und aus 12 Metern den Ball an Mowlik vorbei ins Tor schob. Abgebrüht und kalt wie eine Tasse Mitropa-Kaffee“, beschreibt Blogger Fedor Freytag das entscheidende Tor von Reinhard Häfner zum 3:1 in der 84. Minute. „Alle Spieler haben lange auf dieses Turnier hingearbeitet. Und wir haben dort gegen tolle Mannschaften gespielt“, berichtete der gebürtige Sonneberger im Rückblick auf einen historischen Erfolg, der zu wenig gewürdigt wird. Finalgegner Polen war bei der WM 1974 immerhin Dritter geworden. Im Halbfinale wurde mit der UdSSR eine Mannschaft mit 2:1 bezwungen, in der zahlreiche Spieler von Dynamo Kiew kickten, die 1975 den UEFA-Pokal und den Supercup gegen Bayern München gewannen. Schon in der Qualifikation musste die DDR zweimal gegen die starke ČSSR spielen – 1:1 in Brünn und 0:0 in Leipzig. Die Tschechoslowaken konnte sich somit auf die EM konzentrieren und wurden durch ein 5:3 nach 11m-Schießen gegen die Bundesrepublik Europameister.

Es war der erste und einzige Titel einer DDR-Fußballnationalmannschaft, der von einer besonderen Mannschaft errungen wurde, „die technisch wie taktisch auf der Höhe ihrer Zeit und ihres Metiers agierte“.

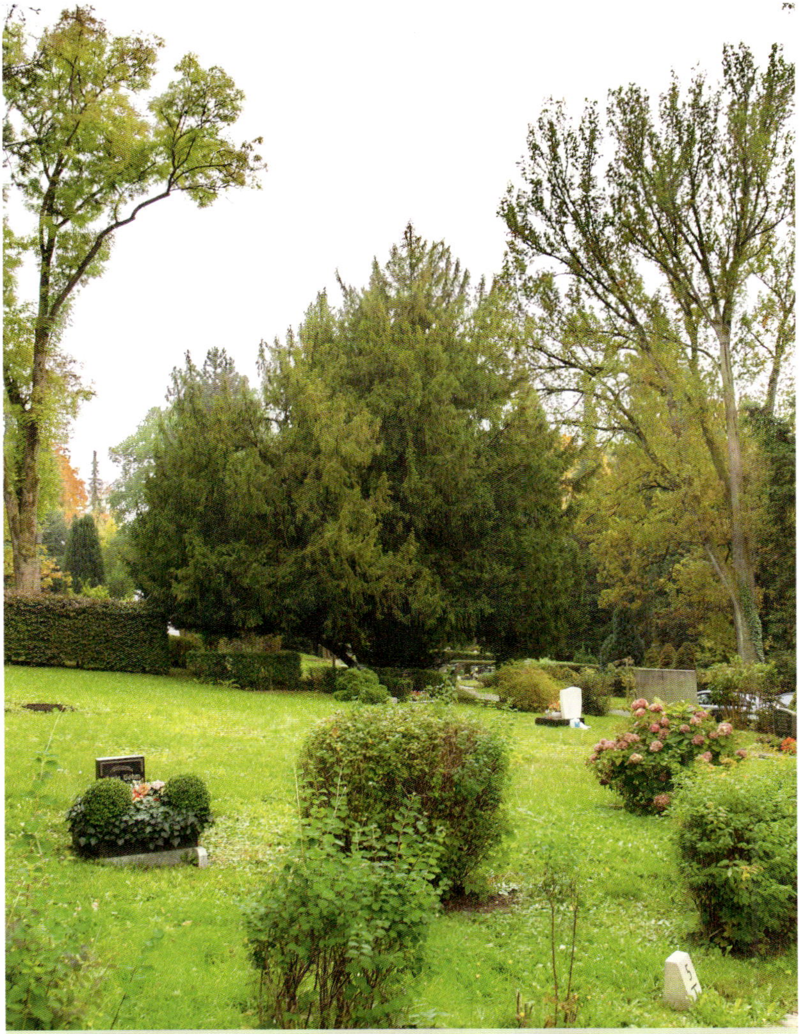

HARTE 4 FAKTEN

Geboren: 2. Februar 1952 in Sonneberg
Bis 1968: BSG Motor Sonneberg
1997–99: Trainer 1. Sonneberger SC 04
1999–2000: Trainer SSV Erfurt-Nord

Sportstadion Sonneberg

Die Großsportanlage in Sonneberg

Großes war in Sonneberg geplant: Eine Großsportanlage sollte im Nationalen Aufbauwerk von den Sonnebergern selbst gebaut werden. Der Bau begann tatsächlich Anfang der 50er-Jahre. 1963 konnte das Stadion dann auch eingeweiht werden, allerdings bot es statt den angedachten 30.000 nur 4.000 Zuschauern Platz. Die Gründe lagen in der Auflösung der II. DDR-Liga, in der die Fußballer der BSG Motor von 1958 bis 1963 spielten und der in Grenzpolitik der DDR. Schließlich gehörte Sonneberg zum Zeitpunkt des Stadionbaus zur Sperrzone. Erst 1972 nahmen die Behörden die Stadt aus wirtschaftlichen Gründen aus dem Fünf-Kilometer-Sperrgebiet heraus.

Aktuell ist vom alten Charakter des Stadions kaum noch etwas zu erkennen. Die dringend notwendige Modernisierung begann im Juli 2012. Rund 2,8 Millionen Euro wurden insgesamt in das Stadion investiert, sodass Sportler und Schüler beste Bedingungen für ihr Training und Wettkämpfe vorfinden.

Dies dürfte auch den Fußballern von 04 neuen Auftrieb geben, die seit 1995 entweder in der Thüringenliga oder in der Spitze der Landesklasse platziert sind. 2020 startete der Verein als Spielgemeinschaft mit dem SV Germania Judenbach in die zehnte Verbandsliga-Saison. Rückblickend dürften die Thüringer Vizemeistertitel in der Saison 2000/01 zu den größten Vereinserfolgen zählen. In dieser Saison wurde Kay Luthardt zusätzlich Torschützenkönig.

Schon einmal belegten die Sonneberger Fußballer den 2. Platz in Thüringen. In der letzten Saison der Landesklasse Thüringen vor deren Auflösung 1951/52, hatte Vizemeister BSG Einheit nur zwei Punkte Rückstand auf Meister BSG Aktivist Kaiseroda Tiefenort und verpasste daher den Aufstieg in die DDR-Liga. Somit startete Einheit als Gründungsmitglied in der drittklassigen Fußball-Bezirksliga Suhl und erarbeitete sich später als BSG Motor, die aus der Fusion von Einheit und ZSG Industrie entstand, durch 15 Auf- und Abstiege zwischen Suhler Bezirksliga und Bezirksklasse den Titel einer Fahrstuhlmannschaft.

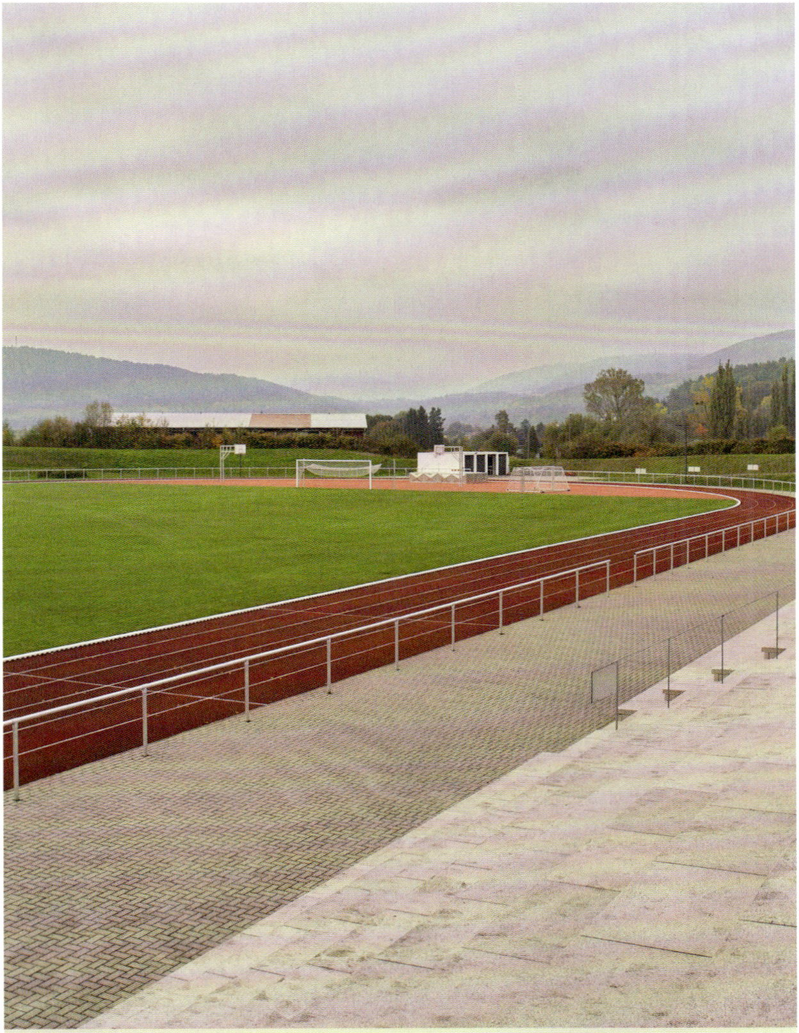

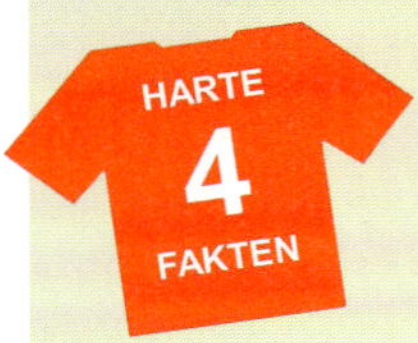

1951: BSG Einheit Sonneberg

1977: BSG EIO Sonneberg

1990: 1. SC Sonneberg

2004: 1. FC Sonneberg

Sportanlage „Am Klosterholz“

Das Wolanski-Quartett

Zwar gründeten die Brüder Linkhorst und Senge sowie Karl Burchardt und Karl Werner den „FC Wacker“ bereits im Mai 1914 im „Deutschen Haus“, doch erst 101 Jahre später, beendete der Teistunger Fußball sein Schattendasein. Mit dem Gewinn von Kreisoberliga-Meisterschaft, Kreis- und Regionspokal gelang ein historisches Triple. Zuvor waren insbesondere zu DDR-Zeiten aufgrund der Einschränkungen im Sperrgebiet kaum Erfolge möglich und so spielte die BSG Traktor vorrangig auf Kreisebene. Der als elfter Verein im Kreis Worbis gegründete FC Wacker startet nach dem Triumph von 2015 als SG mit dem SV Rot-Weiß aus dem Nachbarort Berlingerode richtig durch. Drei Spieltage vor Saisonende15/16 waren Wacker die Meisterschaft und der damit verbundene Thüringenliga-Aufstieg nicht mehr zu nehmen. 13 Punkte Vorsprung belegen die Dominanz der Nordwest-Eichsfelder.

Damit sind die Teistunger der 62. Verein, der in der Thüringenliga spielt. Einen entscheidenden Anteil am Erfolg hat ein polnisches Septett. Abwehrspezialist Rafal Kleinschmidt und Mateusz Wolanski wechselten 2012 nach Teistungen. In der Folgezeit schlossen sich Adrian Konrad, Torwart Norbert Baran und die Brüder Maciej, Michal, Mariusz Wolanski dem FC Wacker an. Bis auf Keeper Baran, der zwei Jahre in der zweitklassigen 1. polnischen Liga bei Termalica Nieciecza spielte, kennen sich die polnischen Fußballer aus ihrer Zeit beim viertklassigen Wisloca Debica.

Eine herausragende Bedeutung aufgrund seiner Treffsicherheit hat Maciej Wolanski, der seit 2016 in der Thüringenliga spielt. Zuvor nahm er an den Nachwuchslehrgängen der polnischen Landesauswahl teil und trainierte als Youngster mit den Männern des Erstligisten Gornik Zabrze. Unter dem späteren Nationaltrainer Adam Nawalka nahm das jüngste Mitglied des Wolanski-Quartetts sogar an allen Vorbereitungsspielen teil. Ein Bänderriss und das Aus seines damaligen Coaches beendeten die Hoffnungen auf eine Profikarriere und so sorgt der Torjäger für viel Freude auf dem Rasen am Klosterholz.

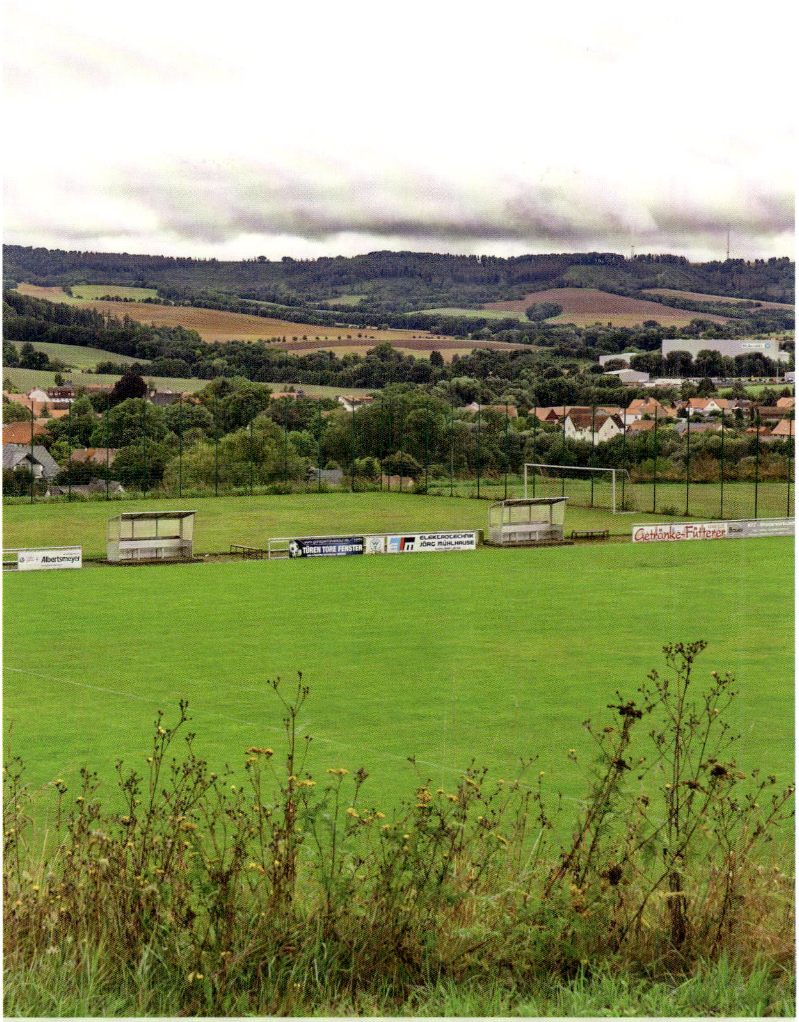

HARTE 4 FAKTEN

6. 2. 1985: Mateusz Wolanski
28. 8. 1986: Michal Marcin Wolanski
28. 8. 1986: Mariusz Wolanski
20. 2. 1996: Maciej Wolanski

Kloster Teistungenburg

Der Notfallplan von Teistungen

Einzig das restaurierte Klostertor erinnert an das Kloster Teistungenburg, welches bis in die 1960er-Jahre die Geschichte Teistungens prägte. Doch mit dem Ausbau der innerdeutschen Grenze, die im Eichsfeld mit großflächigen Kahlschlägen sowie Minenverlegungen an der Straße zwischen Duderstadt und Teistungen im 4. Quartal 1961 begann, war auch der Abriss des Klosters in der Zeit von 1963 bis 1979 verbunden. Parallel wurden tödliche Selbstschussanlagen installiert sowie Beobachtungstürme und Bunker erbaut. Auf Basis des Grundlagenvertrags für den grenznahen Verkehr bekam das „Bollwerk des Sozialismus" am 21. Juni 1973 mit dem Grenzübergang Duderstadt/Worbis eine kleine Lücke. 26 Jahre später wurde der Grenzübergang geöffnet. Heute befindet sich auf diesem Gelände das Grenzlandmuseum Eichsfeld, in dem die Geschichte der Deutschen Teilung sowie des DDR-Grenzregimes gepflegt wird.

Auf dem früheren Klostergelände wurde eine Freizeitanlage mit dem Hotel Teistungenburg erbaut. Die Anlage wird derzeit von „Victor's Residenzhotels" betrieben und ist oft Gastgeber für Fußballteams, die sich auf der Sportanlage „Am Klosterholz" für bevorstehende Aufgaben fit machen. So reiste der VfL Wolfsburg – nach der Saisonvorbereitung im Sommer 2002 – im Mai 2018 ein zweites Mal ins Eichsfeld. Doch diesmal ging es – nach einer 1:3-Niederlage beim HSV – für das von Bruno Labbadia trainierte Team um den Klassenerhalt und dies sorgte für bundesweite Aufmerksamkeit. Der NDR sprach von der „letzten Ausfahrt Teistungen", die Frankfurter Rundschau berichtet vom „Notfallplan von Teistungen".

Neben den Einheiten auf dem Fußballplatz nutzen die Wölfe die Laufstrecken der Region, aber auch die ruhige Atmosphäre, um sich auf den Abstiegskampf vorzubereiten. Und dies zahlte sich aus. Zwar verloren die Wölfe das folgende Spiel in Leipzig mit 1:4 und mussten in die Relegation. Doch dort konnte der VfL dank zweier Siege gegen Holstein Kiel die Klasse halten und spielt so auch heute noch erstklassig.

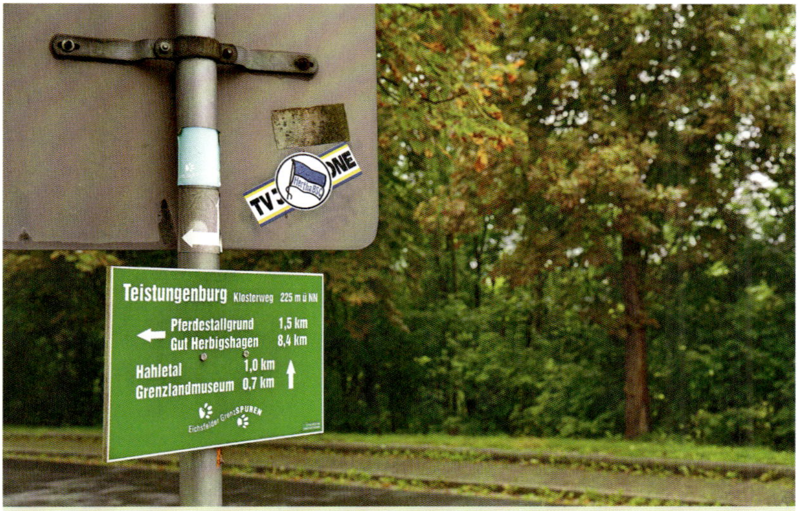

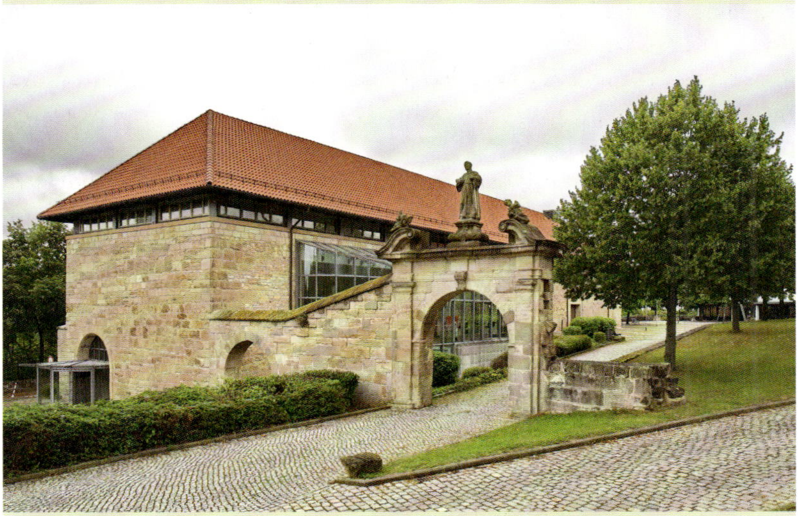

HARTE 4 FAKTEN

2010: FC St. Pauli

2011: Eintracht Braunschweig

2014: DSC Arminia Bielefeld

2015: SG Dynamo Dresden

Tiefenort 094

Waldstadion „Kaffeetälchen“

Deutschlands Nummer 1

In der Ewigen Tabelle der DDR-Liga – der zweithöchsten Spielklasse im Fußballosten – belegen die Fußballer aus Tiefenort den 25. Platz. Mit 20 Spielzeiten gehörte die im Waldstadion „Kaffeetälchen” beheimatete BSG zu den Stammkräften der Liga. Dabei sorgte die Namensgebung für Unruhe in der FUWO-Redaktion. Die Bitte, den vollständigen Namen ZSG Glück Auf Kaiseroda-Tiefenort in der Berichterstattung zu verwenden, wurden mit dem Gegenvorschlag, sich in ZSG Tiefenort umzubenennen, beantwortet. Konsequenterweise wurde dann 1956 eine der originellsten Vereinsbezeichnungen gewählt: BSG Aktivist Kali Werra Tiefenort.

In der Zwischenzeit spielt der Nachfolgeverein FSV Kali Werra zwar in der Kreisklasse, doch mit der Konzentration auf die Nachwuchsförderung und der Pflege der eindrucksvollen Tradition hat der Verein in der Zwischenzeit deutschlandweit Fans gefunden.

Dabei sorgte der Ortsteil der Stadt Bad Salzungen in den vergangenen Jahren vor allem abseits des Rasens für Aufmerksamkeit. 2002 gab die Erde im Bergbaugebiet nach. Mitten in einem Wohngebiet war ein Krater entstanden, der seitdem mehrfach nachbrach. Fünf Häuser um den Erdfall herum durften nicht mehr genutzt werden, die Bewohner mussten ausziehen. Jetzt soll auf den rund 2.700 Quadratmetern eine Streuobstwiese angelegt werden. 2018 brachte ein vermeintlicher Schlangenbiss einer 76-jährigen Frau im Supermarkt Titelstorys in überregionalen Medien. Der Markt wurde mehrfach durchsucht, geschlossen, schließlich ausgeräumt und mehrere Tage lang mit Gas gefüllt. Doch die Schlange wurde bis heute nicht gefunden.

Im Jahr 2021 kam mit Miss Germany Anja Kallenbach die schönste Frau Deutschlands aus Tiefenort. Das schönste Stadion Deutschlands steht mit dem 1926 eingeweihten und 1966 modernisierten Kaffeetälchen ebenfalls in Tiefenort. Die Haupttribüne mit Holzbänken, die gewaltigen Ränge, das Eingangstor und die einzigartige Lage im Wald begeisterten früher bis zu 8.000 Zuschauer und heute Fans sowie Groundhopper aus der ganzen Welt.

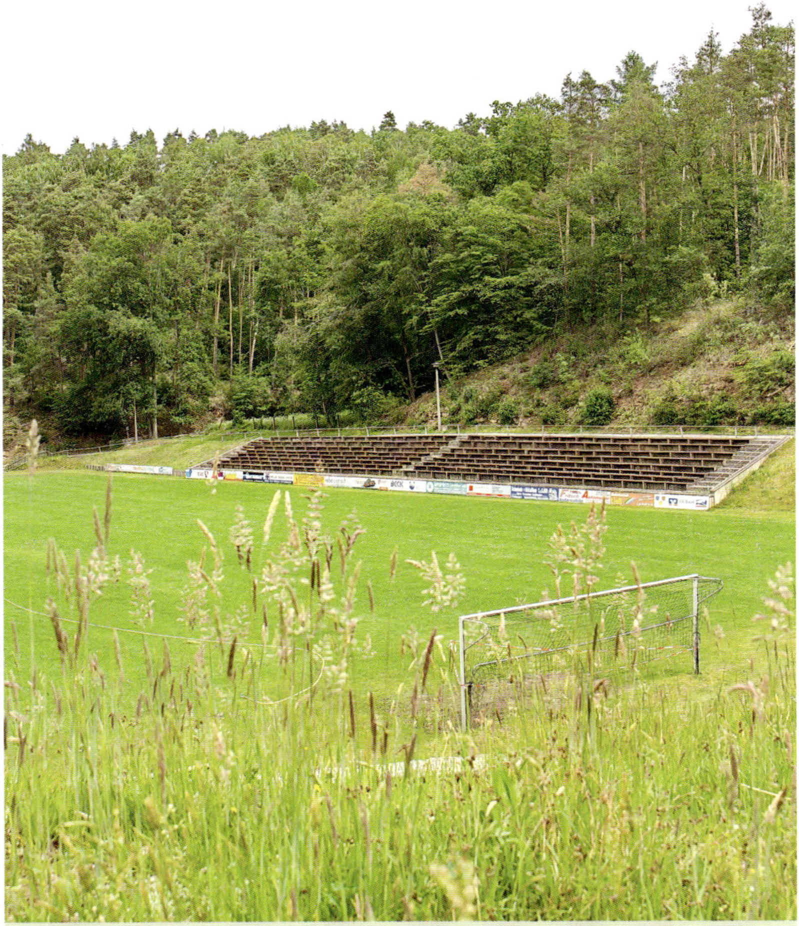

HARTE 4 FAKTEN

Ewige Tabelle DDR-Liga: 25. Platz

Ewige Tabelle II. DDR-Liga: 18. Platz

Ewige Tabelle Thüringenliga: 36. Platz

Bekannte Spieler: Lutz Otto

Sportplatz Steinsdorf

Echte Handarbeit

Was eine auch noch so kleine Gemeinschaft leisten kann, zeigt die Geschichte der Gemeinde Steinsdorf. Nach dem Krieg wuchs das Dorf wieder zusammen und der Wunsch nach dem gemeinsamen Fußballspiel war groß. Weiße Turnhosen und weiße Oberhemden, die im VEB Textile Verpackungsmittel Weida schwarz gefärbt wurden – so entstand der Name für den 1948 im Gasthof gegründeten „Schwarz-Weiß Steinsdorf".

Da der Sportplatz neben der Schule nicht der geforderten Größe entsprach, musste ein neuer Platz her. Ein Kahlschlag des Waldes bot aber eine Freifläche. Alle halfen mit. Mit Hacke und Schaufel wurde planiert, die Steine wurden abgelesen und mit den Pferdegespannen zu den Feldwegen der Bauern gefahren. Es wurden Schlacke und Grünsteinsand auf dem Platz aufgebracht. Unter einfachen Bedingungen und durch echte Handarbeit wurde in unzähligen Stunden ein neuer Sportplatz fertiggestellt. Am 1. Mai 1951 folgte die Einweihungsfeier mit einem Spiel gegen Hohenleuben, das 1:1 endete.

Später wurde es schwieriger, eine Mannschaft zusammenzustellen. Der Sportplatz am Wald verwilderte. Einen Neustart gab es als TSG Steinsdorf. Doch 1967 war vorerst Schluss. Dem Wunsch nach der Rückkehr des Sports in das Dorf folgt der Sportplatzneubau 1987 am heutigen Standort. Ingenieur Kowalewsky vom VEB Zuschlagstoffe und Natursteine führte die Grobvermessung durch. Als Prämie dafür besorgte ihm der LPG-Vorsitzende eine Flugente und einen Weihnachtsbaum.

Nach der Wende gründeten 21 Mitglieder 1990 die SG Blau Weiß 90 Steinsdorf, die in der Folgezeit auf Kreisebene kickte. Nach dem Sportlerheim 1998 bauten die Steinsdorfer 2012 eine Tribüne für ihre Fans, die am 13. Oktober mit einem 2:0-Sieg gegen Cossengrün eingeweiht wurde. In der Zwischenzeit ist es ruhiger geworden. Die 3:4-Niederlage im Juni 2017 gegen die Reserve aus Berga in der 1. Kreisklasse C war vorerst das letzte Spiel als eigenständiger Verein. Mit der Gründung einer Spielgemeinschaft mit dem FSV Berga wurden die Kräfte in der Region gebündelt.

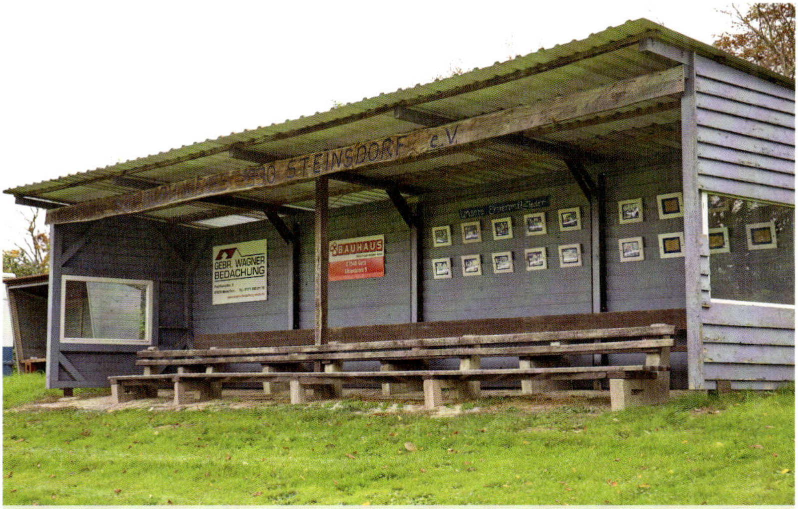

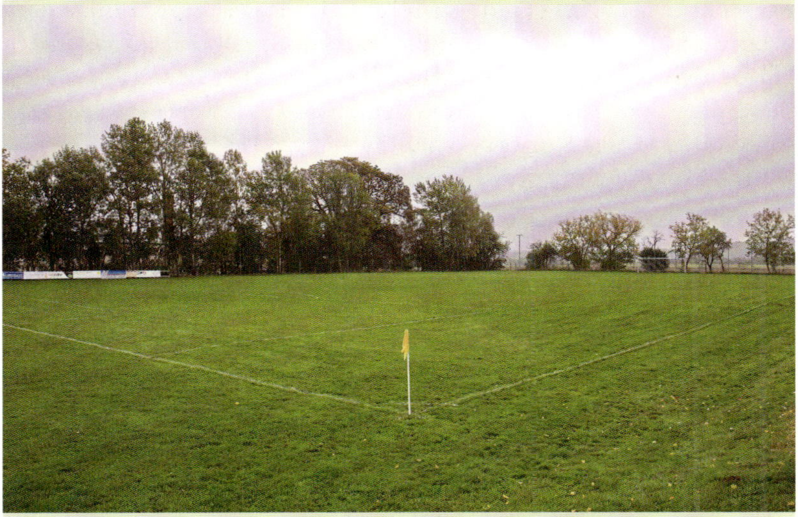

HARTE 4 FAKTEN

Erster Torschütze: Gert Dreyhaupt
Kosten für Sportanlage: 30.000 Mark
Historische Erfolge: Traktorpokal 1991 & 1992
Legende: Matthias Häckel

Sportpark Roter Hügel

Die Pokalfestung

In der Wiege des Vogtlandes können die Verantwortlichen auf über 111 Jahre Fußball-Geschichte zurückblicken. Dabei erinnern sich die Anhänger des FC Thüringen Weida an den historischen FDGB-Pokal-Triumph der BSG Fortschritt gegen den Ex-Europapokalsieger und FDGB-Pokal-Rekordsieger 1. FC Magdeburg am 31. Oktober 1987.

In der ersten Runde hatte der von Ex-Nationalspieler Lutz Lindemann trainierte DDR-Ligist bereits den Oberligisten BSG Stahl Riesa vor 1.000 Zuschauern aus dem Pokal geworfen. So hatte Magdeburgs Trainer Achim Streich vor dem Spiel erklärt, dass sie die Weidaer auf keinen Fall unterschätzen würden. Unfassbare 2800 Zuschauer pilgerten auf den Roten Hügel, später gab es nochmal so einen Zustrom, als am 29. Mai 1994 der Bundesligist Eintracht Frankfurt mit Anthony Yeboah und Manfred Binz vor 4.000 Zuschauern mit 6:1 gewann. Fünf Jahre später – am 3. Juni 1999 – sahen dann 1.000 Anhänger den 8:2-Testspielerfolg des von Friedel Rausch trainierten 1. FC Nürnberg.

Wer sich nun auf die Suche nach Bewegtbildern dieses historischen Pokalspiels macht, wird keinen Erfolg haben. Eigentlich sollte über die Begegnung im „Fußball-Panorama" berichtet werden. Doch die Stromversorgung für die Kamera auf dem Dach des Stadiongebäudes streikte.

Die Fortschritt-Elf ging durch Neuzugang Steffen Haubold in Führung (6.). Der schnelle Ausgleich durch Markus Wuckel (7.) beeindruckte Weida nicht. Andreas Bickel erzielte die erneute Führung, die Damian Halata per Elfmeter ausglich. Weidas Keeper Thomas Runkewitz hielt sein Tor sauber und so fiel die Entscheidung im Elfmeterschießen. Bis zum 8:8 verwandelten die Schützen sicher. Dann scheiterte Magdeburgs Rolf Döbbelin an Runkewitz und Thomas Lauke verwandelte gegen Dirk Heyne sicher, sodass die BSG Fortschritt in die 3. Pokalrunde einzog. Nach dem Spiel gratulierte Nationaltrainer Bernd Stange persönlich den Siegern in der Kabine. Im Achtelfinale verloren die Weidaer beim Ligisten Fortschritt Bischofswerda mit 1:2 nach Verlängerung.

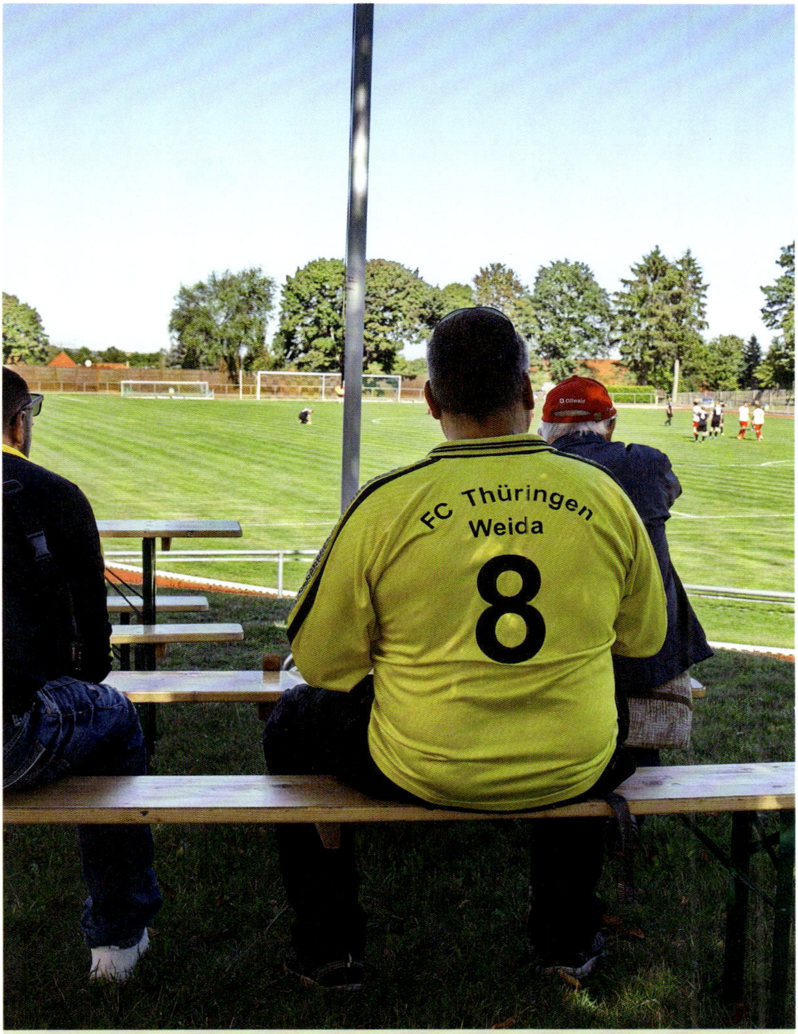

HARTE 4 FAKTEN

1936/37: 2. Platz Gauliga Mitte

1976: Aufstieg in die DDR-Liga

Bekannte Spieler: Alfred Beck, Frank Dünger

Bekannte Trainer: Heiko Weber, Gerd Struppert

Fleischerei Blässe

Die beste ThüringerIN

Gerüchteweise gibt es die besten Thüringer Rostbratwürste in der Fleischer Blässe am Frauenplan 1 in Weimar. Aus verständlichen Gründen ist dies nicht unumstritten, haben doch zahlreiche Thüringer Fleischereien eine hervorragende „Roster-Performance". Unbestritten und mit Zahlen belegt ist aber die Tatsache, dass die Tochter von Fleischer Jens Blässe die beste Thüringer Fußballerin aller Zeiten ist. Anna Blässe wurde 1987 in Weimar geboren. In der Jugend spielte sie beim SV Niedergrunstedt und beim FSV Weimar-Nohra.

Von 2001 bis 2003 machte die Fußballerin Station beim SC 1903 Weimar, dem Verein, aus dem sich 2009 der Weimarer FFC ausgliederte. Ihr damaliger Trainer hieß Thomas Müller, der trotz seines jungen Alters als Legende des Thüringer Frauenfußballs bezeichnet werden darf. Blässe spielte bei den Junioren mit und machte mit 14 Jahren ihr erstes Spiel für die Frauen.

Über das Sportgymnasium kam sie zum FF USV Jena und erzielte in 35 Punktspielen in der 2. Bundesliga 27 Tore. Nach einer Saison beim Hamburger SV wechselte Anna Blässe zum VfL Wolfsburg. Erstmals zahlte ein Verein im Frauenfußball eine Ablösesumme für eine Spielerin. Für damalige Verhältnisse unglaubliche 20.000 € legte der VfL Wolfsburg auf den Tisch. Sie zahlte es mit Toren und Treue zurück. Heute ist Anna Blässe mehrfache Deutsche Meisterin, Pokalsiegerin, Champions-League-Siegerin und Nationalspielerin. Im Juli 2020 wurde Anna Blässe als erste Wölfin von der ARD mit dem Tor des Monats für den 2:2-Ausgleich im DFB-Pokalfinale gegen Essen ausgezeichnet.

Auch wenn Anna nicht mehr in Weimar Fußball spielt, so kam man auf dem Lindenberg lange Zeit nicht am Name „Blässe" vorbei. Auf den Trikots der Fußballerinnen des Weimarer FFC prangte für mehrere Saisons das Logo der Fleischerei Blässe, die den Frauenfußball in der Kulturstadt viele Jahre aktiv unterstützt hat. Im Januar 2020 zog sich der einstige Vizemeister Weimarer FFC aufgrund von Personalmangel vom Spielbetrieb der Frauen-Verbandsliga zurück.

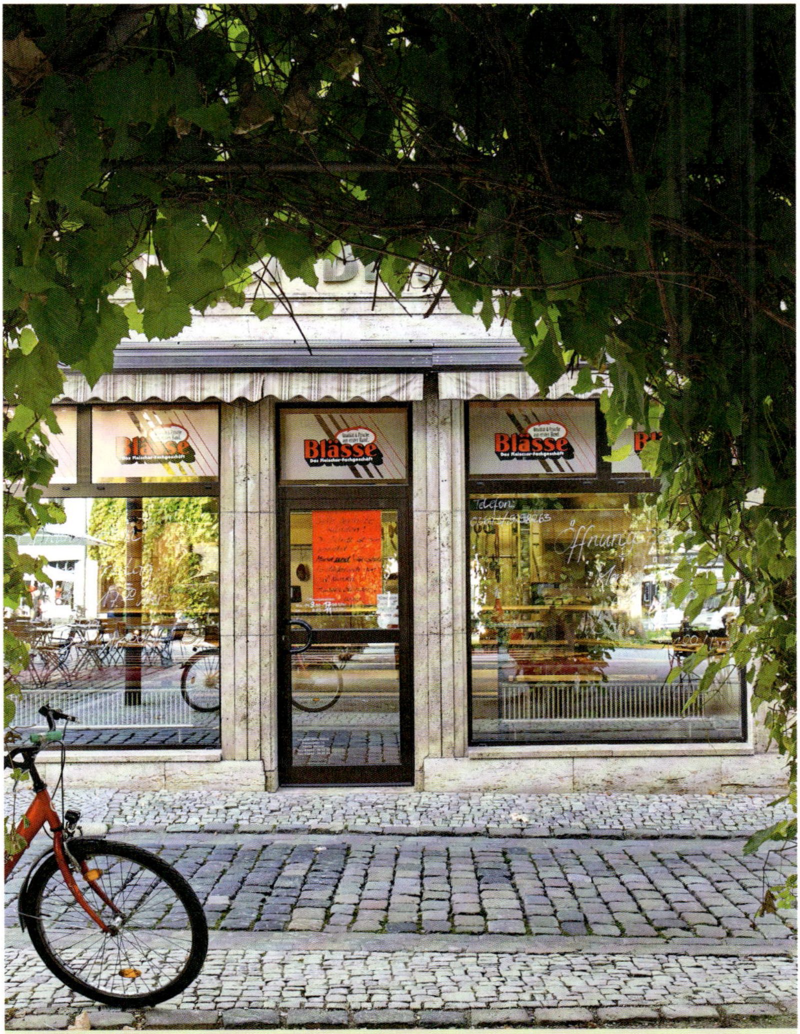

HARTE 4 FAKTEN

2009: Gründung Weimarer FFC

2014/15: Verbandsliga-Vizemeisterschaft

2013/14, 2016/17: Teilnahme am Pokalfinale

2017/18: Teilnahme am DFB-Pokal

Gedenkstätte Buchenwald

Fußball im Angesicht des Todes

Auf dem Ettersberg bei Weimar errichtete die SS ein Konzentrationslager, um politische Gegner, Juden, Sinti und Roma sowie sogenannte „Gemeinschaftsfremde“ zu internieren und sie dauerhaft aus dem deutschen „Volkskörper“ auszuschließen, wie es in der NS-Sprache hieß. Zwischen 1937 und 1945 wurden 266.000 Menschen, darunter rund 27.000 Frauen, in Buchenwald unter menschenunwürdigen Verhältnissen gefangen gehalten.

Der Sport war in den meisten KZs Teil des Alltags und diente vor allem der Demütigung der Gegangenen. Sie wurden in den Lagern vom Bewachungspersonal stundenlang mit „gymnastischen Übungen“ gequält und ihrer Würde beraubt. Für die Schwachen bedeutete diese Tortur oft den sicheren Tod.

Daneben gab es auch organisierte Sportveranstaltungen. Für die SS war dies eine Möglichkeit, um ein Bild von freudiger Stimmung zu inszenieren. Ein überlebender Häftling aus Auschwitz berichtet über ein Fußballspiel: „Der Ball wanderte von Fuß zu Fuß und kehrte in einem Bogen vors Tor zurück. Ich wehrte ihn ab, aber er ging ins Aus – Ecke. Wieder ging ich ihn holen. Als ich ihn aufhob, erstarrte ich: Die Rampe war leer. Ich ging mit dem Ball zurück und gab ihn zur Ecke. Zwischen zwei Eckbällen hatte man hinter meinem Rücken dreitausend Menschen vergast“, schrieb KZ-Häftling Tadeusz Borowski.

In Buchenwald bildeten sich zeitweise 12 Mannschaften, anfangs auch eine Auswahl von jüdischen Häftlingen, die später verboten wurde. Sie übten auf dem Platz hinter der letzten Blockreihe und traten auch zu Wettspielen an. Die spielstärkste Mannschaft wurde von den „Politischen“ gestellt. Als das Lager schließlich überfüllt ist, wich der Sportplatz dem Bau weiterer Baracken.

Am Ende des Krieges ist Buchenwald das größte KZ im Deutschen Reich. Über 56.000 Menschen starben an Folter, medizinischen Experimenten und Auszehrung. Als die Amerikaner im April 1945 Buchenwald und seine Außenlager erreichten, schrieb Dwight D. Eisenhower, der Oberbefehlshaber der Alliierten Streitkräfte: „Nichts hat mich je so erschüttert wie dieser Anblick.“

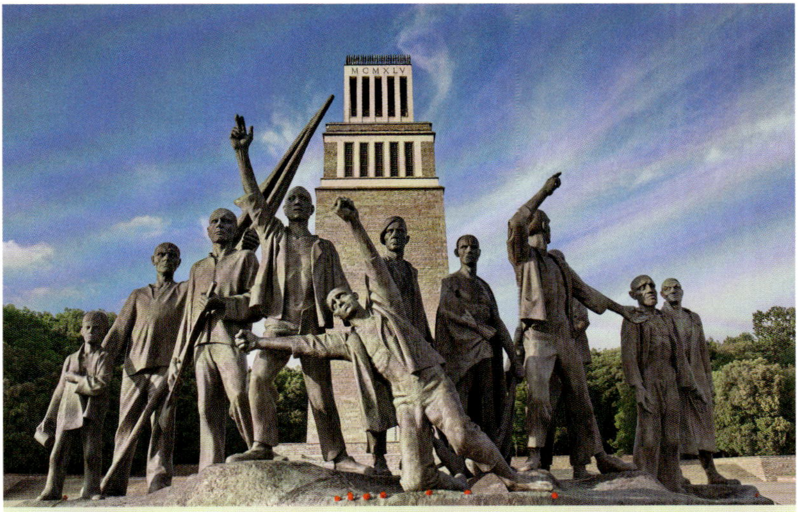

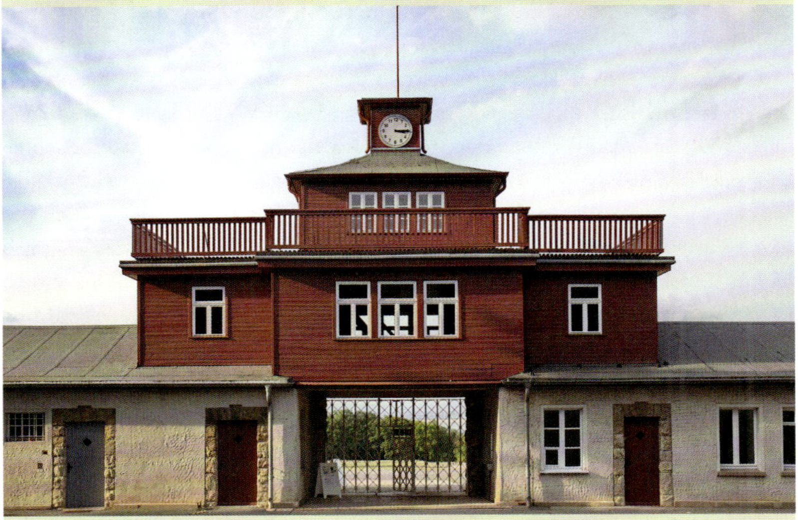

HARTE 4 FAKTEN

Errichtung: Juli 1937
Befreiung: 11. April 1945
Auflösung: 1950
Anzahl Konzentrationslager: 980

Bauhaus-Universität Weimar

Das Versteckspiel

Die Voraussetzungen für eine Profikarriere waren bestens: Michael Urban, der damals noch Schneider hieß wie sein Stiefvater und einst bei der BSG Motor Weimar mit dem Fußballspielen begann, wechselte 1985 zum FC Rot-Weiß Erfurt. Fortan lernte er an der Kinder- und Jugendsportschule und kickte in der Nachwuchsoberliga, später sogar in der DDR-Jugend-Nationalelf. Nach der Wende hätte Urban durchstarten können. Weil er um seine Zukunft als Fußballer fürchtete, verschwieg er seine Homosexualität und unterdrückte seine Neigung. Das unterschwellige Gefühl, schwach zu sein und nicht dazu zu gehören, versuchte er mit übertriebenem männlichen Gehabe und aggressivem Fußballspiel zu kompensieren.

Dies konnte nicht lange gut gehen und so entschied sich Urban gegen die Profilaufbahn. „Ich war 18 Jahre damals, Anfang 20 dann Anfang der 90er. Aber mir war mein Leben mehr wert als die Karriere“, so Urban. Er studierte ab 1991 an der Hochschule für Architektur und Bauwesen – später Bauhaus-Universität – in Weimar und wurde Ingenieur für Stadt- und Regionalplanung.

2007 brach der langjährige Fußballer sein Schweigen und berichtete in einem Interview der „Welt am Sonntag“ über sein jahrelanges Versteckspiel. „Fußball ist ein Männersport, also redet man bei Geschichten über Affären mit Frauen mit und erfindet erotische Abenteuer. Es würde komisch wirken, wenn man da nicht mitreden würde, denn man will ja auf keinen Fall als Schwuler auffallen. Homosexualität passt nicht in die Männer-Domäne Fußball und ist dort ein tägliches Versteckspiel“, so Urban auf welt.de. Nachdem sich 2014 Ex-Nationalspieler Thomas Hitzlsperger in der „Zeit“ zu seiner Homosexualität öffentlich bekannte, war damit die Hoffnung verbunden, dass dies ein Meilenstein hin zu einem unverkrampften Umgang mit geschlechtlicher und sexueller Vielfalt sein könnte. Doch der Weg dorthin ist voller Herausforderungen und so richtete der DFB 2021 eine Anlaufstelle für geschlechtliche und sexuelle Vielfalt ein.

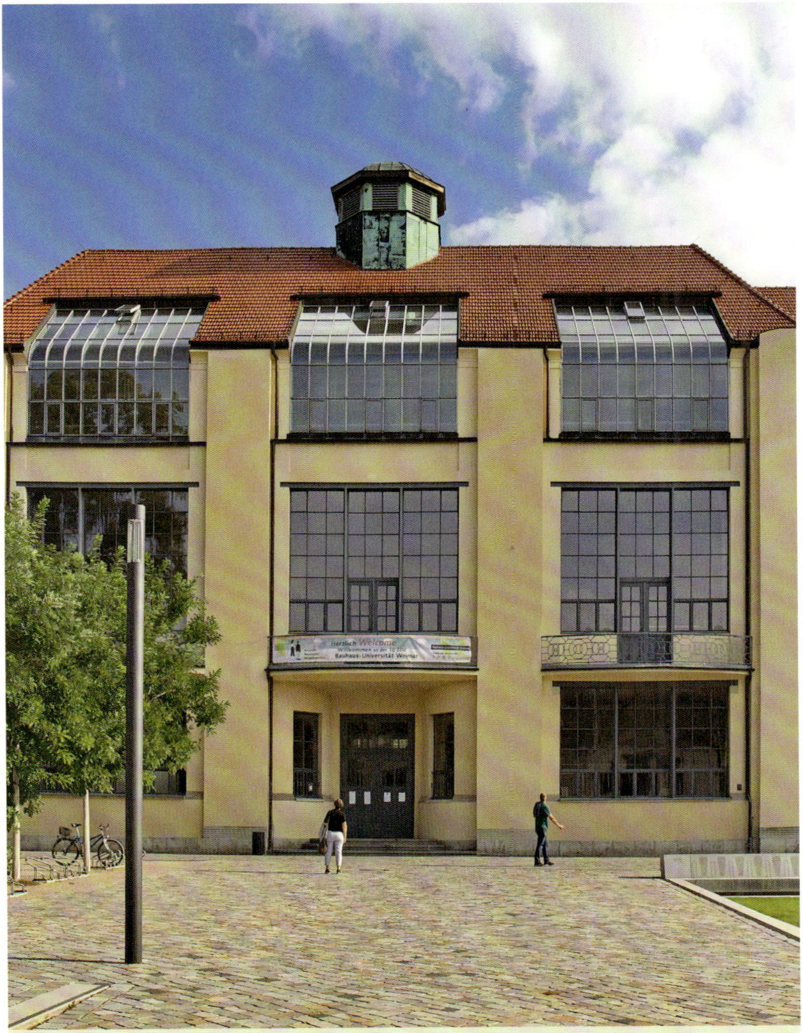

HARTE 4 FAKTEN

Geboren: 4. August 1971 in Weimar
Heute: Diversität-Berater und Personal Coach
Mitbegründer: Netzwerk „Fußball für Vielfalt“
Sprecher: „Gay Players United“

Sportpark Lindenberg

Als Turbine absteigen musste

Als sich nach dem II. Weltkrieg der Sport in der DDR neu sortierte, wurde der Fußball auf dem Weimarer Lindenberg erstklassig. Nach Abschluss der Saison 1949/50 traf die BSG KWU (Kommunale Wirtschaftsunternehmen) Weimar im Finale um die Thüringer Meisterschaft auf die SG Lauscha. Wolkenbruchartige Regenfälle setzten das Erfurter Stadion unter Wasser und so konnte das Finale erst am 18. April um 17 Uhr angepfiffen werden. „... in der 25. Minute ist es dann so weit. Mittelstürmer Ziehn erhält eine Maßvorlage. Mit wuchtigem 20-Meter-Schuss erzielt er das Führungstor. Die Wäldler hatten jetzt ihre beste Zeit, ohne allerdings nicht mehr als verteiltes Spiel zu erreichen. Ihre Ausgleichsgelegenheit drei Minuten vor Schluss vereitelte jedoch Torwart Schuster in glänzender Manier“, berichtete die Zeitschrift „Das Volk“ am Tag nach der Weimarer Meisterschaft. Mit vier Siegen in der folgenden Aufstiegsrunde qualifizierte sich die BSG KWU für die in DDR-Oberliga umbenannte höchste Spielklasse.

Ein Höhepunkt der folgenden Saison 1950/51 war das 0:0 im Derby bei der BSG KWU Erfurt vor 22.000 Zuschauern. Die während der Saison in Turbine Weimar umbenannte BSG landete in der 18er Staffel auf dem 16. Platz, punktgleich mit Oberschöneweide (15.) und deutlich vor dem abgeschlagenen VfB Pankow (18.). Die Fußballfunktionäre der DDR hatten vor der Saison Pankow und Oberschöneweide aus der Berliner Stadtliga in die Oberliga eingegliedert und eigentlich beschlossen, dass am Saisonende die vier letztplatzierten Mannschaften absteigen sollten.

Als dann aber unter den vier Absteigern neben Weimar drei Berliner Vereine waren, wurde eingegriffen. Motor Oberschöneweide sowie Einheit Pankow durften bleiben, hinzu kam neben den Aufsteigern aus Aue und Wismar auch noch die neugegründete SV Vorwärts Leipzig und so hatte die Oberliga mit 19 Mannschaften die höchste Teilnehmerzahl ihrer Geschichte. Weimar protestierte und musste trotzdem in die 2. Liga; der Sprung in die Oberliga gelang nicht mehr.

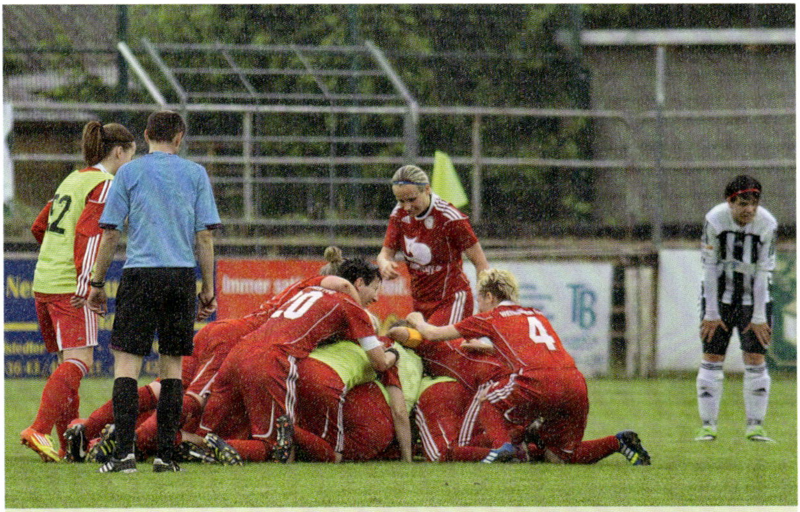

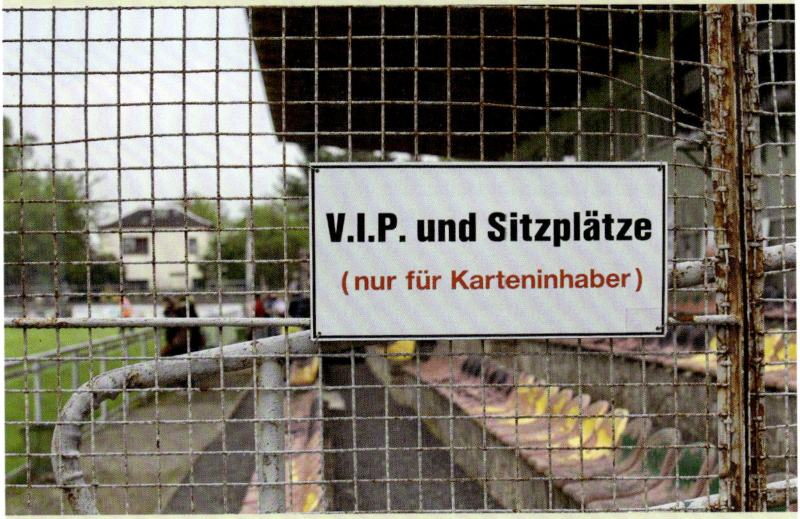

HARTE 4 FAKTEN

1946: SG Weimar Ost | 1948: Eintracht Weimar
1950: BSG KWU Weimar | 1951: BSG Turbine Weimar
1954: BSG Lok Weimar | 1961: BSG Motor Weimar
1990: SV Motor Weimar | 1992: SC Weimar 03

Waldstadion

4.000 Zuschauer in der Karl-Marx-Sportstätte

Anlässlich des 135. Geburtstages des Begründers des wissenschaftlichen Sozialismus rief das ZK der SED 1953 das Karl-Marx-Jahr aus. Auch in der Kreisstadt Zeulenroda gab es am Pfingstsonntag, dem 24. Mai 1953, mit der Einweihung der Karl-Marx-Sportstätte einen Höhepunkt des Gedenkjahres. Damit verbesserten sich die Übungs- und Wettkampfbedingungen für die Zeulenrodaer Leichtathleten, aber auch die Fußballer.

Diese spielten als BSG Motor Zeulenroda in erster Linie auf der Ebene des Bezirkes Gera. Erst 1971 wurde das Trainingszentrum Fußball unter Leitung von Alexander Jina gegründet. Großes Ziel für die Nachwuchskicker war die Delegierung nach Jena. Als während der Saison 1975/76 Gerd Bürger, Vater vom späteren Profifußballer Henning Bürger, das Traineramt übernahm, gelangen in der Folgesaison der Aufstieg in die Bezirksliga und 1979 die Meisterschaft. Am letzten Spieltag kamen 2.300 Zuschauer und feierten mit der Mannschaft nach dem 5:2-Sieg über die BSG Chemie Kahla den Aufstieg zur DDR-Liga. Rund 4.000 Zuschauer sahen dann das erste Heimspiel in der neuen Liga gegen die BSG Fortschritt Weida (0:3). Der Höhenflug endete nach zwölf Monaten mit dem Abstieg, das Projekt des sofortigen Wiederaufstiegs scheiterte knapp an der BSG Stahl Silbitz. Danach hörte Bürger als Trainer der 1. Mannschaft auf.

Unmittelbar nach der Wende erlebte der Fußball im Waldstadion einen Aufschwung. Der FV Zeulenroda wurde 1990 Bezirksliga-Zweiter und stieg damit in die neue Thüringer Landesliga auf. Dort wurde der FVZ ungeschlagen Thüringenmeister und spielte von 1991 bis 1998 in der Oberliga, die bis 1994 noch die dritthöchste Spielklasse war. Nach dem Abstieg und der folgenden Insolvenz konnte 1999 nur durch einen Neustart als FC Motor der Fußballsport gerettet werden. Die Männer sind in der Zwischenzeit als SG mit dem Triebeser SV wieder in der Landesklasse vertreten. Die beiden Aufstiege zur Thüringer Landesliga 2007 und 2009 ließen sogar Erinnerungen an die „alten Zeiten“ wach werden.

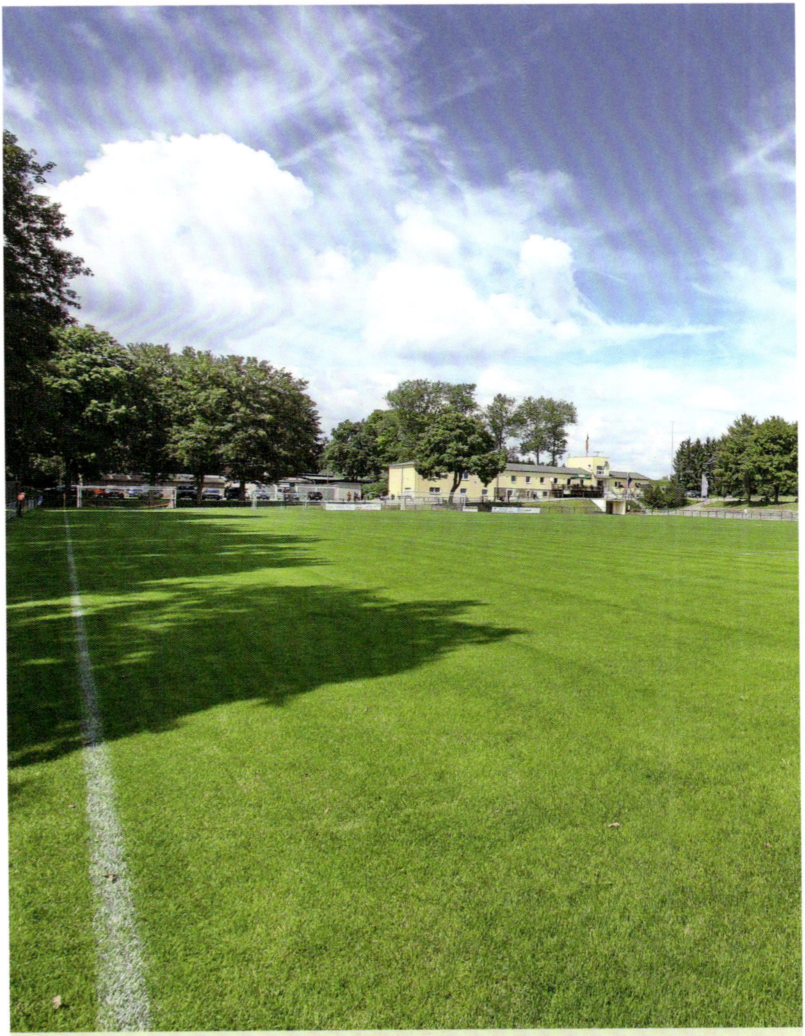

HARTE 4 FAKTEN

Auflösung FV: 4. November 1999
Gründung FC Motor: 10. Februar 1999
Kapazität: 5.000 Stehplätze
Bekannter Spieler: Henning Bürger

Literatur-/Quellenverzeichnis

Kap. 001:
SV Altenburg: Die Skatbank-Arena. www.motor-altenburg.de (4. März 2021)

Kap. 003:
Röder, R.: Als noch 6000 Zuschauer zum Derby pilgerten. In: Thüringer Allgemeine v. 13. August 2016.

Kap. 006:
Röder, R.: Als 4700 Zuschauer zur Brauchitsch-Kampfbahn pilgerten. In: Thüringer Allgemeine v. 9. Juni 2018.
Harbauer, B. & Will, S.: Chronik des FSV 1996 Preußen Bad Langensalza

Kap. 008:
Anders, H.: 25 Jahre Sportfreundschaft. Ostthüringer Zeitung. 3. Dezember 2014
Der Spiegel, vom 27.6.1956, Ausgabe 26, INTERZONEN-REISEN, Stand: 26.6.2014; in: www.spiegel.de/politik/interzonen-reisen-a-1489ab74-0002-0001-0000-000043062582?context=issue

Kap. 009:
Rathgeber, U.: Ein Blick zurück. In: Ostthüringer Zeitung v. 19. September 2012

Kap. 012:
Helmke, B.: Festschrift des SV Steinbach zum 70. Jubiläum. 1990

Kap. 014:
Schmidberger, K.: Das Wartburgstadions wurde vor 60 Jahren eingeweiht. In: Thüringer Allgemeine v. 19.06.2015

Kap. 015:
Michael Steyski: Von Langenbochum ging's in den Osten. Der Liebe wegen zog es Gerd Möller 1966 nach Gera. Anschließend legte der Hertener eine beeindruckende Karriere bis in die höchste Klasse hin. In: Stimberg Zeitung, 16. Mai 2020, S. 25.

Kap. 017:
Schüle, A.; Zielinski, S.: Vom Platz vertrieben. Landeszentrale für politische Bildung Thüringen. 2016

Kap. 018:
Freytag, F.: Wilfried Mohren – der Hegel des Thüringer Beckens. www.stellungsfehler.de 29. August 2011

Kap. 020:
Grabe, D.: Die unendliche Geschichte des Stadions in Gebesee. 2020

Kap. 025:
Interview des Auer Fanclubs Bergkgeschrey mit Bringfried Müller vom 12. September 2006

Kap. 026:
Frommhagen, R.: Die andere Fußball-Nationalmannschaft. Verlag Die Werkstatt. (2011)

Kap. 028:
Kreim, M.: Gerstunger Fußballchronik ab 1930. https://www.esv-gerstungen.de/

Kap. 030:
Stasjulevics, H.: Die grüne Oase im Osten der Stadt. Thüringer Allgemeine. 10. März 2018

Kap. 031:
Gerlach, H.: Silberhochzeit in der Thüringenliga; in:https://tfv-erfurt.de/nc/news/detail/news/schiedsrichter-der-thueringenliga-im-portraet-3 (31. 12. 2020)

Kap. 034:
Seidl, Th.: Als ein DDR-Nationalspieler in die niederbayerische BOL wechselte. FuPa.net 13. Januar 2021

Kap. 035:
Lechner, S.: Die Geschichte einer Stadt. URL: www.hermsdorf-regional.de (Februar 2021)

Kap. 037:
https://newkissontheblog.com/
Kap. 040:
Ulbrich, M.: Schlegelsberg statt Moulin Rouge. Thüringer Allgemeine v. 12. Februar 2021
Kap. 043:
Kremer, H.: Geschichte der Sportplätze in der Jenaer Oberaue. In: Thüringische Landeszeitung v. 28. Januar 2016.
SV Jenapharm Jena: Alles über uns. URL: www.svjenapharm.de/verein (September 2020)
TFV: Erweitertes Präsidium lehnt Beschwerde gegen Entscheidung des Spielausschusses ab. URL: tfv-erfurt.de/nc/news/detail/news/erweitertes-praesidium-lehnt-beschwerde-gegen-entscheidung-des-spielausschusses (August 2020)
Henning, J.: Wir schauen von Jahr zu Jahr. In: Ostthüringer Zeitung v. 14. Januar 2020
Kap. 044:
Bundeszentrale für politische Bildung: Du bist wie Gift. URL: www.bpb.de/gesellschaft/medien-und-sport/bundesliga/164730/zur-aufarbeitung-des-ddr-fussballs (Februar 2016)
Praschl, G.: Roland Jahn: Ein Rebell als Behördenchef. Christoph Links Verlag (2011)
Leske, H.: Kick mit der Staatssicherheit. URL: https://www.spiegel.de/geschichte/trainer-legende-a-946430.html (Februar 2008)
BStU: Das Stasi-Unterlagen-Archiv in Zahlen. URL: www.bstu.de/ueber-uns/bstu-in-zahlen/ (Juni 2020)
Kap. 046:
Kösling, P.: Die Verfolgung und Vernichtung der Kahlaer Juden 1933 – 1945. 2017.
Kap. 051:
Schüle, A. & Zielinski, S.: Vom Platz vertrieben. Landeszentrale für politische Bildung Thüringen. 2016
Kap. 058:
Heise, B.-U. & Müller, U.: Das Stadion in der Goethestraße. Heimatfreunde Neustadt a.d. Orla. 2012
Kap. 062:
Eisfeld, V.: Nordhäuser Stadion. www.nordhausen-wiki.de 6. Februar 2021
Kap. 063:
Kummer, M.: Die Fußballclubs Rot-Weiß Erfurt und Carl Zeiss Jena und ihre Vorgänger in der DDR. Ein Vergleich ihrer Bedingungen. Dissertation, Potsdam 2010.
Kap. 064:
Herwig, H.: Seit 1913 Fußball in Oberdorla. Vogtei-Echo. 2021
Kap. 070:
SV Rositz: Chronik. URL: www.svrositz.de (Stand: Februar 2021)
Enigk, S.: Präsident Tomaschewski verlässt Thüringer Fußball-Verband mit zwiespältigen Gefühlen. In: Leipziger Volkszeitung v. 8. Februar 2021
Kap. 077:
Lokalsport Schmalkalden: Ende mit Schrecken. In: Freies Wort vom 8. Juli 2018
Kap. 079:
Frank Dittmann: Uran für den Frieden. In: Kultur & Technik. Ausgabe 1. 2020.
Kap. 083:
SV Frohndorf/Orlishausen:
Was bisher geschah... URL: https://

www.svfrohndorf-orlishausen.de
(Stand: Oktober 2020)

Kap. 084:

Andreas Kästner & Hartmut Gerlach: Ewige Tabelle der Thüringenliga von 1990-2020. www.tfv-erfurt.de

Kap. 087:

TFV: Spielordnung. URL: www.tfv-erfurt.de (Stand: Sept. 2020)

SV Jugendkraft 03 Albrechts: Chronik. URL: www.jk03.de/fussball/#zeitreise-fuba-anker (Stand: Sept. 2020)

Kap. 089:

Schwertner, O.: Der Spielmacher. Sonderausgabe. 2019.

Scherzberg, W.: Das Sportzentrum „Am Göldner" in Sondershausen. 2011

Kap. 090:

Hanisch, K.: Wir gehörten zu den Besten der Welt. Prager Zeitung. 20. Januar 2016.

Feytag, F.: DDR-Olympiasieg im Fußball 1976: Der vergessene Triumph. www.stellungsfehler.de (31. Juli 2020)

Kap. 091:

Kästner, A. & Gerlach, H.: 1. FC Sonneberg 04 – zehn Jahre Thüringer Erstklassigkeit. TFV. 15. November 2020

Kap. 092:

Roeben, Ch.: Wir sind wie eine echte Familie. Thüringische Landeszeitung (Eichsfeld) 9. November 2020

Kap. 094:

Schulte, J.: Thüringens Top Ten – Das Land der unbekannten Schönen. www.groundblogging.de 9. April 2019

Kap. 095:

SG Blau-Weiß 90 Steinsdorf: Chronik des Steinsdorfer Fußballs. URL: blau-weiss-steinsdorf.jimdofree.com (September 2020)

Kap. 098:

Oschlies, Wolf: Sport in Auschwitz. URL: www.zukunft-braucht-erinnerung.de/sport-in-auschwitz/

Zeugenaussagen aus dem KZ-Buchenwald: „Freizeitgestaltung im KZ-Buchenwald", Dokumentationsarchiv des Österreichischen Widerstandes, Registernummer 1239 und 977

Kogon, Eugen: Freizeitgestaltung. URL: www.literaturland-thueringen.de/artikel/literatur-aus-buchenwald/eugen-kogon-kl-freizeitgestaltung

Kap. 099:

Brink, N.: Fußball und Homosexualität. Keine Initialzündung durch Hitzlsperger. URL: www.deutschlandfunkkultur.de/fussball-und-homosexualitaet-keine-initialzuendung-durch.1008.de.html?dram:article_id=308101

Marcus Urban im Gespräch mit Kai-Niels Bogena: „Schwule Fußballer haben Angst". In: welt.de. 11. November 2007, abgerufen am 16. Juli 2017

Dank

Ein besonderer Dank gilt Verleger Christian Becker, der mit seinem Arete Verlag und seinem Vertrauen dieses Buch erst möglich gemacht hat; den zahlreichen Historiker:innen in den Vereinen bzw. Zeitungsredaktionen sowie Anna und Beate.

Weitere Bände der Reihe Fußballheimat:

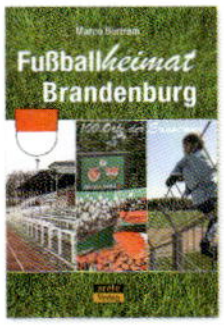

Marco Bertram
Fußballheimat Brandenburg
100 Orte der Erinnerung
216 S., 18,00 €
978-3-96423-032-4

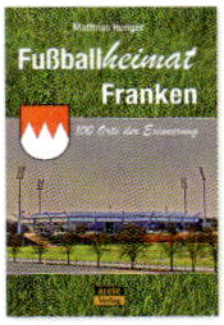

Matthias Hunger
Fußballheimat Franken
100 Orte der Erinnerung
213 S., 18,00 €
978-3-942468-91-6

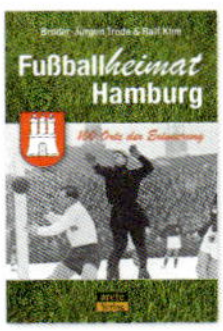

Broder-Jürgen Trede & Ralf Klee
Fußballheimat Hamburg
100 Orte der Erinnerung
216 S., 18,00 €
978-3-96423-038-6

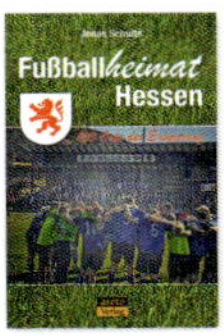

Jonas Schulte
Fußballheimat Hessen
100 Orte der Erinnerung
216 S., 18,00 €
978-3-96423-063-8

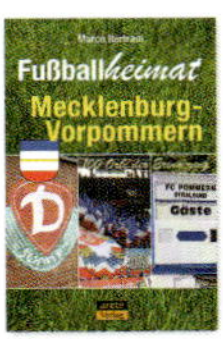

Marco Bertram
Fußballheimat Mecklenburg-Vorpommern
100 Orte der Erinnerung
216 S., 18,00 €
978-3-96423-025-6

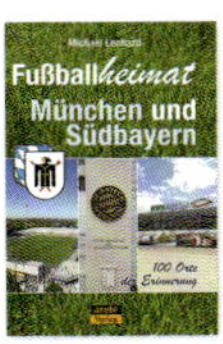

Michael Lenhard
Fußballheimat München und Südbayern
100 Orte der Erinnerung
216 S., 18,00 €
978-3-942468-96-1

Arete Verlag · Osterstr. 31–32 · 31134 Hildesheim · www.arete-verlag.de

Weitere Bände der Reihe Fußballheimat:

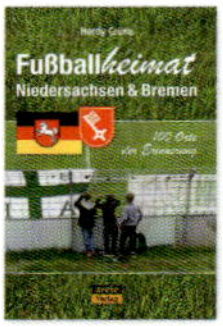

Hardy Grüne

Fußballheimat Niedersachsen & Bremen

100 Orte der Erinnerung

216 S., 18,00 €

978-3-96423-015-7

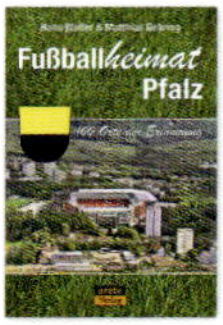

Hans Walter & Matthias Gehring

Fußballheimat Pfalz

100 Orte der Erinnerung

216 S., 18,00 €

978-3-96423-014-0

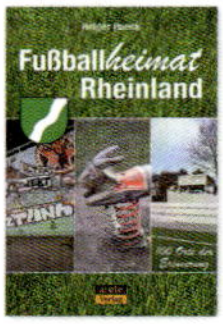

Holger Hoeck

Fußballheimat Rheinland

100 Orte der Erinnerung

216 S., 18,00 €

978-3-96423-071-3

(März 2022)

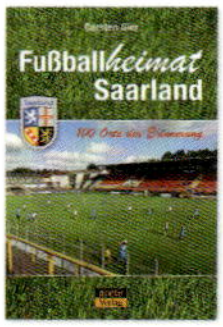

Carsten Gier

Fußballheimat Saarland

100 Orte der Erinnerung

216 S., 18,00 €

978-3-96423-066-9

(März 2022)

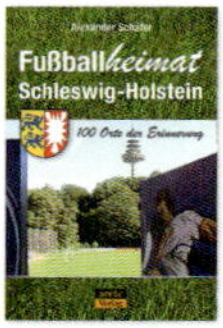

Alexander Schäfer

Fußballheimat Schleswig-Holstein

100 Orte der Erinnerung

216 S., 18,00 €

978-3-96423-041-6

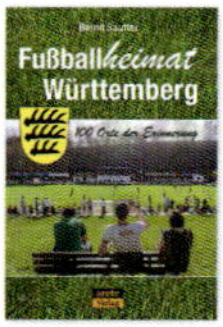

Bernd Sautter

Fußballheimat Württemberg

100 Orte der Erinnerung

216 S., 18,00 €

978-3-96423-013-3

Arete Verlag · Osterstr. 31–32 · 31134 Hildesheim · www.arete-verlag.de